本书为2016年度国家社会科学基金一般项目——
“洛阳汉唐运河遗址调查与古沉船发掘报告”
（批准号：16BKG018）的结项成果

洛阳汉唐运河遗址调查与古沉船发掘报告

洛阳市文物考古研究院　编著

科 学 出 版 社
北 京

内 容 简 介

本书是洛阳汉唐漕运水系遗址调查报告，以及洛阳运河一、二号古沉船的发掘、保护和复原研究成果。分为上下两编：上编为洛阳汉唐漕运水系遗址调查和洛阳运河一、二号古沉船发掘的基本资料；下编为在发掘、搬迁过程中，运河古沉船保护、复原研究的成果，并附以古沉船线型测绘、年代检测和船体材质检测的报告。本书不仅为古洛河、古谷水、汉魏漕运、隋唐漕运等遗址的位置和走向提供了调查资料，为运河沉船遗址的发掘和保护提供了参考，同时也为研究清代内陆运河船舶结构和功能提供了科学依据。

本书适合于考古学、文物保护与修复及船舶学等研究者，以及大专院校相关专业师生参考、阅读。

图书在版编目（CIP）数据

洛阳汉唐运河遗址调查与古沉船发掘报告 / 洛阳市文物考古研究院编著. —北京：科学出版社，2022.11
ISBN 978-7-03-073828-8

Ⅰ. ①洛…　Ⅱ. ①洛…　Ⅲ. ①运河–沉船–考古发掘–发掘报告–洛阳　Ⅳ. ①K875.3

中国版本图书馆CIP数据核字（2022）第220335号

责任编辑：张亚娜 / 责任校对：郭瑞芝
责任印制：肖　兴 / 封面设计：美光设计

科 学 出 版 社 出版
北京东黄城根北街 16 号
邮政编码：100717
http://www.sciencep.com
北京汇瑞嘉合文化发展有限公司 印刷
科学出版社发行　各地新华书店经销
*
2022年11月第 一 版　开本：889 × 1194　1/16
2022年11月第一次印刷　印张：14 1/4　插页：56
字数：364 000

定价：238.00元

（如有印装质量问题，我社负责调换）

目 录

上编 考古调查与发掘

插图目录

彩版目录

上编　考古调查与发掘

第一章 概　　况

第一节　地 理 环 境

洛阳，地处河南省西部，地理坐标为东经111°08′～112°59′、北纬33°35′～35°05′。洛阳地处中原，因位于洛水之北而得名，是最早的“中国”发生地。其西邻三门峡，东连郑州，南与南阳、平顶山毗邻，北跨黄河与焦作相接。市域东西略长，长约179千米，南北略短，宽约168千米，总面积约15230平方千米，市区面积544平方千米。境内地形错综复杂，以山区和丘陵地形为主，其中山区约占45.5%，丘陵占40.7%，平原占13.8%。中心为平原，周围山峦环绕，分布有邙山、首阳山、青要山、荆紫山、郁山、周山、龙门山、万安山、嵩山等山脉；全境河网密集，黄河、洛河、涧河、伊河、瀍河、清河、磁河、铁滦河等河流蜿蜒其间，分属于黄河、淮河、长江三大水系。洛阳辖区内东北部为著名的洛阳盆地，东西长55.382千米，南北宽21.946千米，总面积约1215.4平方千米。洛阳盆地四面环山，进入洛阳的通道要塞设有函谷、伊阙、广成、大谷、轩辕、旋门、孟津、小平津八关，因此洛阳历设八关都尉。其山川纵横，形势险要，东依嵩岳，西傍秦岭，南临伏牛，北望太行且有黄河之险。盆地内地势西高东低，以洛水为主流，伊河、瀍河、涧河等为支流的水系密布其间，众水入洛，东北流过巩川至洛口入黄河，经过河流的冲积，慢慢形成冲积平原，其地域土层丰厚，土地肥沃，植被茂密，有“四面环山、六水并流、八关都邑、十省通衢”之称，其“河山拱戴，形势甲于天下”。优越的地理位置和适宜的气候环境为华夏文明的起源奠定了基础，同时也造就了历代王畿的首选之地。

洛阳地处秦岭东延余脉山区，属于亚热带向暖温带过渡的气候带，地域内以南部的伏牛山脊为界，以南为亚热带气候，以北为暖温带气候。其气候主要特点：春、夏、秋、冬四季分明，春旱少雨而多风，夏季高温多雨，秋季少云日照长，冬季雨雪较少而寒冷。

洛阳的气候春暖、夏热、秋凉、冬寒，是中国古代农历二十四节气及物候特征标准制定地之一。洛阳伊川土门遗址出土仰韶文化时期的彩绘红陶“伊川缸”，上面绘有日月运行、一年四季八节的历法图案。洛阳的春夏秋冬四季的平均气温分别为12.3～15.2℃，22.9～26.6℃，12.3～14.9℃，0.5～2.0℃，冬季历史最低极端温度−18℃，最低温度一般在−6℃至−10℃，夏季最高温度达40℃左右。地区年平均降雨量600～700毫米，降雨集中于7～9月。

洛阳全境河流众多，黄河、洛河、涧河、伊河、瀍河等都在境内流过。洛河为洛阳盆地内的主要河流，其水从盆地的西南进入，呈东北流向，沿途经过洛龙区辛店镇南、古城乡北，至焦屯村西北和涧西区东南。此段两岸分布隋唐洛阳城西苑遗址，南岸有隋唐时期的“景华宫”“甘泉宫”。洛水又东北流，至洛龙区安乐镇聂弯村西北、西工区下池村南曲而东流，北岸的涧水在涧西区和西工区分界处南流汇入洛水。洛河北岸跨涧河有东周王城、汉河南县城遗址。洛水东流，经洛龙区安乐镇安乐村北，又东经李楼乡李楼村西，老城区、瀍河区南。隋唐洛阳城遗址在此段跨洛河而置，瀍河在老城区和瀍河区分界处，南流入洛河。其瀍水两岸有西周贵族墓地和西周祭祀遗址。洛水出隋唐洛阳城遗址曲而东北流，经洛龙区李楼乡李楼村、太平村、潘寨村西北。再经偃师佃庄镇西新庄、酒务西，至西石桥村西，由此曲而东流。古金谷水在白马寺镇陈村西，南流入洛。洛水又东，经西石桥村南向东曲流。此段及以下，在金元以后淤塞，已成故道湿地，芦苇丛生，沿途村民多以种稻为业。今之洛水流至西石桥村西北，白马寺镇陈村西南，曲而东流入古代漕运故道。

洛水入漕运故道而东流，在洛龙区经白马寺镇枣园村，偃师首阳山镇龙虎滩、小湾、和村、古城村南，佃庄镇的孙家岗、河头、太学村，翟镇的北许、二里头村北至喂南村西北折而南曲。此段西部，河北岸为汉魏洛阳城遗址，南岸有汉魏时期的圜丘、堰洛通漕、四通市、灵台、太学遗址等。此段东部，河之南岸有二里头遗址。洛水东南转曲，经偃师纸庄、新砦、塔庄、西寺庄南，郭家滩、韩家井村北，东南至岳滩东，伊水西来入洛水，此段中部，河北岸有偃师商城遗址，东部东北岸有鸿池陂遗址。二水合而东入巩川山涧，顺山涧蜿蜒东北流余里至洛口入黄河，洛口东南岸有隋唐时期洛口仓遗址。

古洛水在西新庄北，西石桥南折而崎岖东流，今已枯。故道东至二里头西处古伊水由西注入，合而东流至苗湾村西北古合水（今浏涧河和马涧河）北流入洛水。又东入古之计素渚（今之岳滩西。中朝时，百国贡计所顿，故渚得其名），又东休水（今之滑城河）北流入洛，又东在岳滩东合于今伊洛河。

综上所述，洛水自西南入洛阳盆地，在盆地中部自西向东贯穿，南北两岸台地逐渐增高，北至邙山，南至万安山，商、夏、汉魏、隋唐、东周五大都城自东向西一字排列在洛河北岸，古之谷水由盆地西北高地流入，经过古之先民改造，沿北岸高地东西流，沿途合北邙之瀍水、金谷水，东注鸿池陂，又东南入洛沿途灌溉洛河北岸之良田。各代在洛河北岸建都，将谷水又改造成宫苑用水，致使今谷水不复旧道。伊河自西南伊阙流入洛，东北流，后被河洛先民改造，沿洛河南岸台地东西流，沿途合古之合水、休水，灌溉洛河南岸之台地，使南岸台地成为良田，盆地内沃土良田富饶，周围险关要塞坚固，并有洛河水路东入黄河，北连济水，在汉唐之际又连以江、淮达于海，大江南北的盐、米、丝、茶等物资由水路集于洛阳。便利的自然资源，为洛阳盆地内各时代都城的形成奠定了坚实的基础。

第二节 历史沿革

一 辖区沿革

洛阳是夏、商、周、汉、魏、隋、唐等朝代的建都之地，是国务院首批公布的国家历史文化名城。以洛阳盆地为中心的河洛地区是中华文明的重要发祥地。早在距今三四十万前年的栾川孙家洞旧石器时代遗址，就已发现了直立人牙齿化石，证明当时已有人类繁衍生息于此。进入新石器时代（距今10000—4000年左右）后，在洛阳境内的黄河、洛河、伊河、涧河、瀍河等众多河流的二、三级台地上，分布着许多史前氏族部落。考古发现了数百处史前聚落遗址，如：苏羊、土门、王湾、西王村遗址等，均是远古先民生产、生活的见证。

禹划九州，洛阳归古豫州。洛阳偃师的二里头遗址，是中国第一个王朝——夏王朝的都城，时称斟鄩，夏王（文献称夏后）太康、仲康、帝桀均以斟鄩为都。约公元前1600年，商朝的开国之君汤攻灭夏朝，为了加强对夏王朝中心地区的控制，便在二里头遗址东北约6千米处建立新都（今偃师商城遗址），称西亳。商汤之后，数代商王均以西亳为都，累计200余年。周代洛阳称洛邑、新邑、大邑、成周、天室、中国等，以今白马寺和王城公园为中心。周初，武王伐殷（前1046年）代商，洛阳为“天下之中”，为了加强对东方商人的控制，在洛阳营建国都。周公于洛水之阳的瀍水附近修建了成周城，史称周成王“定鼎于郏鄏”“初迁宅于成周”，大量殷商顽民被迁往成周城，并驻守有成周八师来监督。公元前770年，周平王在秦、晋、郑等国诸侯的护卫下，将国都自镐京东迁至洛邑，是为东周。公元前256年，周赧王病逝，秦国攻入洛邑，周朝灭亡，东周共历经500余年之久，前后有23位周天子都居洛阳。

秦始称洛阳。秦庄襄王元年（前249年），秦设洛阳县于成周城，置三川郡。汉高祖元年（前206年），项羽入关分封诸侯，立申阳为河南王，以洛阳为都。五年（前202年），刘邦平定天下，正式称帝建立汉朝，初都洛阳，后在群臣建议下西迁长安，遂改三川郡为河南郡，郡治洛阳，下辖河南（县治王城）、洛阳、缑氏、偃师、平（偃师西北）、平阴（孟津东北）、榖成（新安东）、新成（伊川西南）、荥阳、巩、新郑等22县。汉武帝元封五年（前106年），初置刺史部十三州，河南郡属司隶。西汉末，王莽篡权，改汉建新朝，变洛阳成宜阳，始建国四年（12年）又以洛阳为“新室东都”。公元25年，汉室后裔刘秀称帝，定都洛阳，改元建武。汉以火德，忌水，故去洛旁“水”而加“隹”。建武十五年（39年），河南郡变更成河南尹，辖二十一城。汉顺帝永和五年（140年），河南尹有“户二十万八千四百八十六，人口一百零一万八百二十七”。公元220年，曹丕代汉称帝，定都洛阳，改元黄初。魏行次为土。土，水之忌也，水得土而流，土得水而柔，故除“隹”而加“水”，变雒阳为洛阳，设司隶校尉部。公元265年，曹魏皇帝曹奂禅位于司马炎，改元泰始，是为晋武帝，仍都洛阳。北魏太武帝太延二年（436年），置洛州。孝文帝太和十八年（494年）自平城（今山西大同）迁都洛阳。自公元25年东汉都洛开始，经曹魏、西晋，直至534年北魏分为东魏、西魏，前后累计都洛共计330余年。东魏改称洛州，北周置东京六府、洛州总管。

公元581年，杨坚代周建隋，改元开皇，改六府，在洛阳置东京尚书省，当年又废；开皇二年（582年）废洛州总管，置河南道行台省；三年（583年），废行台，以洛州刺史领总监。十四年（594年），在金墉城别置总监。隋炀帝大业元年（605年），迁都洛阳，新建洛阳城，新都在东周王城东侧，称东京。同年，改洛州为豫州，三年（607年）又改为河南郡，十四年（618年）复置洛州，辖河南、洛阳、阌乡、偃师等18县。

唐高祖武德四年（621年）废东都，置洛州总管府，领洛、郑、熊、谷、嵩、管、伊、汝、鲁九州，洛州领河南、洛阳、偃师、巩、阳城、缑氏、嵩阳、陆浑、伊阙九县。其年十一月，罢总管府，置陕东道大行台。九年（626年），罢行台，置洛州都督府，领洛、怀、郑、汝四州，权于府置尚书省。太宗贞观元年（627年），全国分十道，洛阳属河南道，贞观六年（632年）称洛阳宫。高宗显庆二年（657年），置东都。武则天光宅元年（684年），改东都为神都，对洛阳城进行扩建，修建了明堂、万国天枢等。天授元年（690年），武则天称帝，改国号为周，都洛阳，称“神都”。武则天派人大规模开凿龙门石窟，曾资助脂粉钱两万贯继续开凿奉先寺卢舍那大像龛。武则天令薛怀义住持白马寺，命其大规模敕修白马寺。唐代，佛教臻于鼎盛，佛教禅宗在洛阳形成。神龙元年（705年），复改神都为东都。唐玄宗长期居洛，曾敕令大修中岳庙，并赐风穴寺（在今汝州）内佛塔名“祖塔”。玄宗开元元年（713年），改洛州为河南府，开元二十一年（733年），于洛阳置都畿道，天宝元年（742年），改东都为东京。肃宗至德元年（756年）复为东都。洛州、河南府均治洛阳。

唐哀帝天祐四年（907年），唐朝灭亡。之后，后梁、后唐、后晋、后汉、后周五个短暂王朝依次定都中原，史称五代。其中，后梁、后唐、后晋均曾以洛阳为都，后汉、后周以洛阳为陪都，尽管当时国家政局动荡，但洛阳仍为全国政治、经济和文化的中心。

从夏代开始，历经商、西周、东周、东汉、曹魏、西晋、北魏、隋、唐（含武周），直至后梁、后唐、后晋十三朝，均以洛阳为都，洛阳建都时间累积超过1500年，成为中国建都时间最长的城市。

960年，赵匡胤建立北宋，定都东京开封，以洛阳为西京，置河南府。北宋在东、西京分设国子监，许多名臣遗老和文人学士会聚于西京国子监，赵普、文彦博、吕蒙正、欧阳修、富弼都曾居于洛阳。“北宋五子”的理学家程颐、程颢、邵雍等，均在洛阳成就学识。政治家、史学家司马光在洛阳十五年编撰史学巨著《资治通鉴》。

金代时以洛阳为中京，哀宗正大初年改河南府为金昌府，将河南县并入洛阳县。金中京城即今洛阳老城之前身，位于隋唐城东北角，在北宋初，王曾判任河南知府时所筑的城基上重建，东西、南北约各二里，周长不足九里，面积仅当隋唐四个里坊之大小。

元代以后，洛阳不再为京，属河南府管辖，府治在周王城，原辖洛阳、宜阳、渑池等九县，后渑池县改隶陕州。明洪武元年（1368年）设河南府，领州（陕州）十三县（洛阳、偃师、巩、孟津、宜阳、永宁、新安、渑池、登封、嵩、卢氏、灵宝、阌乡），洛阳也是伊王和福王的封地。清初沿明制，洛阳仍为河南府治，领一州十三县。清雍正二年（1724年），陕州升直隶州。灵宝、阌乡、卢氏县先后割属。

民国元年（1912年），中央政府废除清朝建制，中央以下设省、道、县三级，正式废除洛阳河南府制，设洛阳县。民国二年（1913年），改设河洛道，下辖洛阳、陕县、宜阳等19县，同年袁世凯在洛阳建立西工兵营。民国九年（1920年），直系军阀吴佩孚以直鲁豫三省巡阅副使的身份进驻洛阳，扩大西工兵营。民国十二年（1923年），吴佩孚迁公署于洛阳，洛阳成为当时的河南省府。民国十六年（1927年），冯玉祥将河洛道改为豫西行政区，新置自由、平等县。民国二十一年（1932年）1月28日，日本军队进犯上海，“一·二八事变”爆发，国民政府将洛阳定为行都达10个月之久。同年，自由、平等县合为伊川县，豫西行政区也一分为二，分为河南省第十、第十一行政督察区，第十督察区治所驻洛阳，督查洛阳、偃师、巩县等县。全面抗战爆发后，华北大部沦陷，民国二十七年（1938年），河南省政府、国民党第一战区长官司令部均迁至洛阳，洛阳再次成为河南省府，也成为全国抗战一线的指挥中心。同年，中共中央在洛阳设立八路军办事处。

1948年，洛阳获得解放，成立洛阳市，划归豫西一专署。1949年，豫西一专署改名洛阳专署，辖区称洛阳专区。1952年，陕州专区并入洛阳专区，下辖洛阳市、洛阳县、偃师县、伊川县、孟津县、灵宝县等一市十五县。1954年，洛阳市升级为河南省直辖市，洛阳市与洛阳专署同级办公。次年，洛阳县撤销，所辖地分割给洛阳市、偃师县、孟津县和宜阳县。1955年，洛阳市改第四区为涧西区。1956年，相继成立洛阳市老城区、西工区和郊区，次年成立瀍河区。1982年，经国务院批准，新成立吉利区。1983年，偃师、新安、孟津三县划归洛阳市。1986年，撤销洛阳地区，新组建省辖的三门峡市，伊川、宜阳、洛宁、汝阳、嵩县、栾川六县亦改属洛阳市。1993年，偃师县改为偃师市，2021年改为偃师区。2000年，洛阳郊区更名为洛龙区。至今，洛阳市现辖7县7区，2个国家级开发区、2个省级开发区，18个省级产业集聚区。

二 都城与水系关系及沿革

洛阳为十三朝古都，在洛阳盆地内坐落着中国历史上五大都城遗址，建都史1500余年。洛阳盆地环卫四塞，雄关林立，形势险固，素有“关都邑”之称。更为重要的是，洛阳盆地内以洛、伊、瀍、谷为主流的水网密布其间，盆地内土质丰厚，土地肥沃。夏、商、周三代时，就充分看重了这些自然水利资源，并进行了开发和利用，如《水经注》“伊水”下注：“伊水又北，入伊阙。昔大禹疏以通水，两山相对，望之若阙，伊水历其间，北流，故谓之伊阙矣。……伊水自阙东北流，枝津右出焉，东北引溉，东会合水，同注公路涧，入于洛。今无水。《战国策》曰：‘东周欲为田，西周不下水。苏子见西周君曰：今不下水，所以富东周也，民皆种麦，无他种。欲害之，不如下水以病之。东周必复种稻，种稻而复夺之，是东周受命于君矣。西周遂下水。即是水之故渠也。’”[①]这种水利工程为以后合理开发利用自然水利资源积累了丰富经验，同时促进和加快了三代时期农业的发展和洛阳盆地内人口的增加及经济的繁荣，加之洛阳为天下之中，其作为华夏文明的中心地区，由于政治、军事、经济、文化的发展需要，以洛河为起点，以黄河、长江、淮河等为主干的水上交通体系在历史的长河中逐步形成。

洛河为洛阳盆地内的主要河流，从洛阳盆地中部东西向穿过，为盆地内最低处，伊水、瀍水、谷水分别为其支流，且水源从位于盆地内地势较高的南部、西北部和北部进入盆地内。各代都城的规划，将四条水系的利用赋予了不同的功用，洛河作为风水河，将都城置于洛河北侧，因位于洛河之阳，故称洛阳。洛河除作为风水河之外，更重要的是作为都城的交通枢纽，如二里头夏都遗址、偃师商城遗址、汉魏洛阳城遗址均以洛河为重要的交通枢纽。伊水主要作为灌溉水系而存在。谷、瀍二水经人工改造，重点作为都城内生活用水和园林用水，同时由于商、周、秦、汉魏城址的位置不同，又将此二水东引，开通了由城内通向洛河的人工漕运通道，如偃师商城位于洛河北岸较远的高地上，但东南隅的鸿池陂与洛河之间，有可能进行过人工疏通。到了周代，王城建在了洛阳盆地内涧河（周时为死谷）东岸、洛河北岸。成周在白马寺东金村一带，因城市用水的需求和交通的便利，对谷、瀍二水进行了较大规模的整治，为了引水东入成周，在东周王城西北建造石碛，使谷、瀍二水东引，入成周，同时又在下游“鸿池陂”处开源东注入洛河，形成了生活用水和漕运便利的水利设施，从而开启了文献记载以来由人工开凿漕运渠道的先河。东汉时期定都洛阳，都城在成周城和秦代城址的基础上进行了扩建，作为城市生活用水和漕运用水，洛、谷、瀍三水的改造被纳入了洛阳城的规划之列。建武五年（29年），“汉司空渔阳王梁之为河南也，将引谷水以溉京都，渠成而水不流，故以坐免”[②]。此次所穿阳渠为东汉洛阳城引谷渠和城外护城河及城东建春门东出之阳渠。建武二十三年（47年），“（张纯）代杜林为大司空。……明年，上穿阳渠，引洛水为漕，百姓得其利”[③]。此次重点将“汉司空渔阳王梁”所穿阳渠进行了改造，修复了汉洛阳县城西北的石碛，使谷水经洛阳县城北，东汇瀍水，又东在洛阳县城东十五里修建了千金堨，过千金堨东至城下阳渠。同时，开凿了城南阳渠向东的漕运通道，在洛河上设置堤堰，引洛水入城南阳渠，增大阳渠水量，以利漕运。堰洛处在偃师区、西大郊北侧至大郊寨西南，引洛渠在佃庄和河头村东侧，即汉魏故城津门（津阳门）外大街的东侧，南至古洛河，北达城南阳渠，即今龙虎滩村南现在的洛河。阳嘉四年（135年）乙酉壬申，诏书以城下漕渠，东通河济，南引江淮，方贡委输，所由而至。此次主要在张纯所修漕渠的基础上，扩大和疏通了东阳门外阳渠，使城南阳渠至太仓段的漕运更通畅。同时又疏通城南阳渠及九曲渎，即现代的洛河从龙虎滩村南、东至洛口入黄河段，此次工程初步形成了以东汉洛阳城为起点，“东通河济，南引江淮，方贡

① 郦道元著，王先谦校：《水经注》卷十五，巴蜀书社，1985年，第289页。

② 郦道元著，王先谦校：《水经注》卷十六，巴蜀书社，1985年，第293页。

③ （宋）范晔撰，（唐）李贤等注：《后汉书》卷三十五《张曹郑列传第二十五》，中华书局，1965年，第1198页。

委输，所由而至”[①]的全国水上交通枢纽。其后都水使者陈狼凿运渠，从洛口入注九曲至东阳门。此次开凿路线是从洛河入黄河处，西经九曲（即今偃师古城村南洛河至伊洛河巩川段，古为九曲渎），入阳渠（今偃师古城村南东至汉魏故城小城南侧现洛河段）西至汉魏故城小城东南，再顺其东墙外城下阳渠北上，至汉魏故城东阳门北侧、太仓西侧码头处。

阳渠的主要水源为谷、瀍水，而谷水引水渠的上游千金堨，为通漕引谷的重要水利工程，常在雨季被大水冲坏，故在魏（三国魏）太和五年（231年）修千金堨。晋泰始七年（271年）六月二十三日，大水迸瀑，出常流上三丈，荡坏二堨……今增高千金于旧一丈四尺。……到八年四月二十日毕。永嘉（307～313年）初，汝阴太守李矩、汝南太守袁孚修之，以利漕运，公私赖之。水积年渠堨颓毁，石砌殆尽，遗基见存，太和（366～371年）中修复故堨[②]。汉魏时期阳渠的漕运从东汉建武五年（29年）开始建设，到东魏孝静帝天平元年（534年）迁都邺城，前后历经505年，此间洛河中的主要水量大部分被引入阳渠漕运水系中，使此段阳渠成为洛河水的主流，而原洛河下游的水量减小以致成为湿地。

隋炀帝大业元年（605年）营建东京洛阳城。因宫城位于东京城的西北隅，为了城内生活和园林用水的需要，汉魏时期引谷入漕的渠道千金渠被截流入隋唐城宫城水系，千金渠从此废弃。在大业二年（606年）开东京漕渠，新开凿的漕渠对汉魏时期的阳渠漕运水系进行了疏通，同时新开凿了东京城至阳渠段。此段漕渠位于洛河北岸海拔125～127米一带，在白马寺陈屯西南侧、西石桥村西，利用了北魏西廓城外长分沟通向古洛河的通道，在西石桥北转而向东，穿白马寺枣园村南与孙家岗一带土岗，东与汉魏城城南阳渠相通。此时的洛河水量大部分自斗门处分流入漕渠，有余水方可顺洛河故道而下，至汉魏时期堰洛通漕处又汇入漕运渠道。从北魏末年至宋长达500余年间，堰洛通漕的引水渠道直对汉魏故城南墙下的阳渠，洛水顺引水渠向北对阳渠故道北岸的常年冲击和浸蚀，才使其汉魏故城南墙荡然无存。

隋至唐代前期，东京城的主要码头在通远市北侧，即现在的洛阳市瀍河以东、启明南路西侧、九都路北侧、东大街南400米左右以南的范围内。到了武周时期，随着社会经济的发展和运船的增多，通远市码头已经不能满足当时运力的需求，于是于大足元年（701年）在东城的南侧修建了新潭和租场，由于距离洛河较近，在暴雨季节大量泥沙被冲入其中，后因水浅而废弃。宋代时洛阳为西京，从市桥处凿漕渠疏通了汉唐时期的漕运通道，以便漕运。北宋末年金人入主中原，毁唐宋京城，又在隋唐洛阳城东城上建中京城，其城北墙依谷水故道为护城壕沟，南墙东段依隋唐漕渠故道做护城壕沟，隋唐城内漕渠被废。元、明、清时期洛阳城沿袭之，城南洛河已北移至今金业路与马市街交叉口南70米左右，在城南设堤堰，东至饮马街西50米左右处向东南至今天南关码头遗址西南，又转向东北至塔西新村东南与隋唐时期漕渠基本连在一起。其洛河主道已在西石桥村西侧入隋唐时期漕运故道，西石桥南部以东的洛河故道已成沼泽湿地，在20世纪80年代以前，仍以种植芦苇和水稻为主。

---

① 郦道元著，王先谦校：《水经注》卷十六，巴蜀书社，1985年，第295页。

② 郦道元著，王先谦校：《水经注》卷十六，巴蜀书社，1985年，第311页。

从金代以后，通向洛阳城的漕运通道仍然使用隋唐时期的漕运通道，仅在塔西新村东南入原洛河故道，西至今南关码头遗址，所有船运货物在此下船，由车马运入城内，从而在城外形成车马的集散市场和漕盐市场，这就是今洛阳城南马市街和盐店口街（今金业路西门口至马市街口段）名的成因。从金以后，由于洛河长期疏于管理，长年泛滥，时而北移，时而南流，日积月累才形成今天的现状。

第三节　考古工作历程

洛阳市偃师区首阳山镇义井村，位于邙山南麓，南邻现代洛河，西邻龙虎滩村，东汉洛阳城东墙遗址南北穿过两村交界处。此处地势平坦，是重要的小麦产区，在村西田间有一条南北向水渠穿过。此渠为洛阳中州大渠向洛河内排水的退水渠之一，渠南部穿过洛河大堤，在距堤35米左右转90°呈东西走向，灌溉堤内为农田。在渠转弯处向南70米左右有一采沙场，而采沙场的东侧因采沙留下一大坑。坑南与洛河河床相连，北距洛河北堤110米左右，坑深10米左右。2013年9月上旬，因天降大雨，渠内水位上涨，漫过渠埴南流入此坑中，造成田地内水土流失，从而形成一条宽10米、深4米左右的深沟。

义井村村民王根生承包了这片田地，雨天担心渠水暴涨冲坏田地，因此常到田地里察看，看到此时田地里冲出的深沟越来越大却束手无策。2013年9月10日，王根生又来到田地里察看，渠水稍有消退，当走到深沟前时，看到沟底一根粗木桩矗立在那里，不知道是什么宝物，于是就下到沟底看个明白，当到木桩前仔细观察时发现，在沟底木桩下好像是一条木船在沙土中半埋半露，其体量很大，部分木头已经腐朽，好像是一艘古船（图版1-1）。他非常兴奋，并将这一发现报告给了村主任，村主任立即带人到现场勘察，确认后报镇政府，镇政府于9月13日报偃师市文物旅游局，偃师市文物旅游局派人到现场勘察后于14日上报洛阳市。恰逢中国大运河申遗的关键时刻，洛河内发现古沉船，意义重大。14日当天，洛阳市文物考古研究院领导率有关业务人员到现场勘察，对此遗址情况上报的同时，安排有关业务人员进行抢救性发掘和现场保护（图版1-2～图版1-5）。9月15日发掘人员正式进驻现场进行发掘前的准备工作。

古沉船的发掘在洛阳地区尚属首次，面对新的问题，发掘人员进行了两方面的准备。第一，船体的保护。由于船体已经暴露，渠内污水仍从船身流过，浸蚀着船体，所以要截断流水，同时在船体上方搭建遮阳棚保护好已露船体，防止木质脱水，并联系有关木质文物保护专家指导发掘过程中对木质船体的防脱水保护。第二，相关资料的查询，主要进行古沉船考古资料和水系考古资料的查询。古沉船发现时，正值中国大运河申报世界文化遗产的关键时期，而洛阳作为十三朝古都，中国古代大运河的形成与洛阳有着密切关系，以洛阳为中心的各个朝代都城运河均通过黄河顺伊洛河进入洛阳盆地，到达都城所在地。由于洛阳盆地内五大都城的位置不同，各代对盆地内洛、伊、谷、瀍水均进行了不同的改造，使漕运路线时有改变，历年来对各代都城考古虽做了一些工作，但对洛阳盆地内古代水系和漕运还未进行过系统的考古调查和研究工作。古沉船的发现为此提供了良好契机，我们在对古沉船遗址进行考古发掘的同时，计划对沉船所处的河道及相关水系进行系统的考古学调查。因此，我们搜集了隋唐洛阳城、汉魏洛阳城、偃师商城、二里头遗址考古发掘中有关水系的资料，同时查阅了《水经注》、二十五史等文献资料，确定拟解决的考古学问题，为开展发掘和调查研究工作奠定了基础。

经过紧张的准备工作，我们于2013年9月18日正式考古发掘。采用RTK测量布方，探方采用隋唐洛阳城探方网定位，根据沉船范围布一个东西30米、南北20米的大探方（T1）发掘古沉船。同时又布南北向探沟一条，东西20米、南北100米，了解河道内地层的堆积情况。

在发掘时，一号古沉船上部地层已被河水冲刷流失，仅西端叠压有少量地层，因此在西侧解剖一段地层剖面，又在船体东部解剖一段剖面，来解决沉船所处的地层层位问题。而后发掘探方，清理船体周围淤沙，边清理边对沉船外围用沙袋支撑，同时对船体进行药物喷淋，进行防霉、防脱水处理。最后对船体内淤泥进行切块编号后，装箱运回室内清理。清理完船体后对其进行平剖面测绘、线型测绘、三维扫描、照相、录像等资料提取工作。2014年1月2日，一号古沉船的发掘工作基本结束。2014年1～4月，为一号古沉船搭建了保护棚，并进行了古沉船保护加固和整体搬迁的一些准备工作。2014年4～7月，对一号古沉船进行了整体保护与加固，8月2日将一号古沉船整体搬迁至回洛仓考古遗址公园。在发掘一号古沉船时，在T1探方的南壁处发现了一件铁锚，并连接有铁链，又向南布探方T2（20米×10米），清理后发现了二号古沉船，并进行了临时覆盖保护。待一号古沉船搬迁结束后，于2014年8月16日开始发掘二号古沉船，并将T2向东扩方（扩方20米×20米，合400平方米），11月6日发掘工作结束，11月7日至12月进行了整体保护与加固，12月29日成功将二号古沉船整体搬迁至回洛仓考古遗址公园，至此田野工作全部结束。

在一号古沉船的发掘过程中，我们非常重视对船体的文物保护和科技检测，广泛邀请各方面专家进行指导和研讨。我们首先邀请了河南省文物考古研究院陈家昌副院长，为沉船现场文物保护提供重要指导；邀请中国社会科学院考古研究所研究河流环境的王辉博士和北京大学城市与环境学院莫多闻教授对沉船所处的河流环境进行了考查，并在沉船所处地层采取了环境检测样品，在船体上进行了^{14}C测年采样；邀请河南科技大学林学院院长林晓民、赵西平博士多次到工地对沉船所用材质进行了鉴定；邀请武汉理工大学造船史研究中心龚昌奇、席龙飞、何国卫研究员，对一号古沉船进行线型测绘和形制复原性研究；中国社会科学院考古研究所汉魏故城队的肖淮雁研究员、洛阳唐城队的石自社副研究员先后到工地进行了指导。

一号古沉船清理结束后，我们于2014年2月27日，就沉船的整体保护搬迁方案组织了一场专家学术研讨会，邀请的国内专家有中国文化遗产研究院院长刘曙光（后历任国家文物局副局长、中国博物馆协会理事长），中国社会科学院考古研究所洛阳工作站站长钱国祥研究员、洛阳唐城队队长石自社副研究员，广东省文物考古研究所水下考古中心主任崔勇研究员，福建省泉州海外交通史博物馆李国清研究员，浙江省博物馆技术保护部主任郑幼明研究员，荆州文物保护中心主任吴顺清，河南省文物局副局长孙英民（现任河南省文物考古学会会长）、文物保护与考古处副处长杨振威（现任河南省文物建筑保护研究院院长）、文物资源管理与开发利用处副处长郭振勇，河南省文物考古研究院院长贾连敏（现任河南省文物局副局长）和副院长陈家昌、刘海旺研究员（现任院长）等。专家们对沉船的发掘工作给予了高度评价，对沉船的保护和搬迁工作提出了重要建议。

2014年9月13日，我们又组织了洛阳运河一号古沉船考古发掘与整体保护搬迁专家咨询会，与会专家有中国文化遗产研究院院长刘曙光，中国社会科学院考古研究所副所长陈星灿研究员（现任所长），中国文物报社主任编辑李政，山东省文物考古研究所所长郑同修研究员（现任山东博物馆馆长）、技术资料室主任吴双成副研究员，江苏省文物考古研究所杭涛副研究员，广东省文物考古研究所水下考古中心主任崔勇研究员，安徽省文物考古研究所副所长宫希成研究员，江苏太仓博物馆馆长朱巍，武汉理工大学造船史研究中心席龙飞、何国卫研究员，福建省泉州海外交通史博物馆李国清研究员，以及河南省文物局副局长孙英民、文物保护与考古处副调研员何军锋，洛阳市文物管理局局长刘德胜、副局长余杰（现任文物局局长）等。专家们对我们的沉船发掘、保护搬迁，以及漕运水系调查工作给予了高度肯定，一致认为此项工作意义重大，为国内大型木质文物的发掘与保护工作提供了重要的经验借鉴，为中国大运河的内涵研究提供了许多新的内容。

在洛阳运河一、二号古沉船的考古发掘过程中，《大河报》、河南电视台、《洛阳日报》《洛阳晚报》、洛阳电视台等都进行了专题报道；洛阳市文物考古研究院还与洛阳电视台联合，对洛阳运河一号古沉船的整体搬迁过程进行了现场直播，并由专家现场对考古发掘和保护工作进行介绍。河南省文物局副局长马萧林先生多次到工地调研，洛阳市文物考古研究院主要领导先后多次到工地调研指导发掘和保护搬迁工作。发掘工作还得到了时任偃师市文物旅游局局长周剑曙、副局长鲍虎欣先生的大力支持和帮助，在此一并感谢！

在发掘洛阳运河古沉船的同时，我们为了弄清古沉船所处河道的性质以及洛阳盆地内古代运河的位置和沿革关系，查阅了大量考古资料及有关文献，梳理出相关线索，但是运河的位置及历史沿革不是很清晰，这些问题以往还没有系统地开展过工作。洛阳作为重要的王畿之地，漕运与都城有着密切的关系，因此洛阳运河古沉船的发现，为我们开展漕运考古调查提供了重要的契机。2014年1月，洛阳运河一号古沉船的发掘工作结束后，我们除进行古沉船的保护搬迁工作外，同时对洛阳盆地内的汉唐漕运水系开展了系统的考古调查。其间，我们顺沉船所处的现代洛河及其南侧的古洛河沿途进行了踏查和零星勘探，查找其线索，先后发现了白马寺枣园村南的人工运河河道、偃师首阳山镇和村南侧谷水左出的水池遗址及汉魏时期的堰洛通漕遗址，此项工作持续至3月份。从2014年春节后，我们重点对堰洛通漕遗址和谷水左出的水池遗址进行了考古勘探，此项工作持续至5月底。2014年6～8月，我们调查并勘探发现了洛阳汉魏故城西的谷水遗址、汉魏故城东墙下建春门南侧一段阳渠漕运遗址及建春门遗址东出的洛阳沟遗址等，并取得了重要的考古收获。

洛阳市文物考古研究院对古沉船的考古发掘与文物保护工作非常重视，在第一时间成立了项目工作组，整个现场工作由田野发掘领队总负责，下设包括考古发掘业务组、文物保护组、摄影摄像组、安全保卫组、后勤保障组等多个工作小组，具体负责沉船的发掘和水系的调查与勘探、文物保护、摄影摄像、安全保卫及后勤保障等各方面的工作。其中，田野发掘领队为史家珍、赵晓军；参加发掘的业务人员有赵晓军、吕劲松、张如意、周剑曙、鲍虎欣、李校卿、潘泽峰；技术人员有常永卿、贾晓龙、刘孟孟；文保业务人员有周立、陈谊、赵俊卷、胡小宝、田玉娥、刘红武、程龙、梁晶晶；田野摄像高虎、邢建洛；安全保卫人员李会韬、岳向红；后勤负责晏桃凤。

第四节 资料整理和报告编写

一 资料整理

考古发掘结束后，我们即启动了整理工作，整理场地位于洛阳市文物考古院西关院区，2015年上半年对调查采集和发掘出土的遗物进行了清洗，并对部分遗物进行拼对和粘接。同时对调查和发掘的日志、图纸进行了整理，完成了调查和发掘成果的资料汇总。2016年，本报告的编写计划启动，进入了前期准备工作，首先对洛阳隋唐城、汉魏故城、偃师商城、二里头遗址周围水系考古资料进行系统梳理，并结合本次调查资料进行了综合研究，编写了报告体例，同时申报了2016年度国家社科基金一般项目，即“洛阳汉唐运河遗址调查与古沉船发掘报告”（批准号：16BKG018）。2017年，进行报告的编写和相关问题的研究工作，并完成报告初稿。2018～2019年完成报告的校对，图版编排等工作。报告于2021年7月结项（结项证书号：20212458）。后又根据验收专家、编辑部同志们的意见进行了反复细致修改。根据报告的体例，与运河关系密切的谷水和古洛河遗址的调查成果作为重点内容收录其中，另外与运河不直接产生联系的水系作了一些取舍，如：对古伊水的部分调查未收录其中，建春门东出的“洛阳沟”（尸乡沟）遗址却录入报告中，主要基于以下三个因素：一是部分文献和学者认为此沟为汉代阳渠，且与漕运有关；二是调查显示此沟开凿不晚于晚商，从地理位置、城址调查信息综合分析看，此沟与偃师商城和二里头遗址可能存在某种联系，鉴于其重要性，将此沟的调查成果收入本报告中，以便学者研究；三是古伊水河道的人工遗迹多与古代灌溉有关，与漕运没有直接的联系，故未录入报告中。

考古报告整理参与者有赵晓军、吕劲松、程召辉、张如意、田玉娥、赵俊卷、鲍虎欣等。

二 报告编写

（一）报告的体例

按照考古报告编写的体例，本报告分为上下两编，上编四章，下编七章，共十一章。上编四章为遗址的调查和发掘：第一章简要介绍了遗址的相关背景以及考古勘探、发掘工作经过和工作人员组成；第二章介绍了汉唐漕运水系调查，主要陈述汉魏和隋唐时期漕运遗址的调查成果；第三章介绍古沉船遗址的地层堆积、沉船的出土情况、保存现状、船体结构、出土遗物等；第四章依据出土文物对古沉船年代的判定及地层和古沉船科技测年情况。下编包括七个章节：第五、六两章为古沉船考古发掘现场的保护、搬迁加固与保护的展示；第七章为古沉船的整体搬迁情况；第八、九两章为一号古沉船测绘和复原研究报告；第十章为一号古沉船所用木材鉴定，主要对古沉船木材所属树种鉴定成果的报告；第十一章为结语，主要对洛阳汉唐运河遗址调查进行了总结，并论述了洛阳汉唐漕运渠道的位置和沿革，同时对建春门外东西向大沟——“洛阳沟”的名称进行简考，对于此沟的性质与偃师商城、文献所载的亳阪遗址的关系进行简要的论述。

（二）汉唐漕运水系调查中各遗址名的界定和体例

调查发现，洛阳汉唐时期与运河水系有关的通道仅有三条，均为东西流向。由南向北依次为古洛河遗址、谷水遗址、顺建春门外大道的冲积性淤土沟。对三条河道的调查成果归入第二章汉唐漕运水系调查之中。依据所要陈述的内容可分七节。第一节，调查缘起和方法；第二节至第五节由南向北分述三条河道的调查情况，将“古洛河遗址”置于第二节。文献所记东汉时期古洛河上有“堰洛通漕”工程，我们将此遗址定名为“堰洛通漕遗址”，遗址的调查成果归入第二节“古洛河遗址”中详述。《水经注》等文献中所记的阳渠、漕渠、九曲渎、“七里涧”、“洛阳沟”与后两条渠道有着密切的关系。经梳理，阳渠、千金堨、漕渠、九曲渎与谷水遗址有关。谷水遗址从东周王城西北角起向东至偃师西南入洛。洛阳汉魏故城城外为谷水遗址的主流渠道，为人工引谷溉都之用。可分为两部分，城西为引谷渠道；城南及东的一段渠道，引入洛水，为漕运渠道，故报告中列三、四两节予以分述。我们调查了隋唐洛阳城东至洛阳汉魏故城西的一段，以“汉魏城西至隋唐城段谷水遗址”作为第三节，避开了东汉和魏时一渠两名的现象，用调查遗址的位置加水源名作为本节的题名。洛阳汉魏故城城南向东的一段谷水渠和建春门南顺东墙外的一段渠道，经调查确定为漕运渠道。据文献记载，此渠汇入谷水和洛水，有阳渠、漕渠、谷水之称。因这段渠址为漕运通道，故取名为“漕渠”。漕渠的部分地段从东汉一直沿用至近代，故在漕渠前加时代区分。如第四、六两节分别为“汉魏时期漕渠遗址”和“隋唐时期漕渠遗址”。第二章第四节分三个部分，以遗址的位置名加漕渠遗址，为标题名。如：第一部分为“汉魏故城城东建春门以南的城下漕渠遗址”；第二部分为“汉魏故城城南向东的漕渠（谷水）遗址”，此段原为谷水渠，堰洛通漕时引入洛水，并作漕渠通道，《水经注》中称谷水或阳渠。《水经注》所记沿线有谷水左迆的水池遗址、右出的方湖遗址和阮曲遗址。由于条件所限，没有对方湖遗址进行调查，已调查的两个遗址采用《水经注》中的名称。如：谷水左迆的水池遗址、阮曲遗址；第三部分，为谷水与古洛河交汇处以东的漕渠遗址，此段为自然河道，合洛水、伊水和谷水，行于巩川山涧之中，随山势崎岖而入于黄河。此段河道，含阮曲共有九曲之象，《水经注》中有“九曲渎”之称。此部分沿用“九曲渎”之名，题为“九曲渎遗址”。

顺建春门外大道的冲积性淤土沟在文献中称“七里涧”“洛阳沟”，另有阳渠之说，今考古人称尸乡沟。据历年考古资料所记载，这条淤土沟东西全长18千米左右，分东西两段，西段东端在偃师商城东，南曲而入古洛河，此与文献中所记“七里涧”地理位置较吻合，“七里涧”见于《晋书》和《魏书》等文献中。此沟的“阳渠”之说见于《水经注》和《洛阳伽蓝记》中，“阳渠”为东汉时谷水渠之名，魏时称“千金堨”。《水经注疏》载：“会贞按，城南谷水东出之正流”，故城南正流为阳渠，而此沟为谷水支流，阳渠之说为考误。调查时发现此沟的形成早于晚商，存在的时间跨度较长，故采用《水经注》中的“洛阳沟”之名，于第五节中详述。

报告中对于遗物的归属，分述于对应遗址的章节内。在考古调查部分，多为采集遗物，有些遗物的时代不甚清晰，仅以遗物的功能区分，如：建筑构件、生活用品、工具、兵器、其他。遗址中采集遗物较少的不再归类，如：汉魏故城城东建春门以南的城下漕渠遗址，仅出一件铅坠，不再归类，直接在行文中介绍。在考古发掘部分，古沉船发掘出土的遗物较多，先按时代归类，再按遗物的功能区分，再下以材质、器形等分述。

（三）遗址图名

本报告中的遗址有两类：在考古调查部分，重点地段钻探出遗址的剖面，以遗址名为图名，如：董村东谷水遗址钻探剖面图；在考古发掘部分，图用遗址名+探方号+图名，如：开阳路洛阳沟遗址T1西剖面图，其中T为探方，1为探方编号。

（四）遗址遗物的编号

1. 沉船的编号

古沉船的编号依发现先后分别编号为洛阳运河一号、二号古沉船，由于本文标题为“洛阳汉唐运河遗址调查与古沉船发掘报告”，故在文中省略“洛阳运河”，直接用一号或二号古沉船。

2. 船舱的编号

在考古发掘资料部分，从船的尾端开始向船首编排，共13个舱室，在文本中序号后加“舱”字，如：＃1舱、＃2舱等，插图中用＃加船舱的序号（阿拉伯数字）。在船舱的测绘与复原报告部分，主要对隔舱壁进行了编号，从船尾至船首编排，图中用阿拉伯数字表示序号，如：9号舱壁。复原报告中对船舱的功能也进行了编号，本章的复原图中舱内用功能名，多个相同功能的舱室用阿拉伯数字进行区分，阿拉伯数字前用No.表示“号码”，序号从船首向船尾编排，由1开始，如：No.1船员舱、No.2船员舱等。

3. 器物编号

在考古调查部分，器物以遗址位置名+地层+器物号（阿拉伯数字）进行编号。有探方编号的，在遗址名后加探方号，如：开阳路T1⑤：1；没有地层的采集器物，以遗址名+器物号（阿拉伯数字），如：漕渠调查采：3。在考古发掘部分，古沉船发掘出土的器物编号为探方号+地层+器物号，如：T1②：3。

第二章　汉唐漕运水系调查

第一节　调查缘起与方法

2013年9月，因洛阳地区突降大雨，中州渠退水渠在偃师市首阳山镇义井村西南冲出一条深沟，意外发现一艘古沉船，洛阳市文物考古研究院立即进驻现场，对古沉船进行抢救性考古发掘，并初步判断此处应为隋唐大运河遗址，而要想证明判断的正确性，就必须从考古学上找到依据。古沉船的位置处于汉魏洛阳故城南洛河河床内，东距东汉洛阳城东墙300米左右。我们查阅《水经注》，从地理位置看此处可能为汉魏时期城南阳渠东出的谷水主道，而汉魏时期的漕运路线文献记载不详。《后汉书·张纯传》中记载：建武二十四年“上穿阳渠，引洛水为漕，百姓得其利”[①]。《水经注》记载“汉司空渔阳王梁之为河南也，将引谷水以溉京都，渠成而水不流，故以坐免。后张纯堰洛以通漕，洛中公私穰赡。是渠今引谷水，盖纯之创也”[②]。文献中又记“阳嘉四年乙酉壬申，诏书以城下漕渠，东通河济，南引江淮，方贡委输，所由而至”[③]。又记“又按傅畅《晋书》云：都水使者陈狼凿运渠，从洛口入注九曲至东阳门”[④]。从以上文献可以看出，汉魏时期的漕渠从洛口到达东阳门附近。近年来，考古发现东汉洛阳城外护城河应为阳渠的一部分，由汉魏洛阳城向东发现两条水道遗址：由建春门东出一条淤土沟，东入伊洛河；另一条就是现在的洛河。目前有一部分学者认为汉魏时期漕运主道为建春门东出的淤土沟遗址，而堰洛渠通漕的位置在西石桥附近。通过对这一区域的地形分析后，我们认为这些观点可能为误判，那么汉魏时期的漕运路线究竟在哪里？隋唐的漕运路线又在哪里？二者之间又有什么联系？此次发现的古沉船与汉唐时期的漕运有没有关联？此时恰逢中国大运河申报世界文化遗产的关键时期，而洛阳作为隋唐大运河的重要地段，有必要把这些问题弄清楚。因此，我们带着这些问题在洛阳盆地内开始寻找古代大运河的足迹。

我们的调查方法主要是以历史文献和以往的考古报告资料为基础，并结合20世纪70年代以

---

① （宋）范晔撰，（唐）李贤等注：《后汉书》卷三十五《张曹郑列传第二十五》，中华书局，1965年，第1198页。

② 郦道元著，王先谦校：《水经注》卷十六，巴蜀书社，1985年，第293页。

③ 郦道元著，王先谦校：《水经注》卷十六，巴蜀书社，1985年，第293页。

④ 郦道元著，王先谦校：《水经注》卷十六，巴蜀书社，1985年，第293页。

前的航空照片，根据照片上植被的变化，进行实地踏查、走访和重点勘探，同时利用现有的沟渠断面修整出考古学剖面，采用多种方式，圆满完成了此次学术任务。

洛河为洛阳盆地内水系主干，其与漕运有着密切的关系。我们于2014年1月开始，首先调查了古洛河的走向，在调查古洛河时在西大郊北侧、佃庄东侧发现堰洛通漕遗址，并对汉魏时期堰洛通漕遗址进行了重点勘探。在此遗址区内，我们还发现了古洛河上的堤堰遗址、引洛渠遗址、宣阳门大街遗址、津阳门大街遗址，以及洛河北岸津阳门大街西侧的砖瓦烧土堆积遗址。古洛河调查完后，基本可以断定汉魏故城南侧的现代洛河为漕运故道的可能性较大，故我们2014年4月对漕渠进行了考古调查。沿现代洛河北岸进行调查，发现谷水左出的水池遗址，同时调查发现了寺里碑至现在洛河段的城下阳渠遗址。

对漕渠的调查我们分两步进行：第一步，对汉魏时期的漕运渠道进行了调查，主要对汉魏洛阳城东墙下漕渠进行了重点勘探，并确定了东城墙下建春门以南至现代洛河段城下阳渠为漕运故道一部分。后顺城南阳渠向东出的谷水主道进行了调查，发现了谷水左出的水池遗址及阮曲遗址；接着调查了洛阳沟遗址[①]，发现洛阳沟遗址开口在自然土层上，开沟挖出的土全放在了南岸，堆土上形成商代晚期文化层堆积，此沟在隋唐时基本淤平；最后调查了隋唐洛阳城东至北魏外廓城西的一段谷水故道遗址，并重点对唐寺闲村西和白马寺董村附近的两段谷水故道遗址走向进行了勘探，同时结合20世纪70年代以前地形图及隋唐城内发现的谷水故道遗址走向，基本可以判断千金堨可能位于九龙台南洛阳一中附近。通过对谷水、洛阳沟和东墙外城下阳渠中的淤土和渠底落差对比来看，洛阳沟不具有漕运功能，因此根据堰洛通漕遗址的位置及以上调查成果的综合分析，城南阳渠东出的谷水主道为汉魏时期的漕运渠道，此渠过阮曲汇入伊洛河东至洛口，应为汉魏时期的九曲渎遗址。第二步，调查隋唐时期漕运渠道（通济渠）遗址，在调查时发现了西石桥与孙家岗一线北侧、枣园村南侧一段的人工河床，开凿在黄土高岗之上，在此段东部河道内采集到一件铅锭，其时代上限为晚唐，时代下限为金元。此段河道与汉魏时期城南阳渠相连，并一直沿用至今，从此基本可以确定隋唐时期漕渠是在汉魏时期漕渠基础之上沟通扩充而形成。整个调查工作于2014年8月暂告一段（图2-1）。

第二节　古洛河遗址

一　古洛河遗址的走向

《水经注·洛水》载：洛水“又东北过河南县南……又东过洛阳县南，伊水从西来注

① 《水经注》卷十六第303页，“又北经故太仓西，《洛阳地记》曰：大城东有太仓，仓下运船常有千计。即是处也。又北入洛阳沟”（巴蜀书社，1985年）。

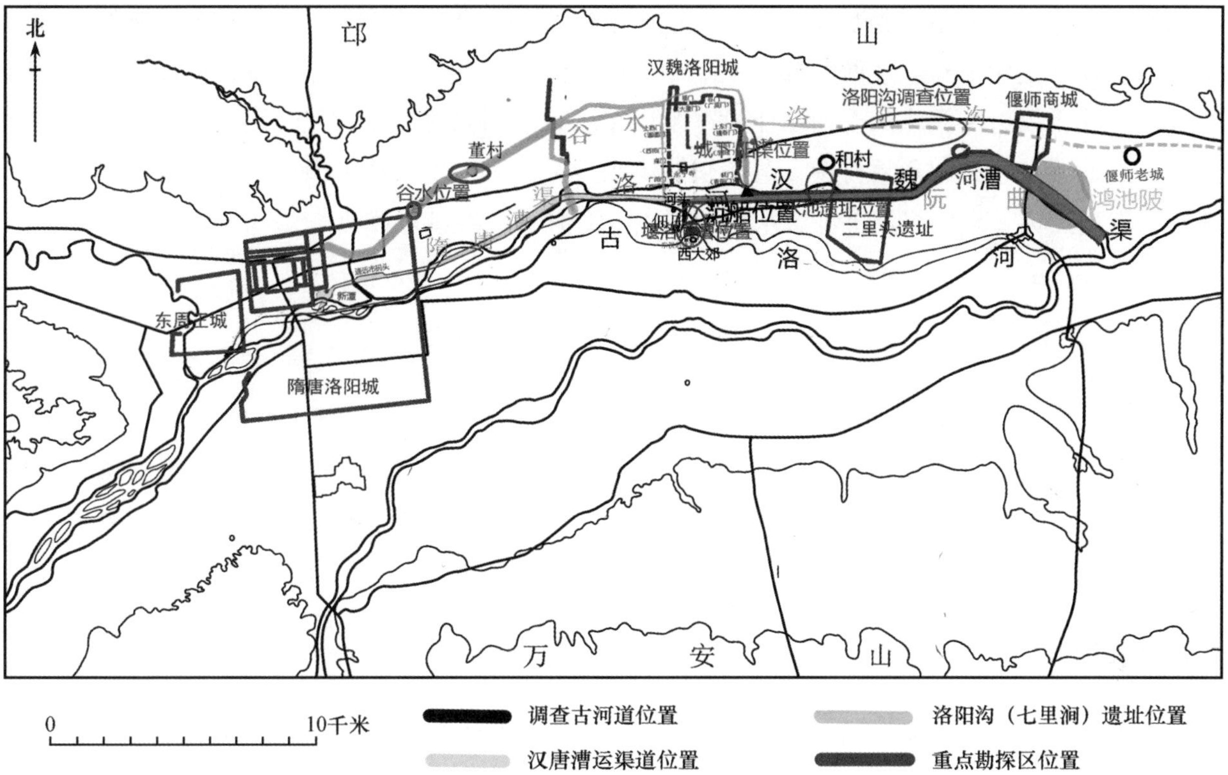

图2-1　调查水系部分及重点勘探位置示意图

之”[①]。洛阳市区涧河以东即为汉河南县城遗址，遗址南临今洛河北岸，洛龙区安乐镇聂湾村西北和北侧为洛河南岸。古洛河在此处呈西南—东北走向，再向东北达伊滨区佃庄镇的西新庄与西石桥村西侧一带，古洛河的走向与现代洛河河床走向一致。在西石桥村西北，现代洛河转为东西走向，沿用了隋唐时期漕渠故道。古洛河河道在西石桥村西南转向东流，经村南，再从孙家岗村南流过。经勘查，此段古洛河南北两岸均高出河床，年久并形成断崖，其北岸断崖最高点海拔高程126.4～126.7米（图版2-1、2-2），南岸海拔最高点123.5～125.3米（图版2-3），此段河床最大宽处900米，最窄为350米左右。此段古河心最低点的海拔为121.3～123.1米（由西向东），距地表深0.3～0.5米见淤土，淤土深3.5米不及底。古洛河过此段又东经佃庄村南，又东在西大郊西侧北曲一段，此段河道东岸为洛阳东汉刑徒墓地遗址。过此段，在西大郊西北东曲过村北向东（图版2-4），此段河床宽400～600米，河床中心最低点119.2～120.7米，南岸海拔121.9～123米，北岸海拔120.3～122.8米，河道中心在地表以下0.3米深见黄褐色淤土堆积，深6.3米见青灰色淤泥层，探至深7米左右出水，未探至河床底部。在西大郊北侧发现堰洛通漕遗址的堤堰。在堤上发现路土遗迹，呈南北向，北与洛阳汉魏故城内的宣阳门大街在一条南北直线上，路土的北端有宽30米左右的古河道，此处北距宣阳门附近1300～1750米，折合东汉时3.13～4.24里，折合北魏时3.1～4.18里。据《洛阳伽蓝记》卷三载：“宣阳门外四里，至

① （北魏）郦道元著，（民国）杨守敬等疏：《水经注疏》卷十五《洛水》，江苏古籍出版社，1999年，第1312、1313页。

洛水上，作浮桥，所谓永桥也。”[1]此段古洛河与文献所记位置基本相符。夯土堤堰的东侧，由西南来的一支伊水支渠经西大郊村东南，在村东汇入，古洛河由此处再东，穿过东大郊，再东经西罗洼，以上由佃庄南至西罗洼村这段均在汉魏洛阳城遗址（汉魏时期洛阳县辖区）南侧经过。过此段又东经四角楼村南，与西来的伊水会合。过二里头遗址南，又东穿前李村，在岳滩东与汉唐运河（现代洛河）汇合东流（现代伊洛河）至洛口入黄河。

二　汉魏堰洛通漕遗址

遗址位于西大郊北侧，佃庄村和河头村东侧、东大郊西、现洛河南以南。在此范围内进行勘探，钻探地域南北长1500米，东西宽1200米，探出了洛河故道遗址、汉魏堰洛大堤遗址、津阳门外大街、宣阳门外大街、堰洛通漕引洛渠及疑似烧窑遗址（图2-2）。

1. 地层堆积

在遗址内，取遗址东、西、南、北边的堆积进行详细说明，其地层堆积以钻探层位为准。

（1）堤堰东

以堰洛通漕遗址钻探1号剖面为例（图2-2-1）。此剖面位于佃庄镇西大郊村委会北墙北侧95米，西端西距西大郊村北的南北向水泥路东沿1米。剖面东西向，长217米，方向90°。

①层：耕作层，厚0.2～0.4米，土质结构疏松，含炭灰、煤渣颗粒等杂质。

②层：浅黄色淤积土，深0.2～0.4米，厚0.1～0.5米，土质颗粒较粗，疏松，未见包含物。

③层：浅黄色淤土层，深0.5～0.9米，厚0.3～0.8米，土质松软，较纯净。

④层：浅灰色沙性冲积土，深1.1～1.6米，厚0.3～0.6米，土质疏松，含面粉状细沙较多，含少量红胶泥块，未见包含物。

⑤层：红褐色水渍土层，深1.5～1.8米，厚0.3～0.6米，土质较硬，含较多水锈土颗粒，少量炭灰、小卵石等。其层下为堤堰遗址，此层下西侧发现路土遗迹，东侧为河床内淤土。

堤堰遗址，叠压于⑤层下，口距地表深2～2.2米，由夯土堆积而成，部分夯土层内夹鹅卵石，黄褐色土，质硬，含微量炭灰、烧土和少量陶渣颗粒等。堤堰的上口东边西距西大郊北侧南北水泥路159米左右，呈斜坡状，斜坡高度为4米，最深处探至距地表深6米左右见卵石。

道路遗迹，路土叠压于⑤层下，在堤堰上形成，呈南北向，已探出路面东西宽10米左右，厚0.15～0.2米，开口深2米左右，路面中间厚，东西两端逐渐变薄，土质坚硬，土色为黑褐色，含大量炭灰、红烧土及少量陶渣颗粒等。

河道遗址，开口于⑤层下，堆积有⑥～⑩五层淤土，距地表深2～2.2米。

⑥层：灰褐色淤土层，厚0.9～1.25米，土质较硬，含大量炭灰、红烧土颗粒、陶渣等物，

---

① （北魏）杨衒之著，周祖谟校译：《洛阳伽蓝记校释》卷三，第127页，上海书店出版社，2000年。

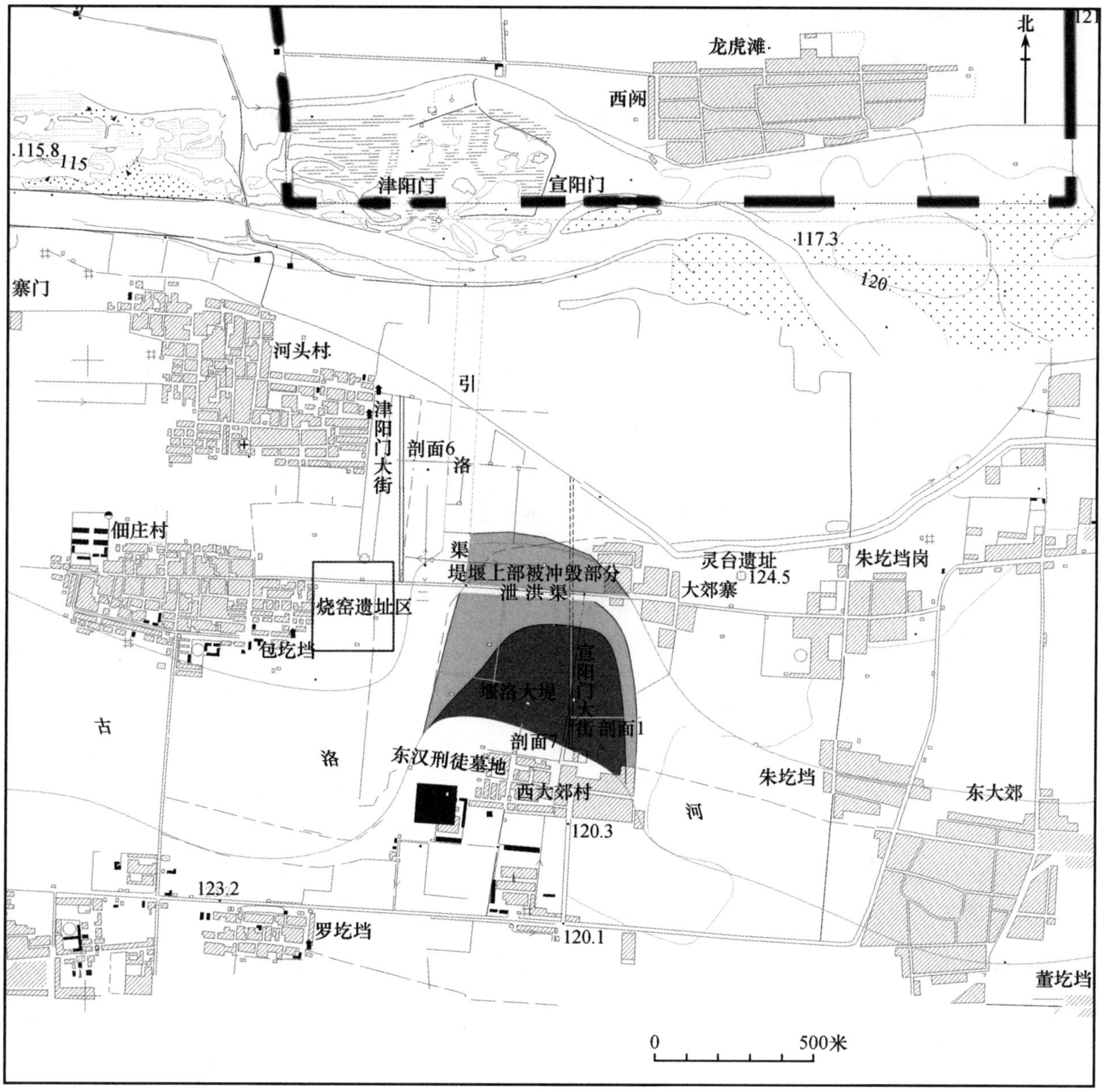

图2-2　堰洛通漕遗址平面图

该层下发现堤堰东边沿。

⑦层：黄褐色沙性冲积土层，深3～3.4米，厚0.45～0.8米，土质湿软，较纯净，无包含物。

⑧层：灰褐色淤泥层，深3.55～4.2米，厚0.75～0.8米，土质湿软，较纯净。

⑨层：浅黄色沙性土，深4.45～5米，厚0.6～0.7米，含沙量大，较纯净。

⑩层：黄褐色沙性淤泥层，深5.05～5.7米，厚0.6～0.8米，含沙量大，纯净，其下见水不及底。

（2）堤堰北

以堰洛通漕遗址钻探2号剖面为例（图2-2-2）。剖面为南北向，其北端点坐标：南距佃庄—大郊寨东西向公路的北沿2.9米，东距西大郊村北侧南北向进村公路西沿延长线51米。剖面南北全长116米，方向354°。

①层：耕土层，厚0.2～0.35米，土质疏松，含少量煤渣和建筑垃圾等杂质。

②层：冲积土层，深0.2～0.35米，厚0.3～0.5米，黄褐色，质较硬，未发现包含物。

③层：浅褐色沙性冲积土，深0.5～0.85米，厚1.2～1.3米，质疏松，含沙性大，纯净。

④层：淤积土层，深1.75～1.95米，厚0.15～0.3米，褐色，土层中含水锈量大，无其他遗物。

⑤层：沙质冲积土，深2～2.2米，厚0.35～0.6米，黄色，内有少量淤泥颗粒及少量水锈斑，另有少量小卵石和木灰颗粒等。此层下出现堤堰遗址和河床内淤土层。

堤堰遗址：开口在⑤层下，开口距地表2.5米。遗址被汉魏以后河水冲刷有一定的破坏，其破坏南边南距剖面南端6米，冲毁最深处深4.7米。剖面北部为泄洪渠，渠北勘探深5.3米见卵石，卵石以上为晚期淤土，而在此段上下游古洛河河床下深8米左右均未见卵石，而卵石仅见于堤堰夯土中，由此可判勘探出的排洪渠北侧卵石层应为夯土堤堰的一部分，因北侧汉魏时期以后河道被破坏，且晚期淤积较深，最深至5.3米见卵石。因未向北勘探，其堤堰的北边不详。堤堰为夯土堆积而成，黄褐色夯土，夯层内夹卵石，质硬，夯土中有微量陶渣、炭粒颗粒等。

排洪渠：共五层淤积，即⑥～⑩层淤积。

⑥层：淤土为浅灰色，深2.4～2.7米，厚0.4～0.8米，淤土中有大量水锈斑。

⑦层：淤土深灰色，深2.8～3.3米，厚0.5～1.6米，土质疏松，夹杂淤泥颗粒、水锈斑等，淤土内有烧土、木炭、白灰颗粒及微量蚌壳和少量小卵石等。

⑧层：淤土浅灰色，沙质土，深4.2～4.5米，厚0.3～1.3米，土质疏松，含面沙量较大，堤堰的北沿开口在此层下。

⑨层：淤土浅黄色，深4.5～5.7米，厚0.5～1.1米，土质疏松，较纯净。

⑩层：淤土浅褐色，深5.5～6.0米，厚0.2～0.25米，土质疏松，探至此层因出水而未探到渠底。

从堆积上看，⑥～⑧层是堤堰被破坏后形成的淤积，其分布范围较广；泄洪渠内的淤积为⑨～⑩层，晚期河水把渠上部冲毁，残存渠口距现地表深4.7～5.3米，残存渠口宽30米左右，钻探深8米左右未见渠底（因渠底出水无法向下勘探）。泄洪渠的南边北距佃庄—大郊寨东西向公路南沿15米左右。

（3）堤堰西

以堰洛通漕遗址钻探5号剖面为例（图2-2-3）。剖面为东西向，由佃庄—大郊寨的东西向公路向南270米，西大郊北侧南北向进村公路西沿向西419.2米为剖面的西端点。剖面为东西向，长200米，方向261°。

①层：耕土层，厚0.2～0.3米，土质疏松，含现代植物根系等物。

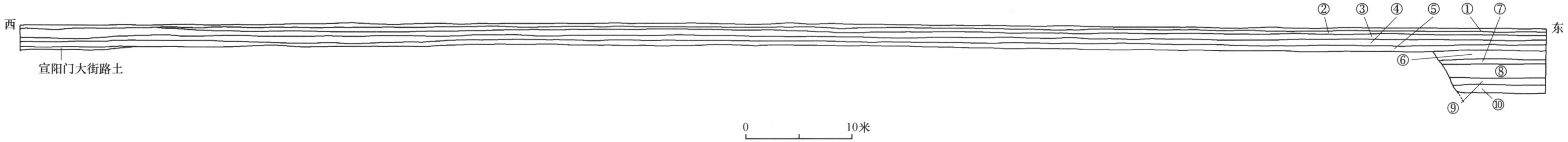

图2-2-1 堤堰东边钻探剖面图

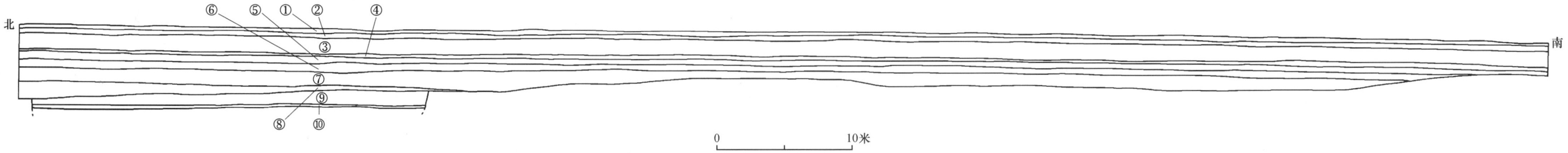

图2-2-2 堤堰北部排洪渠钻探剖面图

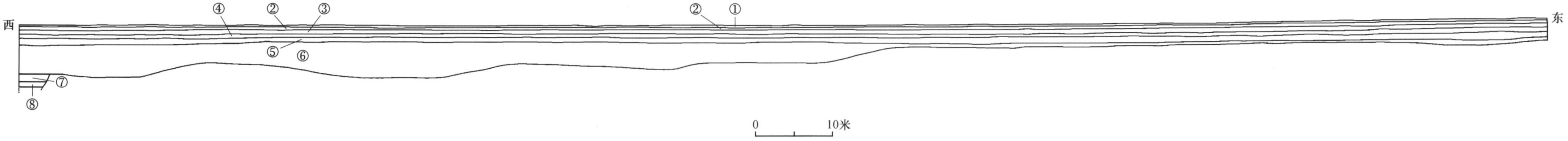

图2-2-3 堤堰西边钻探剖面图

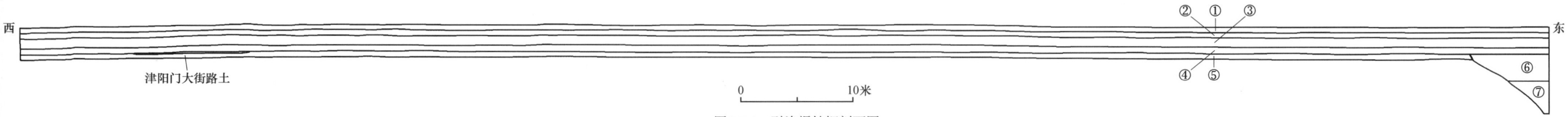

图2-2-4 引洛渠钻探剖面图

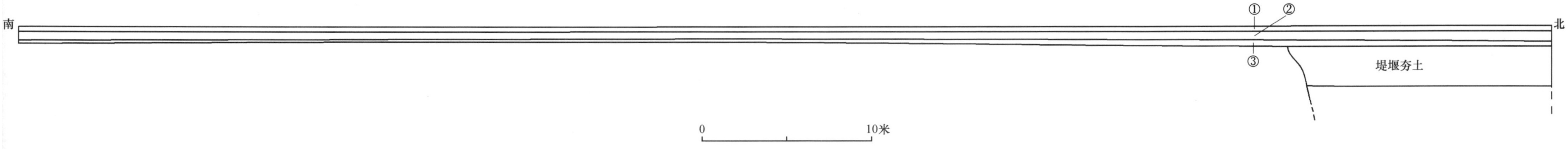

图2-2-5 堤堰南边钻探剖面图

②层：红褐色淤土层，深0.2～0.3米，厚0.3～0.5米，土质较硬，无包含物。

③层：浅黄色沙质冲积土，深0.6～0.8米，厚0.5～0.7米，土质疏松，含沙性大，较纯净。

④层：红褐色淤土层，深1.1～1.5米，厚0.5～0.65米，土质疏松，较纯净。

⑤层：浅褐色淤土层，深1.6～2.1米，厚0.6～0.9米，土质硬，有大量水锈土，土层内含有少量炭灰、烧土及陶渣颗粒等。

⑥层：黑褐色淤泥层，深2.2～3米，厚0.4～5米，土质湿软，土层内含有微量炭灰、烧土颗粒。此层是汉魏以后河水泛滥淤积而成，其下见堤堰填土和河道淤土。

堤堰遗址，开口⑥层下，距地表深2.8～6.8米，由东向西85米处以西，汉魏以后上部被冲毁，最深处6.8米，堤堰西部为古洛河河床，堤堰为夯土堆积，黄褐色，夯层内夹卵石，质硬，含少量木炭、烧土和陶渣颗粒。

河道遗址，位于剖面西部，探出河床东侧，东距西大郊北侧南北向水泥路西沿305.2米处为破坏后的东边，此期河道内填土为⑥层青灰色胶泥。而汉魏时期堰洛通漕后河道东边（堤堰的西边）东距西大郊村北的南北向公路西415.2米，探出河道内为⑦、⑧两层堆积。

⑦层：浅黄色沙质淤土层，深7.5米，厚0.95～1米，土质湿软，含沙性大。

⑧层：黄褐色淤土层，深8.2米，厚0.65～0.7米，土质湿软，含沙量大，此层下见水不及底。

（4）引洛渠

以堰洛通漕遗址钻探6号剖面为例（图2-2-4）。此剖面位于佃庄镇河头村东侧，呈东西向，西端南距佃庄—大郊寨东西向公路北沿381米左右，西距河头村东公路东沿88.9米，东西长164米。方向268°。

①层：现代路土层，厚0.5米，土质较硬，含现代建筑生活垃圾等。

②层：黄褐色淤土层，深0.5米，厚0.5～0.6米，土质较硬，较纯净。

③层：浅黄色沙质冲积土，深1～1.1米，厚0.8～0.9米，土质疏松，含少量炭灰及陶渣颗粒等。

④层：灰褐色淤土层，深1.9～2米，厚0.7～0.8米，土质较硬，含大量炭灰、烧土及陶渣颗粒等。该层下见津阳门大街路土，厚为0.1米。

⑤层：黄褐色淤土层，深2.6～2.8米，厚0.4～0.5米，土质硬，较纯净。该层下见生土，呈黄白色，含有大量料姜，此层下见引水渠开口。

道路遗址，路土呈南北向，叠压于⑤层上面，距地表深2.5～2.6米，残宽11米左右。路土灰褐色，坚硬，起薄层，路土中有较多绳纹瓦片（图版2-5）。

引洛渠，南北向，位于剖面东部，西距路土东137米左右，距河头村东南北向公路东沿225～251米，开口距地表深3米左右，钻探至8米出水不到底。渠内淤土分两层：上层为剖面中⑥层，下层为剖面的⑦层。

⑥层：青灰色淤泥，厚2米左右。

⑦层：灰褐色沙质淤土，厚3米不到底。淤土中有少量炭灰、陶渣、烧土颗粒等杂质（图版2-6）。

（5）堤堰南

以堰洛通漕遗址钻探7号剖面为例（图2-2-5）。此剖面呈南北向，南端位于西大郊村北，东西向公路北边10米，东距西大郊村北侧南北向公路西边136米处。南北长90米，方向350°。

①层：现代耕土层，厚0.3米左右，土质疏松，含有煤渣等物。

②层：红褐色淤土层，深0.3～0.8米，厚0.5米，土质较硬，无包含物。

③层：黄褐色杂土，深0.8～1米，厚0.2米，土质疏松，含较多绳纹瓦片、炭灰、陶渣颗粒等物。此层下见生土和堤堰夯土。

堤堰遗址，叠压于③层下，口距地表深1.1～1.3米，堤堰南边在古洛河原河道南沿处，南距西大郊北侧东西向公路北沿85米左右。堤堰为夯土堆积，黄褐色，部分夯层夹卵石，另含有烧土、陶渣、木炭颗粒等。

2. 遗迹

通过考古钻探资料可知，古洛河遗址位于佃庄南侧，宽600米左右，东至西大郊村西而北曲，呈南北流一段，在其村西北又折向东，呈东西流向，此段河床宽217～568米，堰洛大堤将东西流一段填堵，仅堤北留泄洪渠，堤堰在此处利用了河道西来自然北曲的趋势，顺应了河水自然流势，将河水北引入城南阳渠。堤之东侧，伊水支渠从西南汇入古洛河，汇合处洛河故道河床宽达800米左右。

堰洛大堤的西北部被晚期河水冲毁，堤东西残存长300～590米，底部长600米左右，至排洪渠南沿处堤南北宽403米，堤北部为排洪渠，上部被汉魏以后的洪水破坏，下部残留有宽30米左右的东西向排洪河道。排洪渠北部被破坏较重，淤土深5米以下方见堤堰内卵石，钻探较困难，未探出堤之北沿，如按河道走势复原，排洪渠北堤宽约135米，堤堰总宽约568米，堤下为原洛河河床。

引洛渠顺堤西岸向北达城南阳渠，汉魏以后，疏于管理，渠东岸被河水冲毁，西岸南北残存长550米左右，按堤东岸向北顺延为渠之东边，其复原宽约80米，渠开口距地表深3.2～4.1米，钻探渠深3米不及底（图版2-7）。

宣阳门大街，在堤堰上探出的南北向路土，距地表深2～2.3米，厚0.1米左右，南北残长384米左右。其北与汉魏洛阳城内铜驼大街在一条南北直线上，应为宣阳门大街。

津阳门大街，在引洛渠西侧122～147米处探出南北向路土，南北残长581米，东西残宽11米左右，开口距地表深2.5～4.1米，厚0.1米左右。此路与宣阳门大街中心间距529米左右，此道路应为津阳门大街。

疑似烧窑区遗址，位于津阳门大街西侧古洛河北岸，东西长400、南北宽250米左右。此区高于周围1米左右，耕土层下有大量砖瓦堆积，地表上有较多汉魏时期砖瓦残片，探出大量红烧土，据当地老乡介绍此处取土时发现有烧窑遗址。

《后汉书·五行志》记载：“永寿元年六月，雒水溢至津阳城门，漂流人物。”[①]堰洛通漕，张纯顺古洛河将引水渠开在此处，即津阳门外大街的东侧，洛水由南向北引流入城南阳渠内。阳渠为东西流，其引水渠直对城南阳渠，阳渠北岸成为水流冲击的主要对象，而阳渠北岸为汉魏城南墙，洛水的主流此时已走漕运，如有洪流，直逼城南阳渠北岸之南墙，因汇入阳渠处距津阳门较近，危及津阳门就不足为奇。同时泄洪渠为分流渠，虽在洛河故道上，但水量相对较小，按勘探出的宣阳门外大街的位置分析，宣阳门外永桥应在泄洪渠上，因此处非洛水主流，故不见文献有永桥水灾的记载。另外堤堰下游水量较小，而故道河面宽阔，水流平缓泥沙易形成沉积，如至旱季有断流的可能，加大了河道淤塞的可能性，为后期古洛河改道提供了条件。

3. 遗物

在堰洛通漕遗址引水渠的西岸南部地面上，散落有许多绳纹瓦片、素面瓦片、花纹砖残块等遗物（图版2-8）。我们采集了4件汉代几何纹方砖残块和1件北魏时期的筒瓦残块。

几何纹方砖，4件。形制、纹饰基本相同，方形，模制，正面模印几何纹饰，纹饰为凹地凸起。堰洛遗址采：1，长48、残宽18、厚5.3厘米。方砖边廓宽1.6厘米，廓边内为一周方框形凸棱，凸棱内几何纹布局成四排（按残存纹饰复原）。此标本残存两排纹饰，第一排，由四组方形界格组成，每个界格内由凸棱组成长方形框，框内对角线相连又形成四组三角形界格，其中左右界格内对称凸起三角形。第二排，用凸棱组成三组方形界格，其中间一组用凸棱组成竖条纹，左右两组方形界格内对角线相连，将方形界格内又分成四组三角形界格，每个三角形界格中心凸起呈三角形，其外有两周三角形凸棱（图2-3-1，图版2-9）。

筒瓦，1件。堰洛遗址采：2，残长32、瓦径14、厚1.7、舌长3.8、舌尖厚1厘米。瓦正面为素面，内为布纹，直唇斜舌，舌尖方形，向上翘起（图2-3-2，图版2-10）。

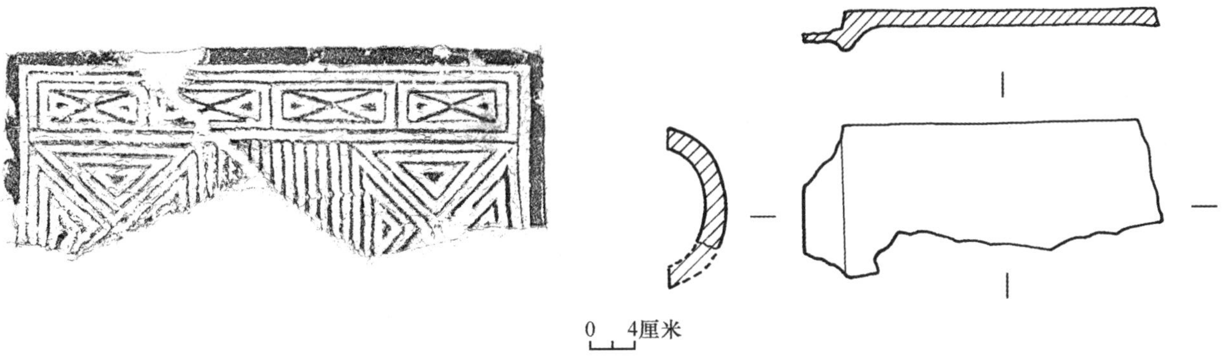

图2-3　堰洛通漕遗址采集建筑构件

1. 几何纹方砖（堰洛遗址采：1）　2. 素面筒瓦（堰洛遗址采：2）

① （宋）范晔撰，（唐）李贤等注：《后汉书》志第十五《五行三》，中华书局，1982年，第3311页。

第三节　汉魏城西至隋唐城段谷水遗址

经分析对比20世纪70年代洛阳市的地图和航空照片，现洛阳市老城区东、洛阳市第一中学及洛阳市财经学校一带，有一片沟壑分布其间，西邻瀍水，沟壑的东部、南部、北部伸出六个分支，东部与南部通向古洛河有四个分支。其东北部一支，东北走向，在隋唐洛阳城东北角处出城，穿唐寺闸村，东北与洛常路东侧的中州渠相连。在董村西南稍东折与中国社会科学院考古研究所汉魏故城队调查的汉魏故城城西尤村西南谷水故道遗址相接①。本书重点介绍唐寺闸村西和董村附近的谷水故道遗址勘探调查情况详述（图版2-11、2-12）。

一　唐寺闸村西谷水渠遗址

此段谷水遗址呈东北—西南走向，探出遗址长117米，耕土层下发现近代路土和谷水遗址。其中谷水遗址开口距地表深0.3米左右，渠口宽32.8、底宽9.5、渠道深8.8米左右，渠道淤积厚5.6米。渠两壁均呈坡状，上部较缓，下部较陡。近代路土开口于①层下，走向与谷水故道方向相同，宽约7米，厚约0.9米，土质灰褐色，出少量青花瓷残片及内饰布纹瓦片，并含有较多炭灰、煤渣等杂质（图2-4）。

地层堆积

以勘探剖面为例，剖面位于唐寺闸村西的南北向公路西侧，在焦枝铁路东约55米处。剖面长35米，方向37.49°（图2-5）。

①层：耕土，厚0.3～1米，内有少量生活垃圾及木炭颗粒等。其下发现谷水渠遗址开口和一条近代路土。

②层：冲积土，深0.3～1米，厚约1.2米，浅褐色，内含少量陶渣。

③层：冲积土，深1.5～2.2米，厚约0.8米，黄褐色，内含少量陶渣。

④层：冲积土，深2.3～2.8米，厚约0.7米，浅褐色，内含少量陶渣。

⑤层：冲积土，深3米，厚约0.3米，黄灰色，内含少量炭灰、陶渣。

⑥层：冲积土，深3.3米，厚约0.2米，褐色，未见包含物。

⑦层：淤积土，深3.5米，厚约0.7米，黄褐色，内含较多水锈斑。

⑧层：淤积土，深4.2米，厚约0.8米，浅褐色，内含较多水锈斑。

⑨层：淤积土，深5米，厚约0.4米，褐色，土质疏松，为胶泥质，含水锈斑、螺壳等。

---

①　“……位置在齐郭村西北，尤村西南的一座砖厂取土地处，探查得知谷水自西北流行至此处。”见中国社会科学院考古研究所洛阳汉魏城工作队：《北魏洛阳外廓城和水道的勘查》，《考古》1993年第7期，第607页。

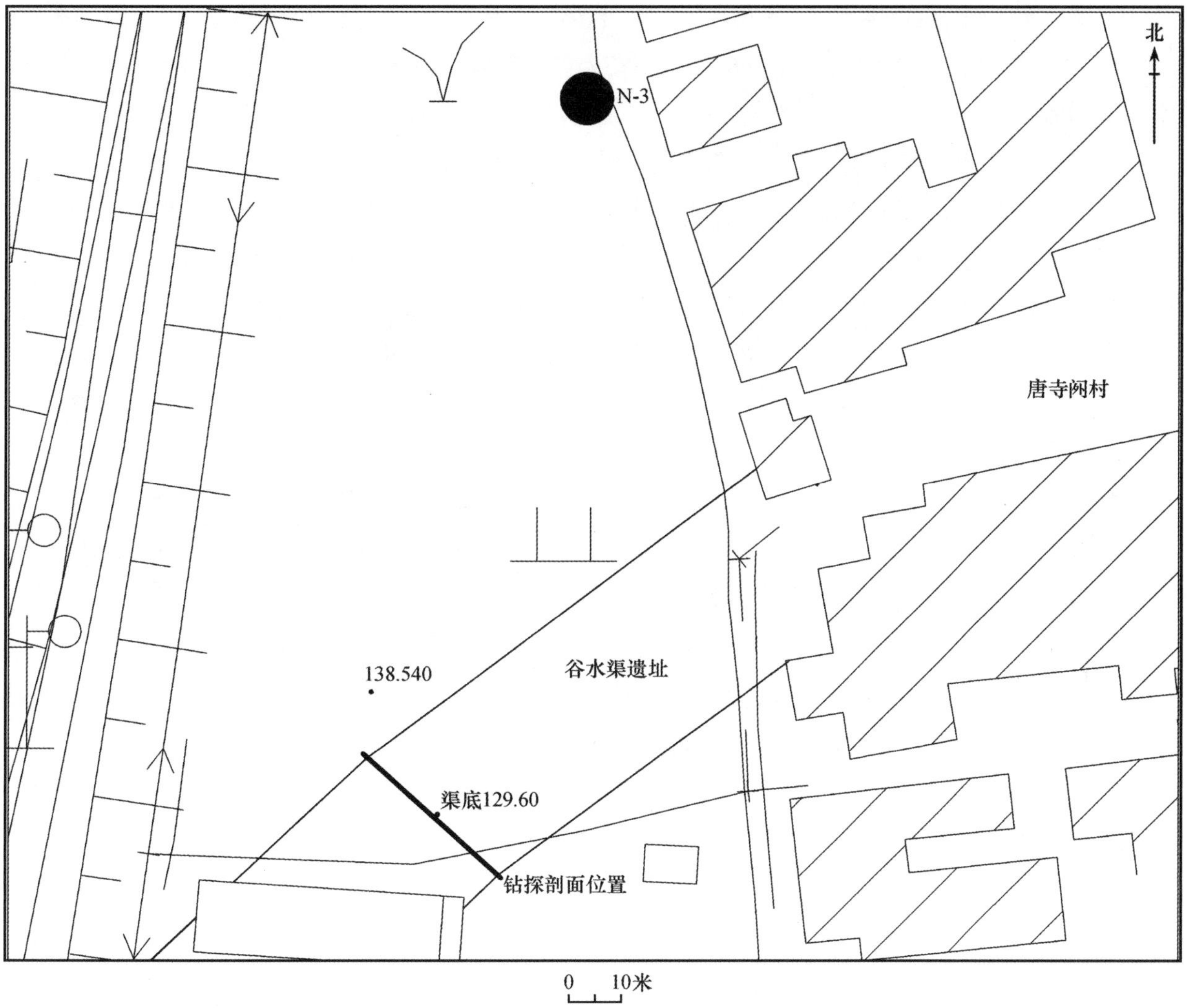

图2-4　唐寺闸村西谷水渠遗址平面图

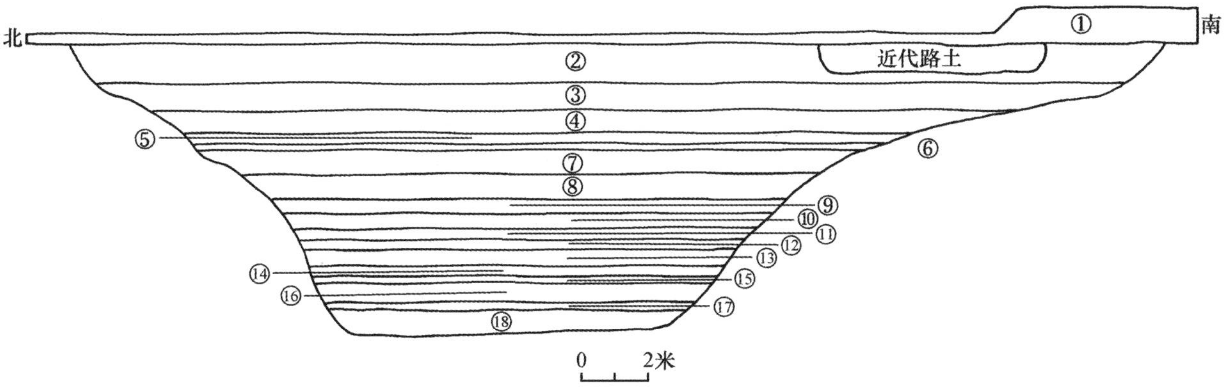

图2-5　唐寺闸村西谷水渠遗址钻探剖面图

⑩层：淤积土，深5.4米，厚约0.5米，浅黄色面沙土，含水锈斑、螺壳等。

⑪层：淤积土，深5.9米，厚约0.3米，青灰色，含少量沙土、炭灰、水锈斑等，出少量陶片等（图版2-13）。

⑫层：淤积土，深6.2米，厚约0.3米，浅褐色，胶泥质，含粗沙、陶渣及螺壳等。

⑬层：淤积土，深6.5米，厚约0.5米，浅黄色面沙土，未见包含物。

⑭层：淤积层，深7米，厚约0.3米，黄褐色胶泥土，含水锈斑块。

⑮层：淤积层，深7.3米，厚约0.2米，黄褐色面沙土，未见遗物。

⑯层：淤积层，深7.5米，厚约0.6米，浅灰色面沙土，内有料姜石及螺壳等。

⑰层：淤积层，深8.1米，厚约0.2米，黄褐色，胶泥质，含有沙土颗粒、水锈斑及料姜石等（图版2-14）。

⑱层：淤积层，深8.3米，厚约0.6米，黄色沙质土，有陶渣、螺壳等[①]。

从地层堆积情况上看，②～⑱层为谷水故道遗址内堆积，其中②～⑥层为谷水故道废弃后冲积形成，⑦～⑱层为使用过程中的淤积。

在以往的考古工作中，中国社会科学院考古研究所洛阳唐城队在道南路北侧发现了一段谷水渠遗址，其上被隋唐城曜仪城南墙所打破，其发掘点东距明清时期洛阳城西北城角下护城河约630米，并与其护城河在一条东西直线上[②]。明清护城河北侧现为环城北路，呈东西向，为一条低凹带，为谷水渠遗址的一部分。隋唐含嘉城南墙和明清洛阳城的北墙就利用了谷水渠遗址南岸的高地优势，将墙设在此高地上，并利用了谷水渠遗址，明清时期将谷水渠遗址作为护城河，其东端位于明清城东北角偏东，与瀍水相交而南曲，瀍水东岸为九龙台，其地势较高，因此谷水渠汇入瀍水在此南曲500米左右，绕开九龙台高地，向南有一片沟壑（今洛阳第一中学一带）。从20世纪70年代以前的隋唐洛阳城地图看，这片沟壑向东南和东北有六个分支（图2-6），其中向东北一支连接于唐寺闼村西的谷水渠遗址中，应为谷水渠遗址的一部分，因洛阳第一中学一带南不远处即为古洛河故道，古千金堨设在此处便于调节下游水量。《水经注·谷水》记载："谷水又东流，经乾祭门北……东至千金堨。《河南十二县境簿》曰'河南县城东十五里有千金堨'。《洛阳记》曰'千金堨旧堰谷水，魏时更修此堰，谓之千金堨。积石为堨，而开沟渠五所，谓之五龙渠'。……《语林》曰'陈协数进阮步兵酒，后晋文王欲修九龙堰，阮举协，文王用之。掘地得古承水铜龙六枚，堰遂成。水历堨东注，谓之千金渠'。"[③]此沟壑西距汉河南县城遗址5939米左右，按汉魏一里414～419.61米，折合为14.15～14.34里，与文献记载基本吻合，所以这片沟壑即为古千金堨遗址，其向南和向东的分支应为五龙渠或九龙渠的一部分。此处位于瀍河东岸，西周贵族墓地分布在此区域，所以文献上所记后晋修九龙堰"掘地得古承水铜龙"就不足为奇了。

---

① 洛阳市文物考古研究院：《洛阳汉唐漕运水系考古调查》，《洛阳考古》2016年第4期。

② 资料现存中国社科院考古研究所洛阳唐城队，待发表。

③ （北魏）郦道元著，（民国）杨守敬等疏：《水经注疏》卷十六《谷水》，江苏古籍出版社，1999年，第1378～1380页。

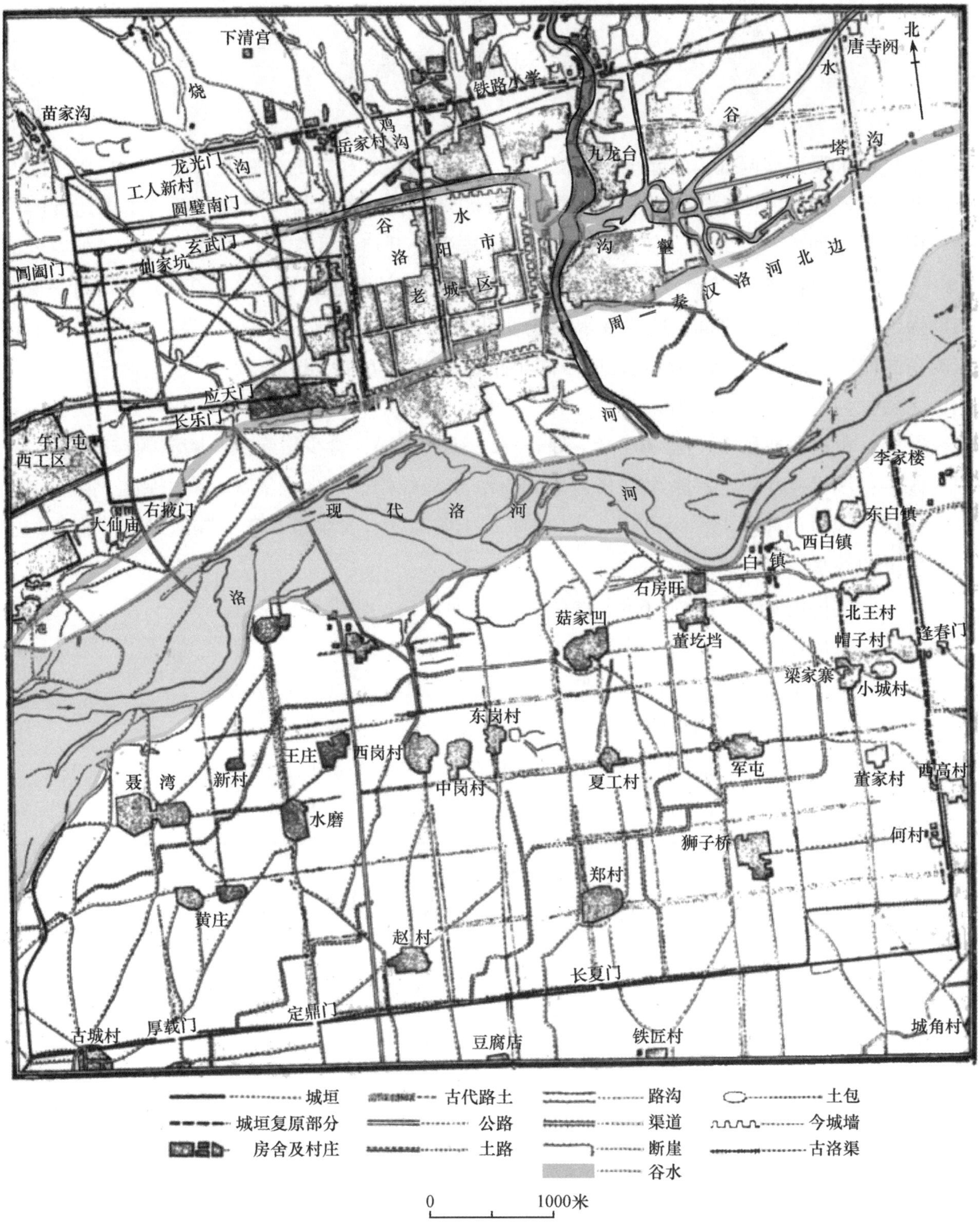

图2-6　20世纪70年代隋唐洛阳城遗址平面图

二　董村谷水渠遗址

董村谷水渠遗址调查，西起董村西侧，由洛常路向帽郭村去的公路处，东至董村东侧高速公路西。此段西端西南距洛常路东侧的中州渠200米左右，东北与汉魏故城西谷水渠遗址的西端相衔接，呈西南—东北向，长约900米，谷水渠遗址开口于④层下，口宽29.2米，距地表深2.8～3.6米，底深7.6～8.5米，渠内为淤土，为黄褐色和浅黄色沙质土（图2-7）。我们在董村东勘探出一谷水渠遗址剖面，此段谷水渠遗址勘探剖面位于董村东的南北向乡间小路上，距村东的东西向路口28.5米，剖面顺南北向乡间小路长34米。方向9.58°（图2-8）。

①层：为现代路土，厚约0.3米。

②层：黄褐色冲积土，深约0.3米，厚1.9米，土质疏松，含少量炭灰、陶渣颗粒等物。

③层：浅褐色冲积土，深约2.2米，厚0.8米，土质较松，含少量炭灰、陶渣颗粒等物。

④层：浅黄色冲积土，深约3米，厚0.6米，土质疏松，含少量炭灰、陶渣颗粒等物，此层下见生土和谷水渠遗址北边。

⑤层：浅褐色淤土，深约3.6米，厚0.7米，土质较松，含少量炭灰等。

⑥层：黄褐色淤土，深约4.3米，厚0.3米，土质较松，含少量炭灰等。

⑦层：浅黄褐色淤土，深4.6米，厚1米左右，土质松，含微量炭灰等。

⑧层：浅褐色淤土，深约5.6米，厚1.4米，土质较松，含微量炭灰。

⑨层：浅褐色淤土，深7米，厚0.3米，土质疏松，含水锈斑块。

⑩层：黄褐色淤土，深7.3米，厚0.7米左右，土质较松，含水锈斑点。

图2-7　董村谷水渠遗址平面图

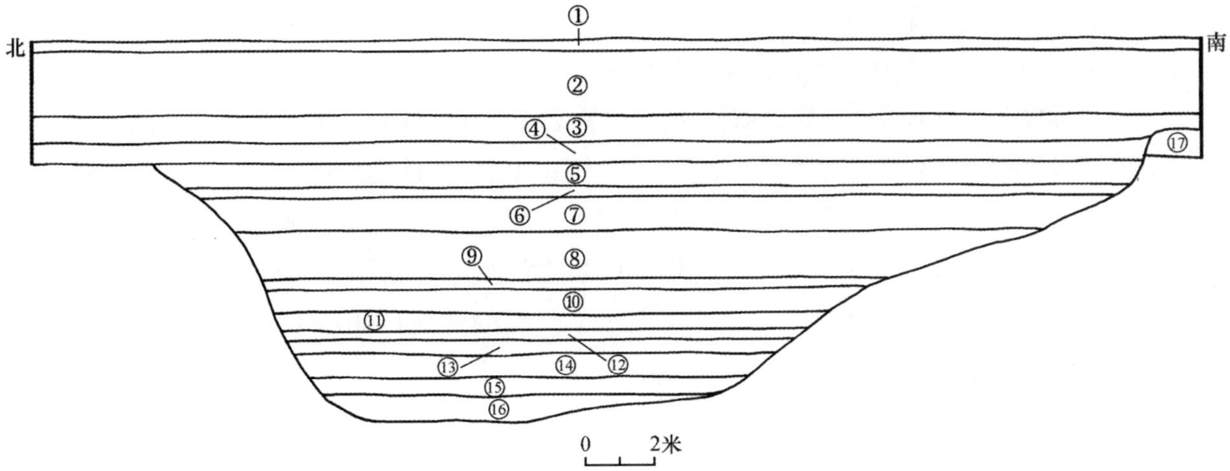

图2-8　董村东谷水渠遗址钻探剖面图

⑪层：浅褐色淤土，深约8.0米，厚0.5米，土质较松，含水锈斑点。

⑫层：褐色淤土，深约8.5米，厚0.3米，土质较硬，含水锈斑点。

⑬层：黄褐色淤土，深约8.8米，厚0.4米，土质较松，含水锈斑点。

⑭层：浅褐色淤土，深约9.2米，厚0.7米，土质松软，含水锈。

⑮层：黄褐色淤积土，深9.9米，厚0.6米，土质疏松，含水锈。

⑯层：浅黄色淤积土，深10.5米，厚0.7米，土质较松，含水锈斑点及微量沙粒。此层下见生土。

⑰层：灰褐色杂土，深约2.7米，厚0.8米。此层位于谷水渠遗址南岸，土质较松，探出有夹砂绳纹陶片，内含大量炭灰，较多陶渣颗粒等。此层下为生土。

此剖面中⑤～⑯为渠内淤土，此沟壁为斜坡状，南岸坡度较缓，北岸坡度较陡。渠口距地表深3.6米，宽29米，深7.6米，渠的南岸有商周或更早的文化层堆积。

第四节　汉魏时期漕渠遗址

1962年夏，中国科学院考古研究所洛阳工作队对汉魏洛阳城布局进行了考古勘探，探明环绕汉魏洛阳城的护城河道是阳渠水系的主流，西护城河宽18米、22米、24米、28米不等，且北窄南宽；城北河道宽20～24米；城东河道宽18米、29米、40米，北窄南宽，淤土厚达3米以上[①]。20世纪80年代，中国社会科学院考古研究所洛阳汉魏城工作队对汉魏城水道进行勘查时，在建春门外大街的北侧探出一段东流水道，宽90～100米，在距建春门800米左右处水道向南折拐，其东西宽30米左右。水道穿过建春门大街后又向东稍偏南方向延伸，过外廓城继续东

① 中国科学院考古研究所洛阳工作队：《汉魏洛阳城初步勘查》，《考古》1973年第4期。

流，此段宽35～60米，距今地表深达10米仍为淤土①。调查认为此渠为阳渠和漕运渠道。调查者在对古洛河调查后，认为汉魏洛阳城城南的现代洛河为张纯堰洛通漕后由酒务村西北改道城南护城河而形成今天的现状②。我们依据前期考古成果，通过查阅《水经注》等文献，并结合现代地貌进行分析，汉魏故城城南阳渠及谷水渠为汉魏时期的漕运线路，即“九曲渎”遗址，此遗址在汉魏故城东南角处顺东墙东侧城下护城河（阳渠）向北，经青阳门、东阳门至太仓西侧为漕运的终点，此点在建春门南。为了解决上述问题，我们对汉魏故城东墙下建春门以南护城河进行了勘探，同时对堰洛通漕、古谷水渠主道、由建春门向东出的淤土沟这三处遗址进行了重点勘探，并取得了重要收获。

一 汉魏故城城东建春门以南的城下漕渠遗址

我们从现代洛河北岸开始向北至建春门大道南50米一段进行了考古勘探，全长2460米左右，其中提取了两处钻探剖面，一处在偃师首阳山镇龙虎滩村东南，河北堤北侧30米处，一处位于偃师首阳山镇寺里碑村西侧约220米，陇海铁路北侧约15米处（图版2-15、图版2-16）。

（一）龙虎滩村东南的城下漕渠

1. 地层堆积（图2-9）

①层：现代耕土层，厚0.4米左右，浅灰色土，内有草木灰颗粒、煤渣及现代砖瓦残片等物。此层下见城墙夯土及渠址的西边开口。

②层：红褐色冲积土，深0.4米，厚1.6米，土质疏松，较纯净，无遗物，含微量陶渣、炭灰颗粒等物，此层下见渠址的东边开口。

③层：灰褐色冲积土，深1.9～2米，厚0.8～0.9米，土质疏松，包含较多陶渣、瓦片、炭灰、烧土及白灰颗粒等物，此层及以下地层为渠内堆积。

④层：黄灰色淤积土，深2.6～2.7米，厚0.9米，土质松散，包含物较上层逐渐减少，包含有零星沙性淤土颗粒，微量陶渣、炭灰颗粒等。

⑤层：黄褐色沙性淤土，厚1.1～1.2米，含较多水锈斑点，微量陶渣、炭灰颗粒等物。

⑥层：青灰色沙性淤土，厚1.4～1.5米，含较多铁锈斑点，及较多炭灰颗粒，此层应为漕运时沉积层。

⑦层：浅灰色沙性淤土，厚1～1.2米，纯净，含微量水锈斑点，无遗物。

① 中国社会科学院考古研究所洛阳汉魏城工作队：《北魏洛阳外廓城和水道的勘查》，《考古》1993年第7期。

② 中国社会科学院考古研究所洛阳汉魏城工作队：《北魏洛阳外廓城和水道的勘查》，《考古》1993年第7期。

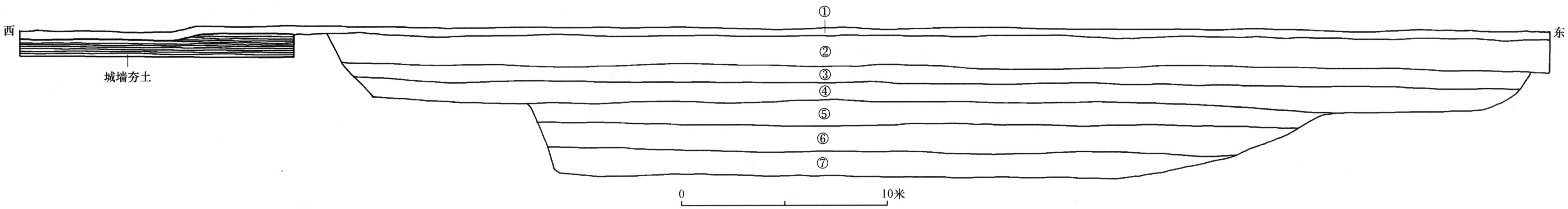

图2-9　龙虎滩村东南城下漕渠剖面图

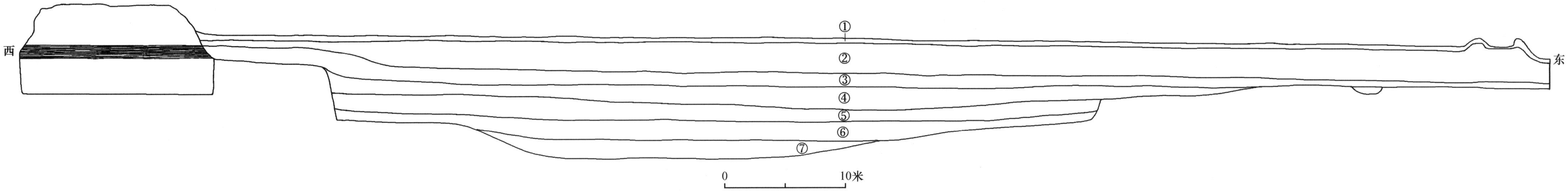

图2-10　寺里碑西城下漕渠剖面图

2. 遗迹和遗物

城墙夯土：位于剖面的西端，现存城墙夯土基槽部分，呈南北走向，开口距地表深0.4米，夯土基槽宽13.4米左右，西侧厚0.8米，东侧厚1.1米，夯层厚0.09～0.1米，为黄褐色夯土，坚硬，夯土层次明显，夯土中夹杂少量炭灰、烧土、陶渣等。

漕渠遗址：在夯墙东侧1.4～1.5米处，南北向，渠的西边在①层下见，距地表深0.4米，为斜壁，口下深3.4米设二层台，台宽7.5米左右。渠底至二层台东边的水平高度3.5米，渠东边在②层下开口，开口距地表深2米，渠边为坡状，不规整，其下深1.8米处也有二层台，宽7.5米左右，二层台边为缓坡状，距渠底深3.25米，渠上口东西宽约59.1米，底宽24米，渠总深5.3米（以东边口沿为准）。渠中有五层堆积，即剖面中的③～⑦层，其中③层为渠址废弃后冲积形成，④～⑦层为渠内使用时淤积而成。从渠的结构看，渠内二层台的出现有两种可能：一种可能为此渠经二次扩宽所致，另一种为渠心水流冲刷所致。

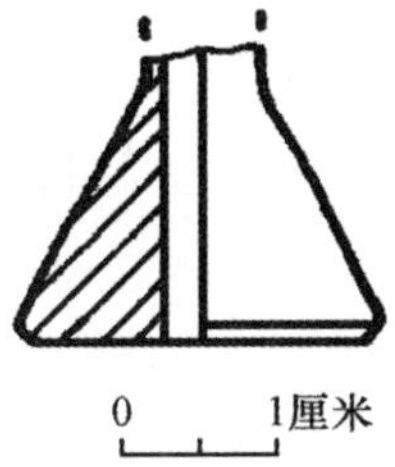

图2-11　铅坠
（漕渠遗址⑥：1）

遗物：仅1件，为铅坠。汉魏城东墙下漕渠遗址⑥：1，圆锥形，锥尖至底部有透穿，底径2.4厘米，高1.8厘米，穿径0.3厘米（图2-11，图版2-17）。

（二）寺里碑西城下漕渠

1. 地层堆积（图2-10）

①层：耕土层，厚0.4～0.5米，含现代生活垃圾及炭灰等物。

②层：冲积土，深0.4～0.5米，厚0.6～3.1米，黄褐色，较纯净。

③层：冲积土，深1.1～3.6米，厚0.5～1.9米，红褐色，含烧土颗粒及少量炭灰。护城河开口在此层下，另外此层下发现有灰坑遗迹。

④层：浅褐色淤土，深2.6～4米，厚0.9～2米，含烧土、少量木炭、陶渣和瓦片等物。

⑤层：淤土堆积，深4.8～6米，厚0.9～1.8米，褐色，此层中的炭灰、陶渣、烧土、白灰含量较大，夹杂的绳纹陶片较多。

⑥层：淤土堆积，深5.7～7米，厚0.7～1.7米，灰褐色，含烧土、木炭量较大，另有较多水锈斑（图版2-18）。

⑦层：淤土堆积，深7.7～8.6米，厚0.3～1.5米，浅黄色，沙质，土质较纯净。

2. 遗迹

城墙夯土：南北走向，由基槽和墙体组成。基槽口宽16米左右，底宽15.7米，深2.9米，墙体上部残宽10.6米，底宽16米左右，残高4.5米；夯土分层清晰，夯层厚0.1米左右，黄褐色，质坚硬，包含少量炭灰、烧土、陶渣。

漕渠遗址：呈南北向，西距城墙东边9米，与墙体并行。渠西边开口③层下，开口深2.6米，为斜坡状，较规整，口下深4.4米处有二层台，台宽约10米，二层台东至渠底呈缓坡状边沿，渠底至二层台面水平高2.9米；渠东边④层下见开口，口深4.8米，渠边为坡状，不规整，渠壁有二层台，台面距渠口2米，台宽约13米，二层台面稍倾斜于渠心，为缓坡形，二层台面西边高于渠底2.5米。从此剖面上看，渠上口宽约64米，底宽约20米，渠总深5.3米（以渠东边上口沿为准）。渠内有3层堆积，即⑤~⑦层堆积。从渠的结构看，与龙虎滩东南城下漕渠的结构基本相同。

H1：在漕渠东岸，开口③层下，开口深3.5米，西边距漕渠东沿口部20.6米。坑口宽2.6米，深0.7米，圜底。灰褐色土，内有较多瓦片、红陶片等，填土中含较多烧土、炭灰、陶渣颗粒等。

建春门以南的城下漕渠遗址口宽59~64米，渠西距洛阳汉魏故城东墙1.5~9米，渠东岸低于西岸2米左右。渠中心深5.3米，两侧深约2.3米，渠内淤积厚2.3~4.6米。最底层淤土为浅黄色沙性淤土，与两岸生土成分相近，为此渠初次淤积而形成；其上为青灰色淤泥层，厚0.7~1.7米，为此渠使用最为繁忙时期形成的淤土。从洛河向北至建春门南钻探范围长2.46千米左右，用RTK测得渠底海拔113.638~113.67米，北端比南端低0.032米，渠低基本水平，这样利于漕运。从渠的宽度、渠内的青灰色淤土、渠底落差较小这三种因素看，此处应为汉魏时期的漕渠遗址。而城西、城北和城东建春门以北的护城河较窄，在18~28米之间①，作为漕渠的概率较小。

二　汉魏故城城南向东的漕渠（谷水）遗址

现代洛河在洛阳汉魏故城遗址南侧东西向穿过，是城南漕渠遗址的一部分，后改为隋唐时大运河的一部分，历经千年河水冲刷，故城南墙已被冲毁。此河道向东至偃师古城村东南一段，全长约6300米，基本呈东西直线。由古城村东南折向东北再向南弯曲，至东寺庄东南与古洛河相交。我们顺河道的北岸进行踏查，同时对其进行10米一孔的直线勘探，在鱼骨村与和村之间南侧发现了一处水池遗址，在古城村东对阮曲及九曲渎遗址进了踏查和勘探。

（一）谷水左迤的水池遗址

水池遗址位于鱼骨村与和村南侧，开口距地表深0.8~3.25米，水池东西长700~800、南北残宽140米左右，勘探深7.2米出水不及底，其中汉魏时期的淤土堆积厚1.6米以上。我们在调查时利用此处自来水管沟清理出水池的西边和北边地层堆积（图2-12）。

---

① 中国科学院考古研究所洛阳工作队：《汉魏洛阳城初步勘查》，《考古》1973年第4期。

1. 池西边地层堆积

剖面呈东西向，总长31米（图2-12-1）。其西端北距310国道约1791米，西距207国道约1034米。地层堆积如下。

①层：耕土层，厚0.25～0.45米，内有煤渣等杂质。

②层：淤土堆积，厚0～0.5米，仅堆积在池内，浅黄色，较纯净。

③层：冲积土，深0.6～1.05米，厚0～0.35米，仅存在池内，浅黄灰色，土质疏松，有微量烧土、炭灰颗粒等。

④层：淤土堆积，深0.6～1.25米，厚0～0.45米，为池内堆积，红褐色，土质疏松，出土有微量黑瓷和白瓷残片，为金元时期，内含有少量炭灰、陶渣。

⑤层：淤土堆积，深0.25～1.5米，厚0.1～0.5米，堆积在池内和池口西边的上部，浅黄色

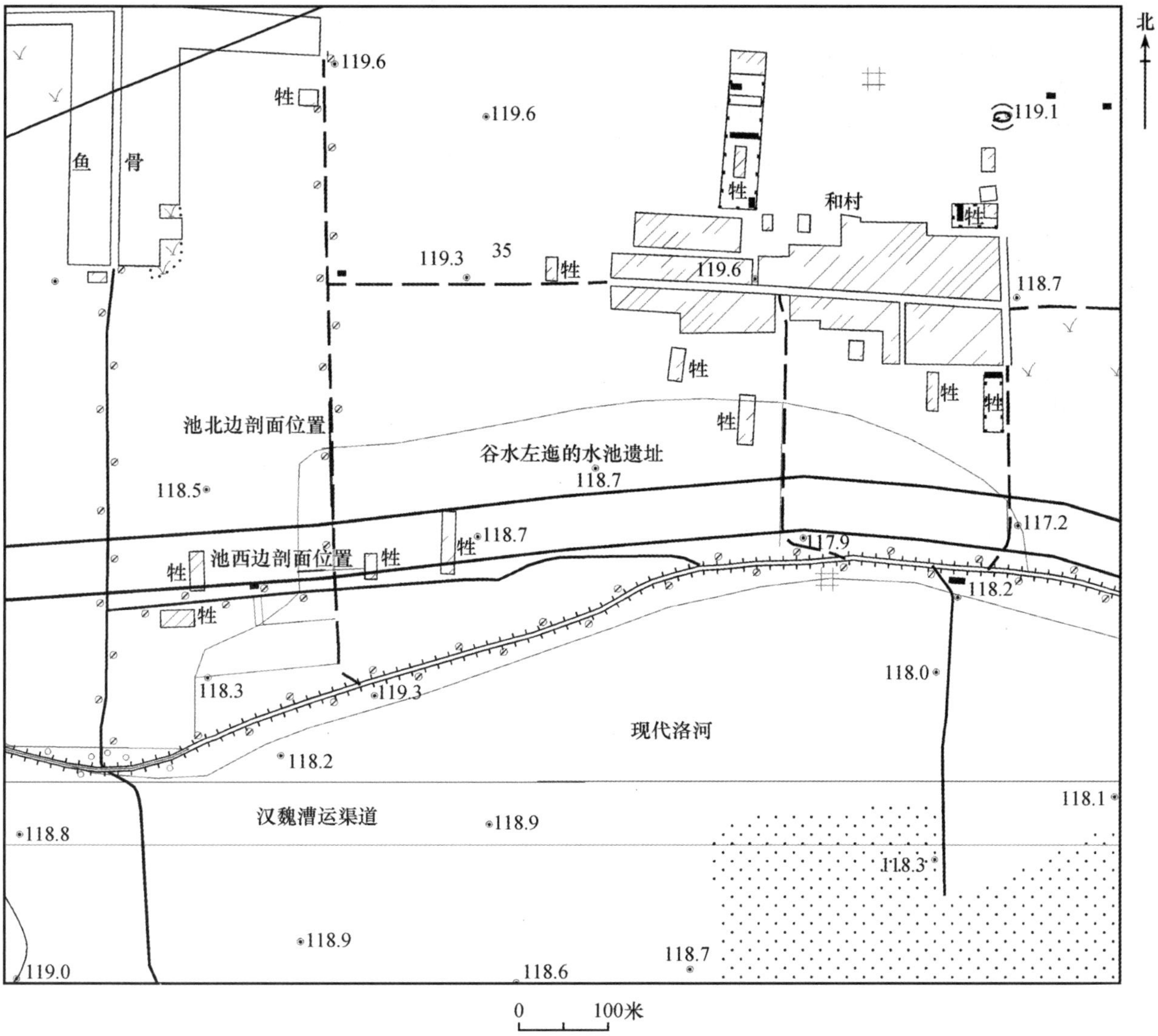

图2-12　谷水左迤的水池遗址平面图

土，土质疏松，含较多烧土、陶渣及炭灰颗粒等。

⑥层：淤土堆积，深1～1.6米，厚0～0.3米，仅存在于池内，黄褐色，土质疏松，内含微量炭灰及烧土颗粒等。

⑦层：淤土堆积，深1.5～1.75米，厚0～0.3米，存在于池内，红褐色，含微量炭灰、烧土等。

⑧层：沙性淤土堆积，深1.85～2米，厚0～0.4米，黄色，土质疏松，含微量炭灰、烧土等。

⑨层：浅黄色淤土层，深0.3～0.85米，厚0～0.7米，仅存在池内和池西边坡状边沿上，土质疏松，内含微量炭灰及烧土颗粒等。此层深度为钻探深，深7.2米下出水不及底。汉魏时期淤土堆积厚1.6米不及底，土色灰褐色，内有少量绳纹瓦片等。

2. 池北边地层堆积

该剖面呈南北向，总长120米（图2-12-2）。剖面北端位于偃师首阳山镇鱼骨村东南，西距207国道1052米左右，北距310国道约1624米。

（1）地层堆积

①层：耕土层，厚0.25～0.3米，内含煤渣等杂质，为现代堆积。

②层：淤土层，深0.25～0.3米，厚0.25～0.55米，红褐色，质纯净，未见包含物。G1开口于此层下。

③层：冲积土，深0.45～0.75米，厚0.25～0.65米，黄褐色，土质松软，内含少量炭灰、陶渣等，见极少量青花瓷碎片。G2开口在此层下。

④层：淤土层，深0.5～1.2米，厚0.1～0.4米，浅黄色，土质松软，内见少量炭灰、陶渣颗粒。

⑤层：淤土层，深0.6～1.5米，厚0.3～0.5米，浅黄褐色，质硬，层内见烧土、炭灰、陶渣等，土层中有黑瓷片、外素内布纹瓦片等。

⑥层：淤土层，深0.9～1.6米，厚0.2～0.6米，黄褐色，质硬，内见烧土、炭灰等，该层中夹有外素面内布纹残瓦片、宋代黑瓷残片等。G3开口在此层下，剖面北部⑥层下为自然土和水池遗址北边上口分界线。

⑦层：淤土层，深1.1～2.1米，厚0.5～0.75米，浅褐色，土质较硬，内见烧土、陶渣及炭灰颗粒等，土层中夹有残砖块、外素面内布纹瓦片等。

⑧层：淤土层，深1.75～3.5米，厚0.35～1米，深褐色，质硬，内见大量烧土、陶渣及炭灰颗粒等，土内夹有陶片、绳纹瓦片等。水池遗址北边二层台及二层南边的池口在该层下出现。

⑨层：淤土层，深2.9～4.1米，厚0.4～0.9米，青灰色，质硬，含大量烧土、陶渣及炭灰颗粒等，淤土内夹有少量绳纹陶片。

⑩层：淤土层，深3.4～4.4米，厚1.4～1.5米，青褐色，质硬，内含水锈斑、淤土块等。

⑪层：淤土层，深4.8～5.8米，厚0.45～0.6米，深褐色，质硬，内见大量烧土、陶渣及炭灰颗粒等，土内夹有绳纹瓦片等。此层下出水情况不明。

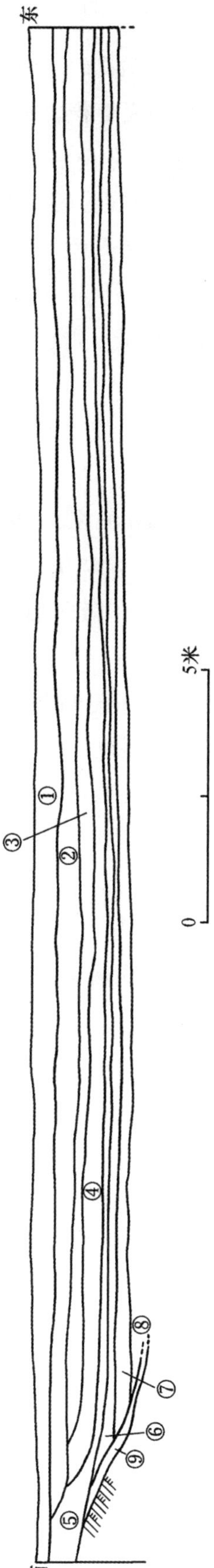

图2-12-1　池西边剖面图

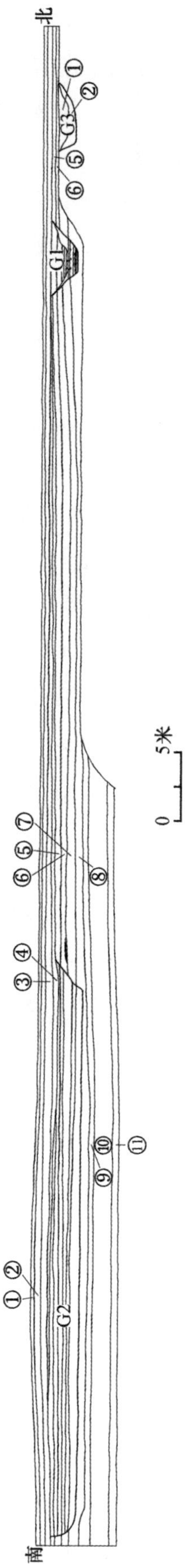

图2-12-2　池北边剖面图

（2）遗迹

G1：②层下见，为东西走向，口深0.65～0.7米，底深2.8米，沟深2.1米左右，东西向外延伸，长度不详。沟口宽6米，底宽1.7米，南北两边均呈坡状，有10层堆积，每层面上为路土，质硬，部分层面上有车辙。

①层：冲积层，厚0.45米，浅褐色，质松，内见大量烧土、炭灰颗粒等。

②层：冲积层，厚0.4米，路土在冲积层面上形成，厚0.05米。深褐色，质硬，含有烧土、炭灰颗粒等。

③层：冲积层，厚0.2米，浅褐色，质硬。路土在冲积层面上形成，厚0.06米。含烧土、炭灰颗粒等。

④层：冲积层，厚0.15米，红褐色，质硬。路土在冲积层面上形成，厚0.05米。含烧土、炭灰颗粒等。

⑤层：冲积层，厚0.15米。路土在冲积层面上形成，质硬，厚0.05米，路面上有车辙印痕两条，辙口宽0.15米，深0.12米，两辙间距0.5米。浅黄色，质较硬，含烧土、炭灰颗粒等。

⑥层：冲积层，厚0.16米，红褐色，质硬。路土厚0.06米，有车辙印痕两条，辙口宽0.1米，深0.08米，两辙间距0.56米。含烧土、炭灰颗粒等。

⑦层：淤土层，厚0.28米。路土厚0.1米，浅灰色，质硬，有车辙痕两条，口宽0.12米，深0.07米，辙间距0.6米。深褐色，土质较脏，内含较多炭灰、烧土、颗粒。

⑧层：淤土层，厚0.16米，黄褐色，质硬。路土厚0.07米，为灰褐色路土，面上有两条车辙痕，单辙口宽0.15米，深0.08米，两辙间距0.62米。内含较多烧土、炭灰颗粒及少量陶渣。

⑨层：淤土层，厚0.1米，浅黄色。道路压实厚0.05米，浅灰色，面上有两条车辙痕，单辙上口宽0.1米，深0.12米，两辙间距0.65米。内含少量烧土、炭灰颗粒等。

⑩层：淤土层，层厚0.15米，深褐色，质硬。上面一层较薄的陶渣堆积，厚0.05米。土层中含有大量陶渣、烧土、炭灰颗粒等。

从沟内的堆积结构上看，此沟为一东西向道路遗迹，由于道路的土质流失而形成，后又在使用过程中逐层冲积和踩踏而填平。其开口层位在近代层下。应为较早于近代的一条道路。

G2：开口于③层下，开口深1.15～1.3米，沟底深3.75米，沟深2.4米。其形状不规则，东西出发掘区，上口南北宽46米，底宽42.5米，沟内堆积与池西边剖面图2-12-1中④～⑨层基本相同，为淤土堆积，共6层，质松，出土极少量白釉褐花瓷碗残片，属金元时期遗物。

G3：开口于⑥层下，口深1.25米，沟底深2.6米，沟深1.4米。东西走向，南北出发掘区，口宽5米，底宽2.3米，斜坡状沟壁，沟内有两层堆积。

①层：淤土堆积，厚0.8米，黄褐色，质硬，内含炭灰、烧土颗粒等，有少量绳纹筒瓦残片出土。

②层：淤土堆积，厚0.6米，红褐色，质硬，内含烧土、炭灰颗粒等，有少量绳纹瓦残片出土。从出土的绳纹瓦残片看，此沟可能为汉魏时期形成。

水池遗址：开口于⑥层下，池北壁为斜坡形，且有二层台，北边上口深约1.2米，二层台宽38.5米，口至二层台深2米左右，二层台至下部水池边沿也呈斜坡形，池心探至7.2米（距地表）见水不到底。池中最早堆积为剖面中的⑦～⑪层，⑩、⑪层为钻探层位。

由勘探信息结合池的剖面分析，此池是洛河北岸发现的唯一一处汉魏时期的遗址。水池西距汉魏洛阳城东墙2702～2843米，在今洛河左侧。《水经注·谷水》记载："谷水又东，左迤为池。"[①]从池的地理位置与现洛河的关系分析，此段洛河应为文献中的"城南谷水东出之正流"，其池址应为"谷水又东，左迤为池"的水池遗址。

（二）阮曲

在水池遗址以东，我们顺河调查至古城村东侧，河道在此处向北曲，后又向南转一个较大的弧形弯曲，经纸庄、新寨、塔庄南与鸿池陂遗址相连，过寺庄南，东南至杨村西北汇入伊洛河。《水经注·谷水》载："……谷水又东，左迤为池。又东右出为方湖，东西一百九十步，南北七十步，故水衡署之所在也。谷水又东南转屈而东注，谓之阮曲……谷水又东注鸿池陂，其水又东，左合七里涧。"在偃师古城村东部，现洛河河道北折而向东南呈弧形弯曲，与《水经注》记载"谷水又东南转屈而东注，谓之阮曲"相合。过阮曲在偃师岳滩村东、杨村西北合于古洛河，交合处的西北，我们在调查时河水已干涸，河床底全是青泥沉积。在河水冲出的断面看青泥深3米不及底。

三　九曲渎遗址

从伊洛河交汇处向东北至山化村南受山势所限，又东南曲，东南入巩义至范堂坞西，曲而东北流，至鬼沟南曲而东流，东至小南沟西，又曲而东北流，至礼泉村东，又曲而东流，至石灰务村西，又曲而东北流，至簿沟南，又曲而东流，东至水沟西，又曲而北流入黄河。从以上看从阮曲至黄河，河道上有九个较大弯曲，因此古人称之为九曲涧或九曲渎（图版2-19）。在2014年1月，偃师西寺庄南侧橡胶坝（蓄水坝位于古洛河与阮曲相交处北侧）蓄水时曾测量过水位，此地水位升1.6米，橡胶坝向西12.3千米的沉船遗址区水位升约1米，两地水位落差0.6米，水位落差小、水流平稳，是较理想的漕运路线。依考古调查资料为基础，结合水系的沿途地理环境，参考文献所载及水位落差等信息综合分析，现洛河的汉魏故城南至岳滩村东伊洛河交汇处一段，应为《水经注疏》中所载的"城南谷水东出之正流"，再入巩川至洛口为汉魏时期的九曲渎遗址。

---

① （北魏）郦道元著，（民国）杨守敬等疏：《水经注疏》卷十六《谷水》，江苏古籍出版社，1999年，第1421～1436页。

第五节　“洛阳沟”遗址

遗址西起汉魏洛阳城建春门外，东终于山化乡东屯村东山嘴南，并汇入伊洛河。1983年春，中国社会科学院考古研究所洛阳汉魏故城工作队在配合首阳山电厂选址时，经勘探发现了偃师商城遗址和东西向穿城而过的大淤土沟遗址①并称此沟为“尸乡沟”。

1985年，洛阳汉魏故城队在勘察北魏外廓城时，在建春门以东发现了一段古沟渠遗址，并在《北魏洛阳外廓城和水道的勘查》一文中认为此沟为东汉开凿的阳渠。1992年后，偃师文物部门，在配合城乡基本建设工程中，陆续发现了此沟的多段遗址，并结合钻探确定其为一条东西向的长沟遗址，并延续了阳渠的认识。该沟东西全长18400米，地面海拔115～127米之间。沟分东西两段：西段长12600米，自洛阳汉魏故城建春门起，东穿偃师商城入鸿池陂遗址，一般宽60～80米，最窄处30米，局部宽达100米，渠口部距地表深 1.7～4.8米，沟内主要为冲积淤土；东段位于鸿池陂以东，总长5800、宽25～33米，渠口部距地表 2.3～4、深 2.5～3米至底，沟内填花土②。

我们此次调查部分为此沟的西段西部，其西起洛阳汉魏故城建春门遗址东侧，东至偃师城关镇潘屯变电站南侧，310国道中线向南300米左右，全长8027米左右。其中对西侧长5063米一段进行了点探，东侧长2964米一段用排孔进行重点卡探，重点卡探地段西端位于310国道以南，首阳山镇南蔡庄村西侧、310国道中线以南94.9米处；东端在城关镇潘屯变电站南侧，310国道中线向南300米左右处（图2-13）。其中我们在南蔡庄西侧新修的开阳路上利用排污管沟修整了一个剖面，此剖面北端北侧距310国道中心点66米。剖面南北长98.5米，在开阳路规划中心向西5.6米处（编号为T1西剖面）。此处清理出“洛阳沟”的开口及沟南、北两岸的堆积。

根据此次调查，建春门东侧此沟地面海拔为127.6米，沟底海拔113.6米。东在潘屯变电站南，地面海拔为118.4米，沟底海拔106.5米。东西两点沟底落差7.1米，沟内堆冲积性淤土，其中东部的2964米一段，开口距地表深3～4.5、上口宽57.75～80、沟深8.9米左右。现以T1西剖面为例介绍此沟的地层堆积及发现的遗迹情况。

---

① 中国社会科学院考古研究所洛阳汉魏故城工作队：《偃师商城的初步勘探和发掘》，《考古》1984年第6期，第488～504、509页。

② 偃师市文物管理局：《汉魏洛阳城东阳渠、鸿池陂考古勘察简报》，《华夏考古》2011年第1期，第20～25页。

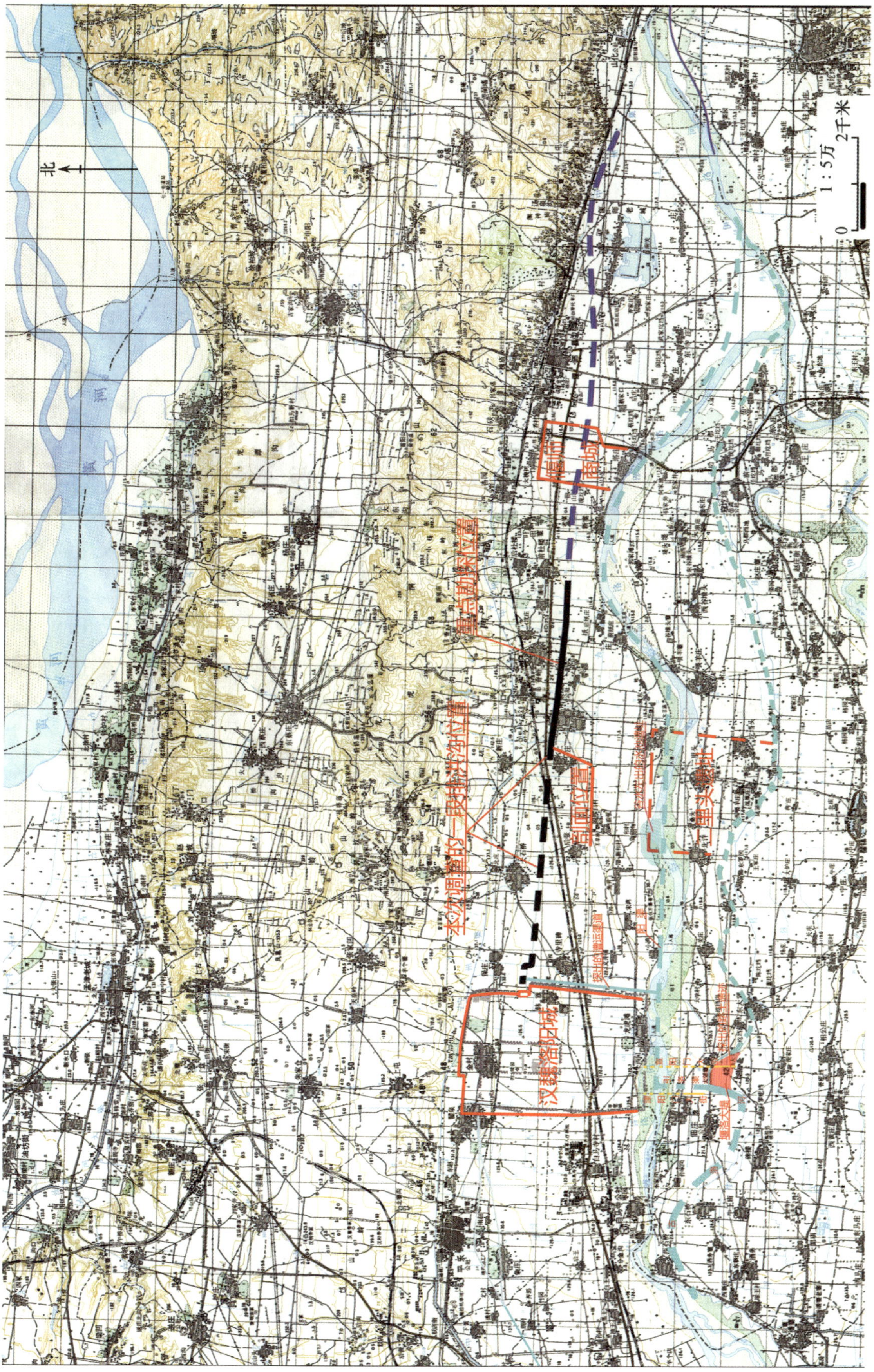

图2-13　“洛阳沟”遗址位置示意图（调查的部分）

一　地层堆积

偃师开阳路洛阳沟遗址T1西地层堆积情况如下（图2-14）。

①层：现代垫土层，灰褐色沙性土，厚1.7～1.98米，内有少量微小的瓦片、现代垃圾、炭灰颗粒等。

②层：沙性冲积土堆积，深1.7～1.98米，厚0.4～1.6米，分四次淤积而成。其中②a层：浅灰色沙性冲积土，厚0.15～0.35米，含微量炭灰、烧土、煤渣；②b层：浅黄色沙性冲积土，厚0.2～0.38米，含较多红色胶泥块，微量炭灰颗粒；②c层：黄褐色沙性冲积土，厚0.15～0.8米，较纯净，无遗物；②d层：浅黄色沙性冲积土，厚0.15～0.50米，含较多红色胶泥块，纯净、无遗物。

③层：唐宋冲积土层，深1.7～3.3米，厚0.5～1.3米，为两次冲积而成。其中③a层：红褐色沙性冲积土，厚0.1～0.8米，内含少量料姜石、红烧土、炭灰、陶渣颗粒等，出土外磨光和内布纹板瓦残片；③b层，黄褐色沙性冲积土，土质松软，厚0.3～0.95米，内含较多料姜石、红烧土、炭灰、陶渣颗粒等，出土有外磨光和内布纹板瓦残片。

④层：黄褐色沙性冲积土，深2.3～4米，厚0.75～1.45米。此层仅在洛阳沟上部和北岸地势较低处淤积而成，共分两次淤积：其中④a层为黄褐色沙性冲积土，厚0.4～0.75米，有微量的碎瓦片、陶渣颗粒等；④b层为灰黄褐色沙性冲积土，厚0.4～0.95米，出少量绳纹瓦片及微量的陶渣等。

⑤层：红褐色杂土，分布于洛阳沟的南岸边沿处和北岸，北岸处为一层瓦片堆积层，距地表深3.05～3.6米，厚0～0.25米。出土的瓦片均为外绳纹内布纹瓦片，其中较完整的筒瓦及卷云纹瓦当各一块，均为东汉遗物；此层在洛阳沟南岸的堆积，呈浅灰色，深2.8～3.1米，厚0～0.55米，土质松散，内含较多炭灰、陶渣颗粒，出微量外绳纹内布纹瓦片。

⑥层：灰褐色杂土，仅分布于洛阳沟的南岸，深2.5～3.5米，厚0～1.1米左右，土质松散，内含有大量炭灰，少量烧土颗粒等杂质，出较多绳纹夹砂陶片，此层在洛阳沟的南边沿处呈南高北低的坡状堆积（图版2-20）。该层下出大量灰坑，在所选剖面范围内有7个灰坑，编号为H1～H7。

⑦层：红褐色花土，分布于洛阳沟的南岸，深2.8～3.2米，厚0～0.8米。土质较硬，纯净，含极微量烧土颗粒等。

⑧层：红褐色花土，分布于洛阳沟的南岸，深3.6米，厚0～0.35米。此层与上层交界处土粒较细，较纯净，含极微量烧土颗粒等。

⑨层：红褐色花土，分布于洛阳沟的南岸，深3.95米，厚0～0.55米。土质较硬，结构较密，纯净，含极微量烧土颗粒等。

⑩层：红褐色冲积土，深3.6～4.35米，厚0.25～0.4米。分布于洛阳沟的南、北两岸，北部

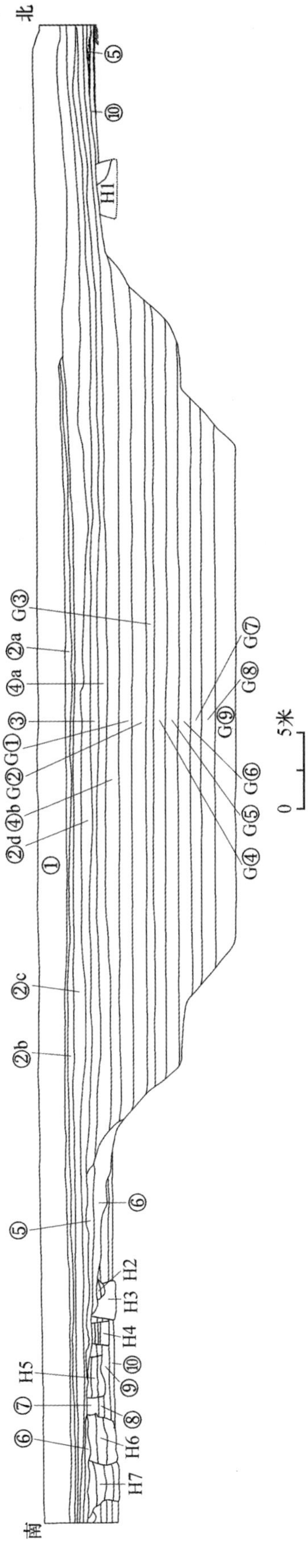

图2-14　开阳路洛阳沟遗址T1西剖面图

距地表较浅，南部较深。在北部此层底部有一层2～3厘米的砂砾层，内有少量骨渣，出一件石块，可能为一件石器。此层下为自然土，呈黄白色，经RTK测得沟北岸自然土上面海拔119.838米，至南岸82.5米处自然土上面海拔119.06米。此沟的南北两岸高差为0.778米，即南岸低于北岸0.778米左右（图版2-21）。由于此层位于洛阳沟南北两岸，且此层及以下自然土层被洛阳沟打破，因此我们认为此层的上面为洛阳沟的最早开口层位。

二　遗　迹

（一）洛阳沟遗址（编号为G）

洛阳沟遗址位于此次清理出剖面的中部，沟上口宽57.75米，底部宽33米。沟内堆积由上而下可划分为9层，除沟内①层外，以下地层均为钻探所得。

①层：黄褐色冲积性淤土，深5.25米，厚0.8～0.85米，含微量陶渣、炭灰颗粒。

②层：浅黄色沙性冲积土，深6.1米，厚0.85～0.9米，湿软、较净。

③层：浅灰色沙性冲积土，深7米，厚0.45～0.5米，未发现包含物。

④层：黄褐色沙性冲积土，深7.5米，含沙较大，厚0.55～0.6米，未发现包含物。

⑤层：浅黄色沙性冲积土，深8.35米，厚0.7～0.75米，未发现包含物。

⑥层：黄褐色面沙质冲积淤土，深9.1米，厚0.8～0.85米，在该层的6.08米处，有一层淤土面，略硬。

⑦层：黄褐色冲积淤土，深9.9米，厚0.7～0.75米，内含面沙，较上层淤土内含有较多水锈斑点。

⑧层：黄褐色沙性冲积淤积土，深10.6米，厚0.9米左右，土质纯净。

⑨层：黄褐色沙性冲积淤土，深11.5米，厚1.35米，土质纯净，未发现包含物。距地表深12.85米见沟底生土，为黄白色土。

（二）灰坑

在修整剖面范围内共发现7个灰坑，分别编号为H1～H7，除H1分布在洛阳沟北岸外，其他均分布在南岸（图版2-22）。

H1：剖面形状呈袋状，开口于⑥层下，口部直径3.3米，深度、底部不详。该灰坑打破⑩层及生土层，土质松散、湿润，坑内北半部土色呈灰色，填土内含有炭灰、烧土颗粒，南半部较少，出土有深腹罐残片，腹部饰绳纹。

H2：剖面形状为圆形圜底，开口于⑥层下，打破H3及⑦、⑧、⑨层，距地面深度3.55米，口部直径1.35米。内填土分为两层：①层：浅灰色，厚0.3米，土质松散、湿软；②层：深灰色，土质松软，厚0.25米。堆积层呈缓坡状依次堆积，内含有较多炭灰、烧土、碎骨、蚌壳等物，遗物有较多的陶片，有罐口沿残片、腹部残片，其残片外饰斜绳纹。

H3：位于H2下方，口部被H2打破，同时又打破⑦、⑧、⑨、⑩层。从其剖面形状可断定该灰坑为圆形口，平底，袋状坑，口部距地表深3.2、残口径2.15、底部直径2.55米，坑深1.55～1.6米。该坑内填土较松散，土色较H2浅，呈浅灰色，出土少量微绳纹陶片，填土中有较多炭灰、少量红烧土颗粒等。

H4：位于H3南侧，开口于⑥层下，打破⑦、⑧、⑨层。开口距地面3.2、口径1.35、底径1.6米，坑深1.1米。为口小底大圆形袋状坑，底和壁经过修整，光滑。堆积由4层组成：①层：厚0.2米，浅灰色；②层：厚0.2米，灰褐色，质较松；③层：厚0.15米，褐色，质松软；④层：厚0.55米，灰褐色，质松。包含物有较多的炭灰、红烧土、陶渣、瓦片渣、残（碎）骨头、动物牙齿、蚌壳等。出土有深腹罐口沿、颈、腹及底残片，其纹饰为细斜绳纹。坑内①层内出土小铜镞一件，完整，长5.4厘米。

H5：位于H4南侧，开口于⑥层下，打破⑦、⑧、⑨、⑩层。开口距地面深2.8、口径2.65、底径2.75米，底略大于口部，为圆形袋状，坑深0.8～1.25米，该坑底部不规整，北侧高于南侧。填土分为三小层：①层：灰褐色土，土质松散，厚0.15～0.3米；②层：浅灰色土，质较松软，湿润，厚0.35～0.45米；③层：深灰色土，土质松散，厚0.2～0.5米。内含大量炭灰，少量红烧土、陶渣及残碎骨渣、蚌壳等，出土绳纹灰陶残片及一件骨簪（残断），残长9.2厘米。

H6：位于H5南侧，开口于⑥层下，打破⑦、⑧、⑨、⑩层，并且打破与其相邻的H7。两壁及底部均不规整，口径3米左右，底径2.6米左右，坑深3.75～3.9米，为不规则的圆形袋状坑，填土分三小层：①层：浅灰色土，质松，厚0.3～0.55米；②层：浅灰色土，略深，质松散，厚0.5～0.75米；③层：灰褐色土，质松软，湿润，厚0.5～0.75米。内含有少量红烧土、炭灰、蚌壳、陶渣颗粒等，在该灰坑的下部③小层内的右下角处，发现有经过烧结的痕迹，出土少量绳纹灰陶片。

H7：位于H6南侧，开口于⑥层下，北壁被H6打破，该坑打破⑦、⑧、⑨、⑩及生土层。坑口距地表深2.85、残口径3.7、底径2.6、深度1.95～2.1米。灰坑两壁不规整，为不规则的圆形袋状坑。坑内堆积分为四层：①层：浅灰色土，质松散，厚0.5米；②层：灰褐色土，质松散，厚0.6米；③层：黑褐色土，质松散，厚0.5米；④层：褐色土，质松，厚0.4米。每层自上而下两侧略高，中间稍低凹，呈缓坡状依次堆积，内有较多炭灰及少量红烧土、骨渣、蚌壳等，出土细绳纹灰陶片，可辨器形有罐口沿、腹部、肩部等及少量夹砂陶鬲残片。

三　遗　　物

此遗址遗物主要出土于偃师开阳路排污管沟地层中，按遗物用途分，有建筑构件、生活用品和兵器三大类。

（一）建筑构件

建筑构件均出土于洛阳沟（尸乡沟）北岸⑤层中，为绳纹筒板瓦残片及瓦当1件，其中1件筒瓦可复原。

1. 绳纹筒瓦

1件。开阳路洛阳沟遗址T1⑤：2，泥质灰陶，筒瓦正面饰绳纹，内饰布纹，直唇，瓦舌较长，稍向下倾斜，舌尖方形微上翘。瓦通长38.2、径12.7、厚1.3厘米，瓦后部与另一筒瓦舌部叠压交合处至末端变薄至0.6厘米，舌长3.5、舌尖厚1.2厘米（图2-15-1、2，图版2-23）。

2. 瓦当

1件。开阳路洛阳沟遗址T1⑤：1，泥质灰陶，模制，瓦当与筒瓦粘接处廓边的背面削去厚度1/3，然后与筒瓦末端嵌合，当背与接缝处用泥片粘合，外面修平，当面纹饰凹地凸起。当心纹饰残，当心外有凸棱一周，凸棱外八出短棱，如放射状，邻廓边内为一周凸棱，凸棱内向当心方向四出双棱界格，每组双棱界格向当心近放射状短棱处，对称向各自界格内卷曲，并与同一界格内另一侧对称卷曲相勾连，组成一组卷云纹。整个当面为四组卷云纹。瓦当径14.6、边廓宽1.5、廓边厚1.9厘米（图2-15-3、4，图版2-24）。

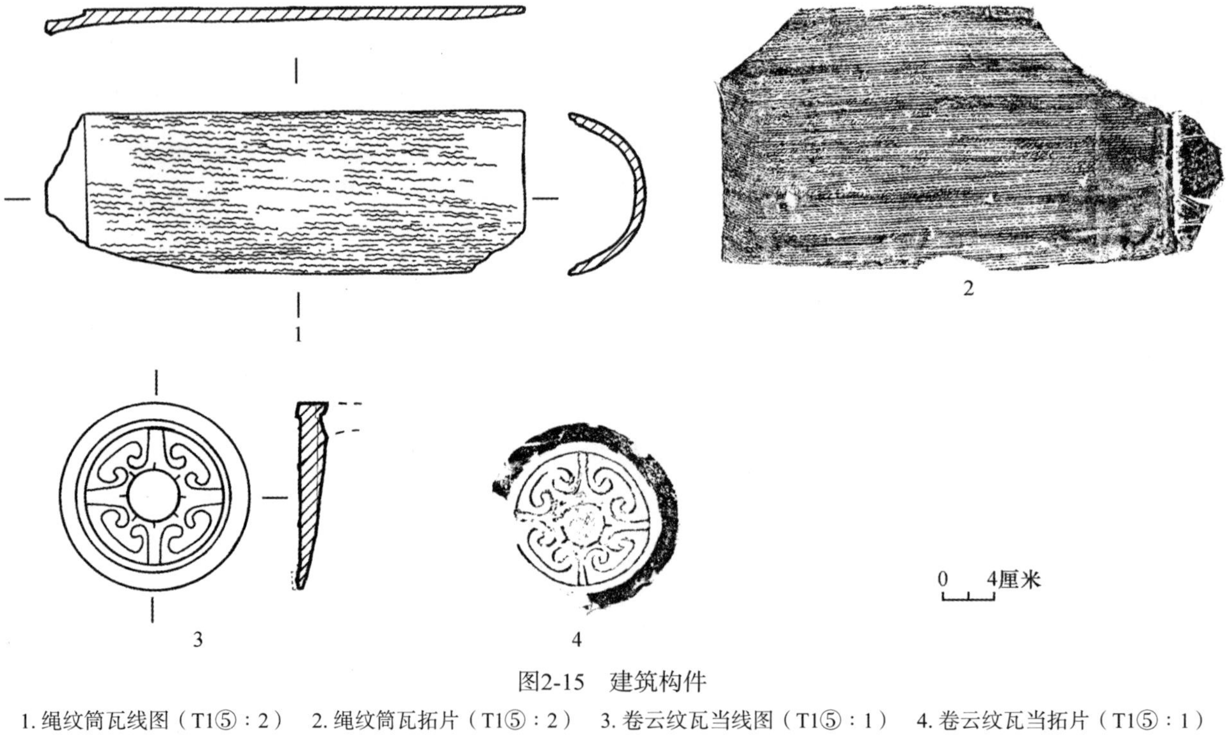

图2-15　建筑构件

1. 绳纹筒瓦线图（T1⑤：2）　2. 绳纹筒瓦拓片（T1⑤：2）　3. 卷云纹瓦当线图（T1⑤：1）　4. 卷云纹瓦当拓片（T1⑤：1）

（二）生活用品

生活用品主要有陶器、骨器、蚌器和石器，均出于⑥层和⑥层灰坑中。

1. 陶器

陶器为泥质灰陶，多为绳纹陶片，少量素面，微量磨光陶片，可辨器形有罐、壶、鬲、甗、盆、簋、纺轮、圆饼形器等。

罐，残片，泥质灰陶，从出土的器口可分辨出有20件左右，均为折沿，方唇，直领，深腹，外饰绳纹。按肩、腹部不同分三型。

A型　斜折肩，2件。为残片，内壁有手按压痕迹，斜折肩，鼓腹，外壁肩中部以上无绳纹。开阳路洛阳沟遗址T1⑥H4：4，径、口及底缺失，上腹及肩部的上中下各有一周弦纹。残高21、宽19、壁厚0.5厘米（图2-16-1）。开阳路洛阳沟遗址T1⑥H7：3，肩中部以下残，平折沿微下垂，口、颈内外有轮制痕迹。口径18、残高5、壁厚0.6厘米（图2-16-2）。

B型　溜肩，17件。鼓腹，最大腹径位于中腹稍偏下，底部缺失，内壁有手按压痕迹，口、颈部有轮制痕迹，外壁除口、颈外满饰绳纹。开阳路洛阳沟遗址T1⑥H4：5，近底以下缺，外壁肩腹相交处有一周索状附加堆纹。复原口径18.6、残高38，残宽30.5、壁厚0.4～0.8厘米（图2-16-3）。

C型　圆肩，1件。开阳路洛阳沟遗址T1⑥H7：2，为口肩部残片，内壁磨光，外壁颈以下满饰绳纹，颈外部残留绳纹痕迹，肩上有三周弦纹。口径19、残高10、残宽22.5、壁厚0.5厘米（图2-16-4）。

壶，口沿残片，1件。开阳路洛阳沟遗址T1⑥：1，夹砂灰陶，内外壁有轮制痕迹，撇沿，束颈，圆肩，外肩部有两周凸棱形弦纹。残高9.6、残宽9、壁厚7厘米（图2-16-5）。

鬲，残片12件。夹砂灰陶或红陶，内壁有手按压痕迹，外壁颈以下饰粗绳纹，以口沿变化分两型。

A型　折沿鬲，10件残片。开阳路洛阳沟遗址T1⑥H2：7，宽折沿。复原口径38、残高12、壁厚0.93厘米（图2-16-6）。

B型　盘口鬲，2件残片。开阳路洛阳沟遗址T1⑥H2：8，上腹以下残，口部完整。口径21.8～22.7、残高11.4、壁厚0.75厘米（图2-16-7）。

甗，1件。开阳路洛阳沟遗址T1⑥H7：4，夹砂红陶，为甗上半部残片，盘口，曲腹，中腹以下斜收至与下半部连接处，内壁有手按压痕迹，口部有轮制痕迹，外壁颈以下饰粗绳纹。复原口径36.4、残高22.2、壁厚0.75～1.5厘米（图2-16-8）。

盆，6件残片。泥质灰陶，均为深腹，底缺，依口沿不同分两型。

A型　束口折沿盆，5件残片。开阳路洛阳沟遗址T1⑥H7：5，腹上端至口部微束，从外壁看口沿斜折，从内壁看口沿斜折后向上弯曲再平折，圆唇，深曲腹向下斜收，内壁有手按压痕迹，口沿处有轮制痕迹。口部复原径33.5、残高19、壁厚1.2厘米（图2-16-9）。

B型　侈口折沿盆，1件残片。开阳路洛阳沟遗址T1⑥H6：2，从外壁看，口沿从腹壁上端斜折，从内壁看，内腹壁向上直至口端，口沿斜折下垂，尖圆唇，腹壁向下曲收。内壁中腹有一棱形弦纹，弦纹以下为素面，弦纹以上有多条磨光弦纹。外壁中腹以下为细绳纹，以上为素面，口部有轮制痕迹。口径24.4、残高12.5、壁厚0.7～0.84厘米（图2-16-10）。

簋，4件，均为器底残片。开阳路洛阳沟遗址T1⑥H5：6，泥质灰陶，圜底，高圈足外撇，外底心残留有细绳纹痕迹。残高4.5、足径12.24、足高3.2、壁厚0.7厘米（图2-16-11）。

纺轮，1件。开阳路洛阳沟遗址T1⑥H5：1，用绳纹陶片做成圆饼形，中有透穿。径4.5、厚1、穿径0.7厘米（图2-16-12）。

圆饼形器，1件，残。开阳路洛阳沟遗址T1⑥：2，夹砂红陶，圆饼形，中厚边薄，上面有手按压痕，下面有类似麦糠的谷草印痕。复原径13.5、厚1～1.24厘米（图2-16-13）。

2. 骨器

骨器共7件，均残，器形为骨锥和骨簪。

骨锥，5件，用骨片或条状骨料加工而成。

A型　片状骨料加工而成，依形状不同分两式。

Ⅰ式：柳叶形，2件。用片状骨料将一端加工成四棱锥尖，其宽面保持原状。开阳路洛阳沟遗址T1⑥H2：2，残长13.7、最宽1.75、厚0.24厘米（图2-16-14，图版2-25）。

Ⅱ式：韭叶形，1件。开阳路洛阳沟遗址T1⑥H5：5，末端残，用骨片加工成扁四棱形骨条，再将一端加工成四棱形锥尖，骨锥的各面均加工成光面。残长8.9、最宽0.9、厚0.25厘米（图2-16-15，图版2-26）。

B型　自然骨条加工而成，2件。将自然骨条窄端加工成圆锥形尖，宽端做末端手柄。开阳路洛阳沟遗址T1⑥H2：3，骨锥末端残断面磨损成光滑状。长8.04、最宽1.46厘米（图2-16-16，图版2-27）。

骨簪，2件，1件残，近圆锥形，钝尖。开阳路洛阳沟遗址T1⑥H5：4，末端残断面未加工，在使用过程中磨损较光滑。长9.2、最大径0.66厘米（图2-16-17，图版2-28）。

3. 蚌器

蚌器7件，分别为镰、刀和蚌壳。

蚌镰，5件。分别出于H2、H4、H7中，前端较窄或尖，后端较宽，背刃均为弧形，其中背部弧度较大，刃部弧度较小，且呈锯齿形。开阳路洛阳沟遗址T1⑥H7：1，长11.64、最宽5.52、背厚0.57厘米（图2-16-18，图版2-29）。

蚌刀，1件。开阳路洛阳沟遗址T1⑥H6：1，刀的背部平直，刃部为弯月形，前端圆尖，刃占总长的2/3左右；后部占总长的1/3，无刃。通长12.2、最宽3.4、最厚0.6厘米（图2-16-19，图版2-30）。

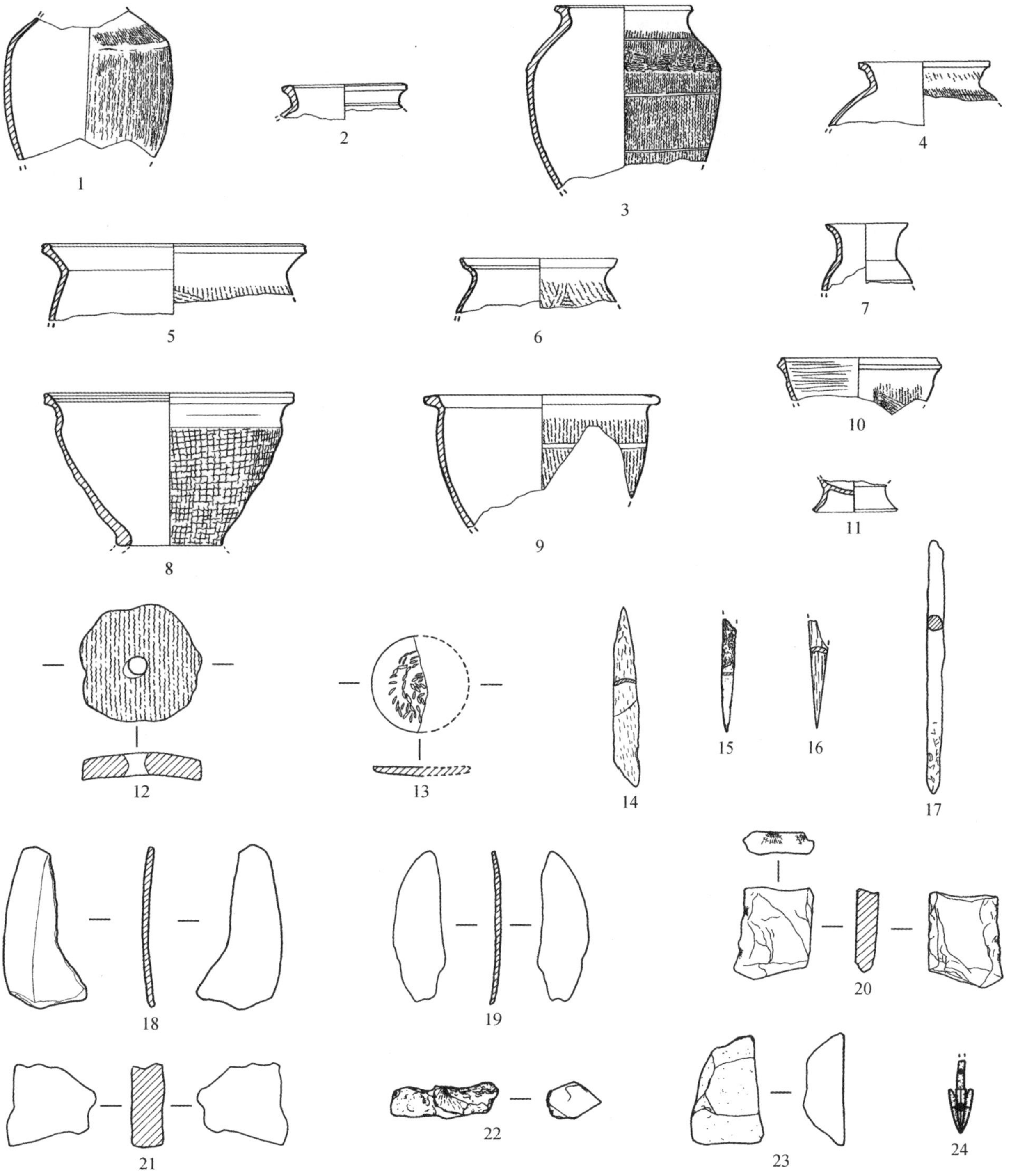

图2-16　生活用品及兵器

1、2. A型罐（T1⑥H4：4、T1⑥H7：3）　3. B型罐（T1⑥H4：5）　4. C型罐（T1⑥H7：2）　5. 壶（T1⑥：1）　6. A型鬲（T1⑥H2：7）　7. B型鬲（T1⑥H2：8）　8. 甗（T1⑥H7：4）　9. A型盆（T1⑥H7：5）　10. B型盆（T1⑥H6：2）　11. 簋（T1⑥H5：6）　12. 纺轮（T1⑥H5：1）　13. 圆饼形器（T1⑥：2）　14. A型Ⅰ式骨锥（T1⑥H2：2）　15. A型Ⅱ式骨锥（T1⑥H5：5）　16. B型骨锥（T1⑥H2：3）　17. 骨簪（T1⑥H5：4）　18. 蚌镰（T1⑥H7：1）　19. 蚌刀（T1⑥H6：1）　20. 蚌壳（T1⑥H2：6）　21. 砍砸器（T1⑥H7：6）　22. 磨石（T1⑥H4：6）　23. 石器（T1⑩：1）　24. 铜镞（T1⑥H4：1）

蚌壳，1件。开阳路洛阳沟遗址T1⑥H2：6，长7.14、最宽4.3、最厚0.66厘米（图2-16-20，图版2-31）。

4. 石器

此遗址⑥和⑩层分别出土有石器，以下按层位详述。

（1）⑥层石器

共出土石块20块，其中砂石7件，内有磨石1件；杂色石英质卵石13件，内有1件砍砸器。

砍砸器，1件。开阳路洛阳沟遗址T1⑥H7：6，平面近梯形，对称的上下两侧面有刃。长11.3～13.4、宽11.3、厚3.4厘米（图2-16-21，图版2-35）。

磨石，1件。开阳路洛阳沟遗址T1⑥H4：6，平面为不规则形，青褐色砂石质，正反两面较平，有磨损痕迹。残长7.1、残宽5.6、厚2.4厘米（图2-16-22，图版2-32）。

（2）⑩层石器

石器，2件。开阳路洛阳沟遗址T1⑩：1，青灰色石英质，平面近长方形，左右两侧为刃部，束腰。高13、最宽7.8、最厚5.3厘米（图2-16-23，图版2-33）。开阳路洛阳沟遗址T1⑩：2，平面呈不规则形，底边为刃部。高7.6、刃部宽5.45、最厚3.15厘米（图版2-34）。

（三）兵器

铜镞，1件。开阳路洛阳沟遗址T1⑥H4：1，镞头呈三角形，两刃后出为双翼，中部凸起为棱脊，棱脊至后端与翼尾平齐处为最大径，截面为椭圆形，此处向后连圆柱状铤。器长5.43、镞头长3.2、两翼处最大宽度1.72、翼厚0.15、脊最大径0.75～0.86、铤长2.41、铤径0.46厘米（图2-16-24，图版2-36）。

四　小　结

洛阳沟遗址东西总长18千米左右，此次调查部分东西长2964米，西起南蔡庄西，东至聚贤路。沟内堆积均为淤土，黄白色沙性土质，较纯净，内有极少量陶渣、烧土、炭灰颗粒及姜石等。经RTK测得由西向东沟底海拔为110.76～106.5米，落差为4.26米，此处与建春门南侧漕运阳渠底落差7.1米。从沟底落差、淤土颜色和人类活动的遗弃物的含量看，作为汉魏时期主要漕运通道的可能性不大。从南蔡庄西侧此沟开口的地层堆积看，沟的南、北两岸黄白色自然生土上面海拔分别为119.06米、119.83米，沟的南岸低于北岸0.77米，此层上有一层红褐色黏土堆积（编号为⑩层），很纯净，为自然淤积形成，其中在北岸地层中出土一件石块（疑为石器），沟打破此层，开口在此层上面，沟北岸此层以上为汉魏文化层堆积（编号为⑤层）。沟南岸⑩层上有⑦、⑧、⑨三层花土，堆积总厚1.55米左右，很纯净，仅有极少量烧土、炭灰颗粒等，⑦层上被⑥层叠压，⑥层为灰土层，内有较多绳纹陶片，⑥层下发现大量袋状灰坑，内出较多绳纹陶片，器形有鬲、深腹盆、肩部有附加堆纹的绳纹陶罐等。其整体面貌呈现出商代晚期特征，如：

H2出土的盘口鬲T1⑥H2：8与安阳殷墟大司空出土陶鬲H15：40[①]形制相近，纹饰相似。

H7出土的A型盆T1⑥H7：5与殷墟小屯建筑遗存周边祭祀坑出土的陶盆整体形态近似，纹饰也一致，均饰细竖绳纹，以一道或两道抹痕弦纹分隔，如Ⅰ式陶盆（M3：7）、Ⅱ式陶盆（M3：8）和M21Ⅰ式陶盆（M21：10）等[②]。

H5出土的陶簋足，从陶质及高度来看，与殷墟苗圃北地T250④：42[③]陶簋圈足相近，又与A型陶簋M10：1[④]圈足类似。此种圈足高度与器底半径接近的圈足簋在殷墟非常普遍。

关于陶甗，由于郑洛地区商代文化陶甗出土较少，不能提供更多的形态比较，只能大致做一推断。如H7出土的陶甗残片（T1⑥H7：4）的方格纹与《偃师商城的初步勘探和发掘》简报中的T1③：7[⑤]陶片上的方格纹相同。但其上腹斜收，整体形态类于商代晚期的腹部斜收的陶盆或陶簋。商代早期的陶甗多鼓腹，如偃师商城陶甗ⅣG2：1和ⅣH12：1[⑥]，又如盘龙城类型的陶甗PWZT80⑥：2[⑦]，亦为鼓腹。从口沿和腹部形态来看，T1⑥H7：4更接近于殷墟所出陶甗，如苗圃Ⅰ期Ⅰ式陶甗SH317②：37[⑧]和后冈圆形祭祀坑HGH10：30[⑨]。

H4出土的铜镞T1⑥H4：1，与甘肃白草坡西周墓出土Ⅱ式铜镞形制基本一致：体长叶窄，后锋方形，且与关部平齐。白草坡西周墓共出土227件，除两件后锋较尖外，其余均为此种形制[⑩]。相关文章也把此类形制的铜镞归为西周早期[⑪]。不过，经检索，安阳殷墟也有类似箭镞的发现，如苗圃ⅡD式VET12③：4[⑫]，可见，商晚期已经出现了此种形制的铜镞。

从沟的打破关系上看，此沟最早开口打破⑩层，沟南岸⑦、⑧、⑨三层堆土为此沟初次开凿时，沟内挖出的土堆放所形成。④层下废弃，④层为唐宋文化堆积层，因此在隋唐时期地面上已无此沟。

---

① 中国社会科学院考古研究所：《中国考古学·夏商卷》，中国社会科学出版社，2003年，第291页。

② 中国社会科学院考古研究所：《安阳殷墟小屯建筑遗存》，文物出版社，2010年，第69、75页。

③ 中国社会科学院考古研究所：《中国考古学·夏商卷》，中国社会科学出版社，2003年，第291页。

④ 安阳市文物考古研究所：《安阳殷墟徐家桥郭家庄商代墓葬——2004～2008年殷墟考古报告》，科学出版社，2011年，第68页。

⑤ 中国社会科学院考古研究所洛阳汉魏故城工作队：《偃师商城的初步勘探和发掘》，《考古》1984年第6期，第488～504页。

⑥ 中国社会科学院考古研究所：《中国考古学·夏商卷》，中国社会科学出版社，2003年，第176、177页。

⑦ 中国社会科学院考古研究所：《中国考古学·夏商卷》，中国社会科学出版社，2003年，第194页。

⑧ 中国社会科学院考古研究所：《殷墟发掘报告1958—1961》，文物出版社，1987年，第137页。

⑨ 中国社会科学院考古研究所：《殷墟发掘报告1958—1961》，文物出版社，1987年，第275页。

⑩ 甘肃省博物馆文物队：《甘肃灵台白草坡西周墓》，《考古学报》1977年第2期，第275页。

⑪ 石岩：《中原地区先秦时期青铜镞研究》，《中原文物》2014年第3期，第275页。

⑫ 中国社会科学院考古研究所：《殷墟发掘报告1958—1961》，文物出版社，1987年，第170页。

第六节　隋唐时期漕渠遗址

一　遗　迹

2011年11月～2012年3月，洛阳市文物考古研究院（原洛阳市文物工作队）与中国社会科学院考古研究所洛阳唐城队联合，重点对洛阳市区内隋唐时期漕渠遗址进行初步调查。漕渠遗址西端起点在今洛河北侧，老洛阳桥东1.2千米的"洛汭严关"遗址西35米处，今洛河北防洪堤向北凸出的转弯处，东北穿凤化街与九都路交会口，过九都路，顺凤化街东，穿九都路移动公司营业大楼，北过贴廓巷在老城南护城河南侧曲向东，过贴廓巷小学家属区，再过柳林街南护城河桥南，再东过新街小石桥北侧，穿民俗馆门前，北流的瀍水汇入。再东过下园路北段，过桂圆街、塔西新村最南两排民房下，再向东出廓城①。据文献记载："漕渠，本名通远渠，隋开，自斗门下枝分洛水。当洛水中流立堰，令水北流入此渠，有余水，然始东下。时令官奴捺此堰，亦号蜀子堰。亦隋炀帝以为水滩泄，多石碛，不通舟航，乃开此渠。下六十余里，至偃师之西，复与洛合。"②由此可以看出，隋代定洛阳为东都，因洛河水浅，河床内卵石淤积成浅滩，漕运不能至东都城内，因此新开漕渠，在洛河中流立堤堰，引洛水通漕。从调查的情况看，隋唐时期的漕渠开凿在现洛河以北隋唐以前的洛河故道上。

2014年1月，我们沿古洛河北侧现洛河河道向东调查，发现了一段人工河床。其西起石桥村北、白马寺陈屯村南，过枣园南，东至孙家岗北，东西全长约1200米，此段河床呈东西直线，东接洛阳汉魏故城城南阳渠故道。此段河床经过地为当地一黄土高岗，土岗海拔126.8米。河床开在土岗下的料姜石层上，上口宽约180米，水面宽78米左右（水面海拔约113米），水面低于土岗上面13米左右，南北两岸断崖高5～6米（图版2-37）。断崖以下至水面为缓坡，坡岸在料姜石层上（图版2-38）。从以上情况看此段河床非自然形成（图版2-39）。其西端河床上淤积1米厚的青泥，而东端有较多的假山石碎块出土（图版2-40）。这是目前洛阳盆地内保存最好的一段隋唐时期的漕运河床。此外在龙虎滩村西南采沙场（漕渠故道）采集铅锭一件，为长方形台体，有六面，每面中部有印文，其上面印文为"潼关义兴记"，此为商号印，在隋唐洛阳城遗址中出有"官记"印文，其记字的写法与此相似，其时代上限可能为晚唐③。从文献和考古调查综合看，隋唐时期将汉魏阳渠向西延伸至隋唐洛阳城内，同时疏通九曲渎，形成了由隋唐洛阳城通向黄河的漕运通道，使江、淮、济、黄四大流域的物资通过隋唐

---

① 资料现存洛阳市文物考古研究院和中国社会科学院考古研究所洛阳唐城队，待发表。

② （清）徐松辑，高敏点校：《河南志·卷四》，中华书局，1994年，第141页。

③ 长方形砖上正面压印"官记"款戳记，可参考中国社会科学院考古研究所《隋唐洛阳城——1959～2001年考古发掘报告》（第一册），文物出版社，2014年，第159页。

大运河源源不断地抵达东都洛阳，使洛阳成为当时全国物资贸易的集散地，各种技艺的聚集和扩散地。

二　遗　　物

此遗址遗物均出于龙虎滩南侧和西南河道采沙场中，有生产工具、兵器和其他三类。

（一）生产工具

生产工具2件，分别为锛斧和铁铲。

锛斧， 1件。出土于龙虎滩西南采沙场中。漕渠调查采：16，长14、背宽5.6、刃宽6.1厘米。正面长方形，刃部稍宽，近背部有两周凸弦纹；侧面为楔形；背部平面为长方形，长5.6、宽2.8厘米，背面中部有銎，壁厚0.5厘米（图2-17-1，图版2-41）。

铁铲，1件。漕渠调查采：1，铁质，平面呈三角形，最大宽度位于刃部，背部近圆形，背顶有圆锥形榫。长9.3、刃部宽2.6、背部径0.8、榫长3.7、榫径0.3厘米（图2-17-2，图版2-42）。

（二）兵器

兵器均为箭镞，铁质，共14件，分三型。

A型　9件。平面呈三角形，两刃，依刃、锋、铤变化分为三式。

Ⅰ式：1件。漕渠调查采：2，镞头扁平，中部微脊，四棱形铤。长5、镞头长3、最大宽度1.4、铤长2、铤截面边长0.4厘米（图2-17-3，图版2-43）。

Ⅱ式：1件。漕渠调查采：3，镞头稍扁，圆脊隆起，铤残。残长5、镞头长2、最大宽度1.4、铤残长3厘米，呈圆台形，截面最大径0.8厘米（图2-17-4，图版2-44）。

Ⅲ式：7件。镞头稍扁，尖脊高高隆起，向后出镞头渐变呈圆台形隔，铤四棱形。漕渠调查采：14，铤残。残长4.7、镞头长2.8、最宽处1.4、隔长1.1、最大截面径0.5、铤残长0.8、截面边长0.3厘米（图2-17-5，图版2-45）。

B型　4件，镞头和铤均为四棱锥形，依有无隔距分两式。

Ⅰ式：3件，无隔距。漕渠调查采：4，长7、镞头长4.4、最大截面边长0.7、铤长2.6、截面边长0.4厘米（图2-17-6，图版2-46）。

Ⅱ式：1件，圆台形隔。漕渠调查采：15，残长6、镞头长3.2、最大截面边长1、铤残长1.7、截面边长0.4、隔距长1.1、最大径0.8厘米（图2-17-7，图版2-47）。

C型　1件。漕渠调查采：11，镞头扁平，无脊，柳叶形，隔与铤均为四棱形，通长10.5、镞头长4.6、最宽处1.8、隔距长1.1、截面边长0.6、铤长4.8、截面边长0.4厘米（图2-17-8，图版2-48）。

（三）其他

铅锭，1件。漕渠调查采：17，模铸，长方形台体，有六面，每面有印文，位于台体六面的中部或中部偏下，上面正中有圆穿，穿径上大下小，台体上面长26.7、宽8.5厘米，穿径3.1厘米。面上印“潼關義興記”字号，圆穿将“潼關”“義興记”隔开。下面较大，长28.5、宽10.7厘米，穿径1.5厘米，此面两端中部印“禎祥”二字，近穿处各印“三”字。每个侧面近底处中部各印一“禎祥”字样，此碇重24千克（图2-17-9，图版2-49）。

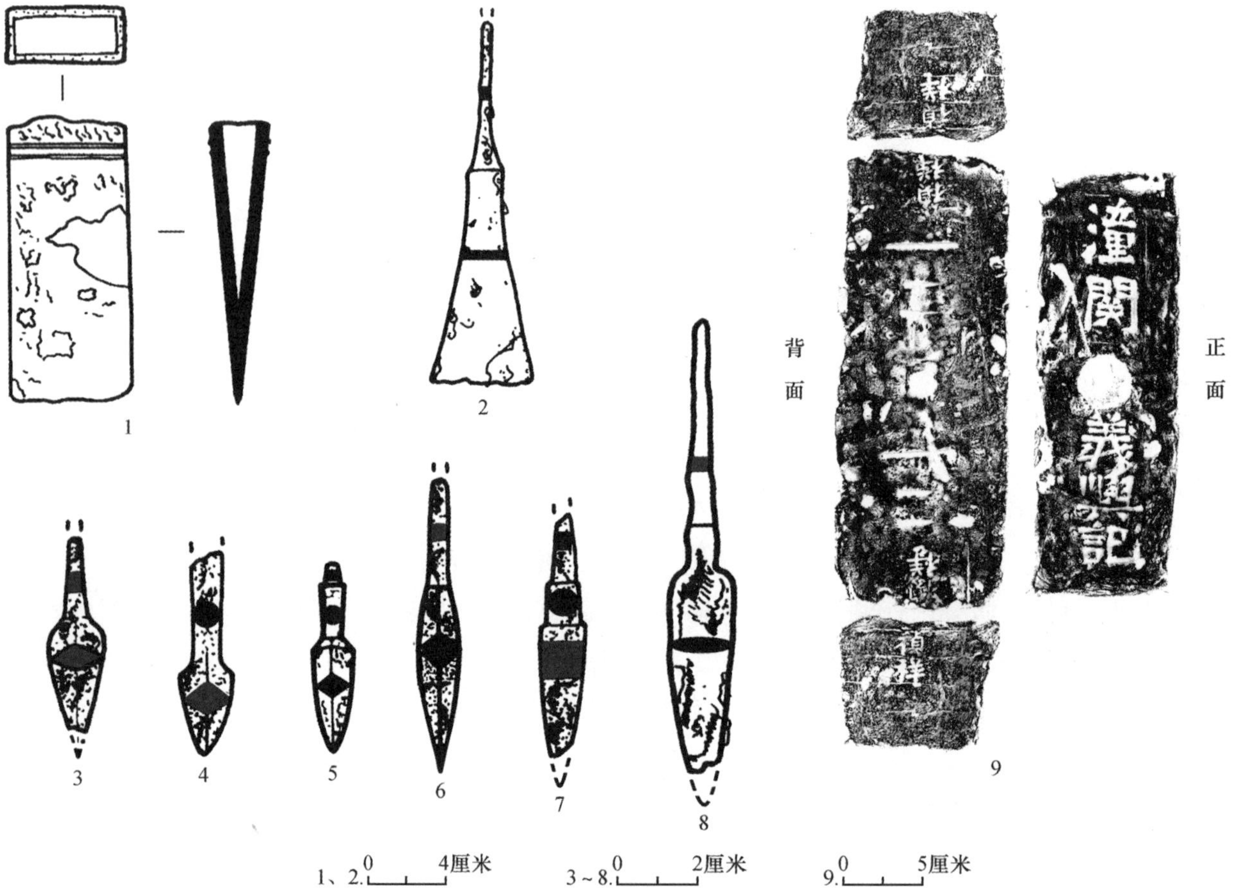

图2-17　隋唐时期漕渠采集的遗物

1. 锛斧（漕渠调查采：16）　2. 铁铲（漕渠调查采：1）　3. A型Ⅰ式镞（漕渠调查采：2）　4. A型Ⅱ式镞（漕渠调查采：3）　5. A型Ⅲ式镞（漕渠调查采：14）　6. B型Ⅰ式镞（漕渠调查采：4）　7. B型Ⅱ式镞（漕渠调查采：15）　8. C型镞（漕渠调查采：11）　9. 铅锭（漕渠调查采：17）

第七节　收获与认识

此次对洛阳盆地内汉唐漕运水系的考古调查，有一些新的发现和认识。今洛阳市伊滨区佃庄镇河头村北侧的洛水向东到偃师老城南侧交于古洛河，此段为汉魏时期堰洛通漕的人工水利工程。此段与《水经注》中所记的谷水遗址在城东南角支分，一支沿城东墙下漕渠北流，另一支为城南谷水东出之正流，向东左迤为池，其池址在调查中发现。右出为方湖，应在二里头遗址东侧邻现洛河南岸（此处地势较低），又东向东南转曲（阮曲），又东入鸿池陂，又东左合七里涧，又东经亳殷南，又东过偃师城南，又东入洛水，基本吻合。此段为堰洛通漕的主要线路。此段水系入古洛河处即今与伊洛河交汇处。又东至洛口汇入黄河。而在今商城遗址南侧一段河道，有一个向南的圆弧形弯曲，与《水经注》所记的“阮曲”基本一致，由阮曲东入巩川，出川入黄河，此段穿山涧而行，山势崎岖，水随山行，弯曲颇多，从阮曲算起较大的弯曲有九处，因此被古人称为“九曲渎”或“九曲涧”。《水经注》又记载：“谷水于城东南隅，枝分北注，经清阳门东，故清明门也……又北经东阳门东，故中东门也。又北经故太仓西，《洛阳地记》曰：大城东有太仓，仓下运船常有千计，即是处也。又北入洛阳沟。”①而我们调查的洛阳汉魏故城东墙下建春门南侧的漕渠宽达64米左右，应为太仓西的漕运码头。

关于近年来考古发现的建春门东出之水，《水经注》中以建春门为界，谷水走向南北分述，其北枝注：“……谷水又东，屈南，经建春门石桥下……其水依柱，又自乐里道屈而东出阳渠。”②而南枝如上述所记，中东门北为太仓西运船所聚处，其北入洛阳沟，与北枝东出均应在建春门附近，应为一条东西向沟渠，即洛阳沟。此沟东至堰师商城东分枝，一枝直东入伊洛河。一枝在堰师商城东南曲，过鸿池陂入洛河，《水经注》中称此为七里涧，此沟与建春门东出之水地望相同。如漕运由鸿池陂处北上入七里涧，西在建春门附近入城东漕渠，再南到达太仓西侧，此段渠底因东西落差太大，致使水流较急且水位不能聚至一定深度，一是船舶易搁浅，二是行船困难，另外沟内的淤土较净，颗粒较粗，土色土质基本与沟岸自然土接近，没有漕运繁忙时的沉积层，与建春门南侧的城下漕渠内的漕运沉积淤土不同。从沟内淤土的特点看应为一条排洪沟，所以不具备漕运功能。

综上所述，建春门东出之沟，《水经注》称其为洛阳沟或七里涧，其形成年代无从考证，但我们在偃师蔡庄西侧东至城关镇潘屯南侧解剖了此沟，其开口打破一层红褐色土层，此层出一件疑似打制石器，且此层地势北岸高于南岸0.8米左右。而沟内开挖出的堆土全部放在沟的南岸，人工将南岸抬高1.5米左右形成堤堰，其上被商代灰坑打破，此堤堰有防范洪水南溢的意图，沟南为二里头夏代都城遗址。综合以上因素看，此沟有可能为二里头城址的配套水利工

---

① （北魏）郦道元著，（民国）杨守敬等疏：《水经注疏》卷十六《谷水》，江苏古籍出版社，1999年，第1400、1402、1435页。

② （北魏）郦道元：《水经注》卷十六，时代文艺出版社，2001年，第129页。

程。汉魏时期此沟有所扩大，有可能为洪水所致，也有可能为东汉建武五年鱼阳王梁所穿阳渠的结果，但后者不见穿渠出土的堆放地点，故前者的可能性大于后者。由以往考古调查资料可知，此沟西起汉魏洛阳城建春门外，东过偃师县城北，又东入洛河，此沟在汉魏洛阳城外廓城内一段宽90米，最宽处达100米，仅在距建春门800米处折向建春门外街南，此处宽30米左右[①]，出外廓城东至鸿池陂一段宽66～80米，此沟由鸿池陂至偃师东山嘴东南入于洛水，全长18千米左右[②]。自偃师商城考古发现至今，部分考古人称此沟为“尸乡沟”，但考于文献并无此名。从《水经注》中可知，谷水绕城部分应称为“阳渠”，其阳渠自汉魏洛阳城西北隅枝分上下，上为北枝，绕城北至城东而南屈，《水经注》：“谷水又东，屈南，经建春门石桥下……桥首建两石柱……其水依柱，又自乐里道屈而东出阳渠。”此处说明此枝谷水自此出阳渠东流，入建春门外东出之淤土沟；谷水另一枝南下绕城，至城东南又枝分，一枝向东为谷水正流；另一枝顺城东墙外北上，《水经注》载：“谷水于城东南隅，枝分北注，经清阳门东……又北经东阳门东……又北经故太仓西……又北入洛阳沟。”[③]此段文献中的“洛阳沟”即为建春门东出之淤土沟，也就是说建春门外东出淤土沟在当时称为“洛阳沟”。

此次调查出的堰洛通漕遗址位置在佃庄村东（260米左右）至大郊寨之间。引洛渠南引洛水顺津阳门（津门）外大街东侧，北入城南阳渠。由此可知，城南阳渠源之谷水，又引洛汇入，水量增大，且沿线东西落差较小，水流平稳，两岸黄土深厚，张纯堰洛通漕的成功与选择这一良好的地理环境有密切关系。

隋唐以洛阳为都，漕运之便利是其主要因素，“（大业元年）三月丁未，诏尚书令杨素、纳言杨达、将作大匠宇文恺营建东京……辛亥，发河南诸郡男女百余万，开通济渠，自西苑引谷、洛水达于河”[④]。在隋唐洛阳城东城南引谷洛水入漕渠，接洛阳汉魏故城城南阳渠及九曲渎至黄河，在东汉“东通河、济，南引江、淮，方贡委输，所由而至”[⑤]基础上，向西开通至隋唐洛阳城，向东沿漕运故道进行大规模的疏通和扩充，形成了较为完备的隋唐大运河体系。洛阳运河一、二号古沉船出土，也证明了洛阳汉唐漕运河道的开通，历经千余年而不衰，堪称中国古代水利工程的典范之作。

---

① 中国社会科学院考古研究所洛阳工作队：《汉魏洛阳外廓城和水道的勘察》，《考古》1993年第7期。

② 偃师市文物管理局：《汉魏洛阳城东阳渠、鸿池陂考古勘察简报》，《华夏考古》2011年第1期。

③ （北魏）郦道元著，（民国）杨守敬等疏：《水经注疏》卷十六《谷水》，江苏古籍出版社，1999年，第1400、1402、1435页。

④ （唐）魏徵、令狐德棻：《隋书》卷三《帝纪第三·炀帝上》，中华书局，1982年，第63页。

⑤ （北魏）郦道元著，（民国）杨守敬等疏：《水经注疏》卷十六《谷水》，江苏古籍出版社，1999年，第1401页。

第三章　古沉船发掘与出土遗物

沉船遗址发现后，考虑到此遗址与隋唐大运河有关，我们认为考古发掘此遗址，需要解决三个问题：第一，要了解沉船所处河道的地层堆积情况及沉船所处的层位；第二，要了解沉船的形制结构、建造工艺等特征；第三，要了解此遗址与隋唐大运河的关系。在这种思想指导下，我们选择施用隋唐洛阳城的布方网坐标（此为洛阳80坐标系，1985年国家高程基准）。首先用RTK将沉船处定位，然后开东西向探方（东西30米×南北20米），同时布南北向探沟一条（南北100米×东西20米），拟了解漕渠北边的地层堆积情况。在发掘一号古沉船时发现了二号古沉船，先在T1南布探方T2（东西10米×南北20米），之后将T2向东扩方（扩方部分：东西20米×南北20米），发掘二号古沉船（图3-1）。

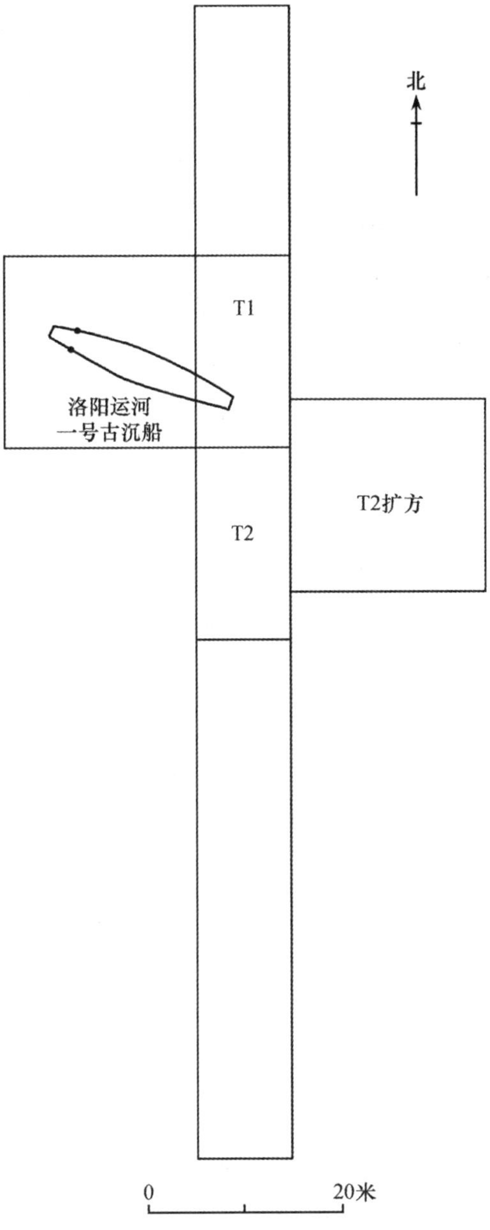

图3-1　洛阳古沉船遗址探方图

第一节　地层堆积

以发掘区内T1和T2探方的东剖面为例，另外用T1探方内解剖沟东剖面堆积补充详述（图3-2）。

①层：耕土层及淤土，厚约5.1米，由三次淤积而成。①a层：黄褐色，沙质，厚约1.1米，表面有0.3米厚的现代耕土堆积。其下北部为中州渠早期渠道淤土堆积，淤土为青灰色；①b层：青色沙质堆积，厚约2.5米，出土有素面、绳纹板瓦残片和塑料等杂质；①c层：青色沙质堆积层，厚约1.6米，堆积上层为黄褐色

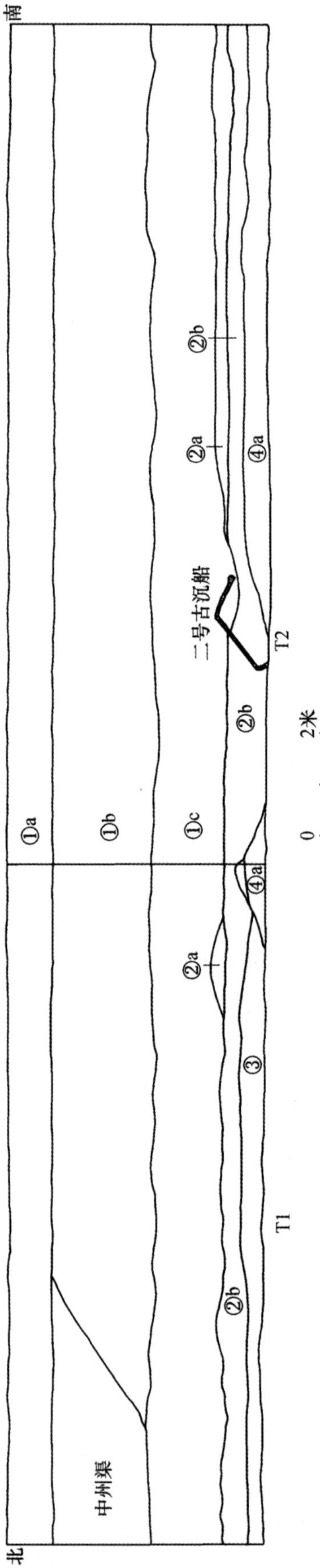

图3-2　T1和T2探方东壁剖面

淤泥，厚约0.3米，其下全是青沙堆积，是同一次洪水所形成，内含有煤渣颗粒等杂质，淤土内中出土少量素面和绳纹板瓦残片等。为现代堆积层。

②层：沙土层，由两次淤积构成，深5.1～5.4米，厚0.3～1米，分两层。②a层：沙质，颜色较黄，厚0～0.35米。部分地段被①c层打破，沙土中夹有较多土质颗粒；②b层：厚0.35～1米，青色沙质堆积，堆积中夹有大量泥块，出土少量素面、绳纹瓦残片和微量的青花瓷碎片。根据出土遗物此层为近代堆积。

③层：淤土堆积层，青灰色，深5.6～6.2米，厚0～0.65米。其上部为胶泥土，厚0.5米；其下部为青灰色面沙土，内出微量青花瓷片和绳纹残瓦片等。一号古沉船在此层下出现。根据出土遗物此层为清代堆积。

④a层：淤沙堆积，黄色，深5.7～6.35米，厚1米左右，出土的瓷质器物有坛、罐、碗及少量黑釉残片。出土的铁质器物有斧、锤、锛、剪、钉、马镫、瓢。另出有木钻、锡执壶和绳纹瓦片等。古沉船沉没在此层堆积中。根据出土遗物此层为清代堆积。

T1解剖沟东壁剖面情况（图3-3）。

该剖面处于一号古沉船的船尾向首部2.34米处，南北长18米，解剖由③层开始。③层以上地层被冲毁，由③层向下解剖，至一号古沉船底部，因地下出水渗出而停止，其地层堆积如下所述。

③层：淤泥堆积，青灰色，胶泥质。深5.85～6.2米，厚0～0.7米。内出土少量青花瓷残片和绳纹瓦残片等。根据出土遗物此层为清代堆积。一号古沉船在此层出现。

④层：淤沙堆积，黄色，深6.2米，厚约1米，分两小层。④a层：厚0～0.5米，上部的③层将此小层打破；④b层：厚0.355～0.75米，出土有黑瓷片、瓢及少量瓦片等。根据出土遗物此层为清代堆积。一号古沉船沉没于此层①。

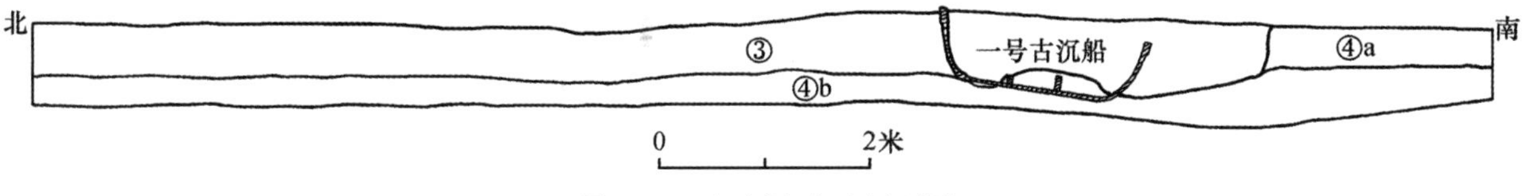

图3-3　T1解剖沟东壁剖面图

第二节　一号古沉船

洛阳运河遗址中发现的古沉船出土于洛阳市偃师区小弯村西南的河滩地中，在东汉洛阳城东墙以东约300米，北距310国道1495米左右。在隋唐洛阳城东约12.6千米，地理坐标为东经122°38′30.7″，北纬34°42′33.8″，海拔为114.83米（图3-4）。

一号古沉船呈东西向，船首在西，西北稍高，东南较低，保留了沉没时的原始状态，船首

① 洛阳市文物考古研究院：《洛阳运河一号、二号古沉船发掘简报》，《洛阳考古》2015年第3期。

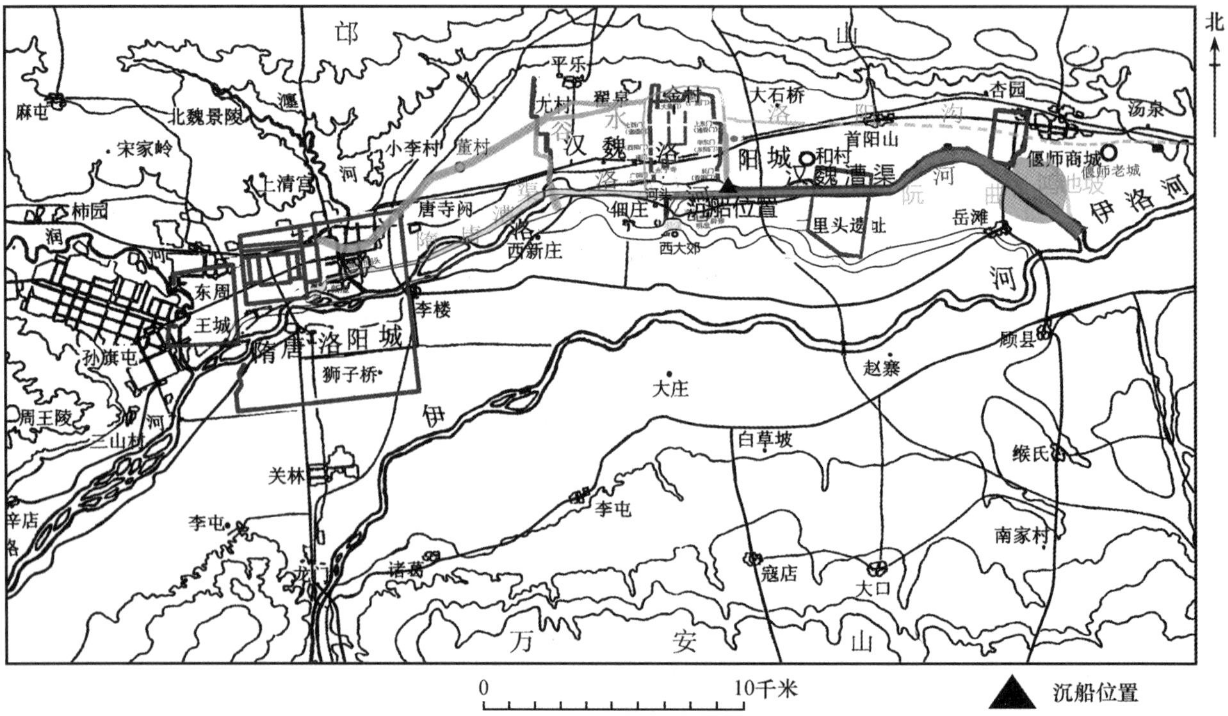

图3-4　古沉船遗址发掘位置图

方向70°。船身至东南部稍有倾斜和扭曲，船身北侧壳板（又称外板）由于扭曲而有局部开裂现象，但从整体来看，船体结构保存基本较好。船身首、尾为方口，两侧中部较宽呈弧形，中部最大宽度为3.48米，首宽1.2、尾宽1.48米。船身东西总长20.14米，船体残存最大高度1.42米左右，船壳的最大高度1.08米（图3-5-1、2，图版3-1）。

船的底部较平，底板厚0.05米，板材排列呈三部分，排列方式分两种：中部（#2～#10舱）船底为纵向列板，长11.66米，分9列，每列板材不足长的拼接至要求长度，接口为斜口对接，接口位置多设置在隔舱板的下部；船底板两侧与壳板相接处，用一块圆木边材，材宽约0.12米，厚0.06～0.07米。此块板材在船的内侧一面平整，船外侧一面是圆木的弧面，从外面看船底与壳板之间形成一个自然过渡的弧形夹角，最大限度地利用材料，省工而省材（图版3-2）；船底的首（#11～#13舱）和尾（#1舱）两端底板呈横向排列，其中船首底板由中部向首端翘起形成首封板，由底向首封形成呈弧形过渡的夹角，此部分与船身中部纵向列板对接，接口在隔舱板下，与两侧壳板之间平接。首部底板平面残长4.06米，残余15块，首封板残，但两侧壳板的底端与首封的接口面较完整，此面向首端翘起呈弧形到达口部（图版3-3）；船尾底部横向列板水平长3.22、总宽1.71～1.84米，由12块列板组成，向尾端也呈弧形翘起，仅至尾封板的下部（图版3-4），由此至船尾方向0.6米达船的尾端，此部分不设底部列板，仅尾端口部设一块封板，从而形成尾部壳板、尾封、尾端口封四面相围，底部通透的空间结构，其空间内设船舵结构，舵已经残缺。此段两侧壳板底面顺其上翘的弧度各平接一块底板，底板呈弧面，分别从尾封至船的尾端口部两侧，板材设置成前窄尾宽，宽0.08～0.2米，厚0.04米，此板为尾端结构的加强构件。尾端口部设一块封板，材长1.36、宽0.23、厚0.04米。尾端船舵构件

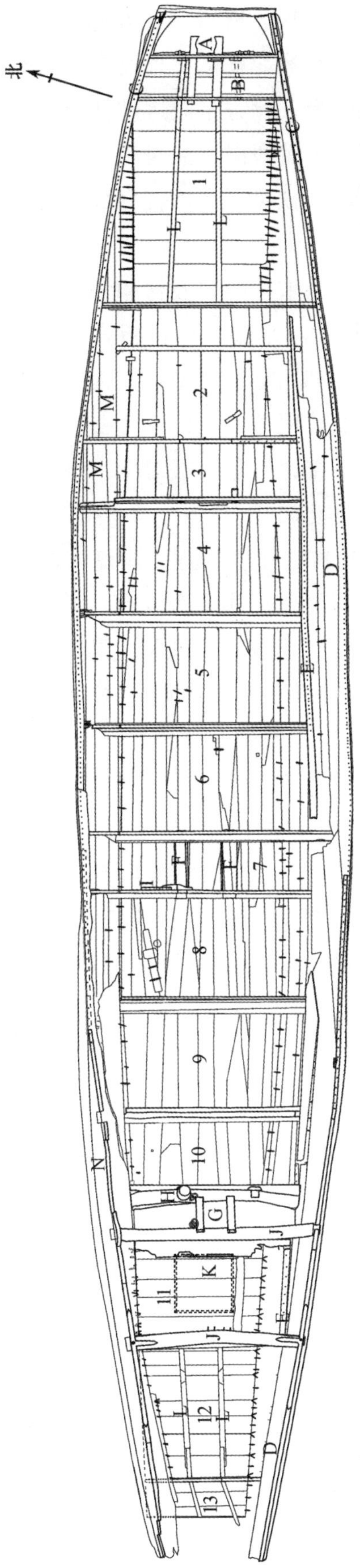

图3-5-1　一号古沉船平面图

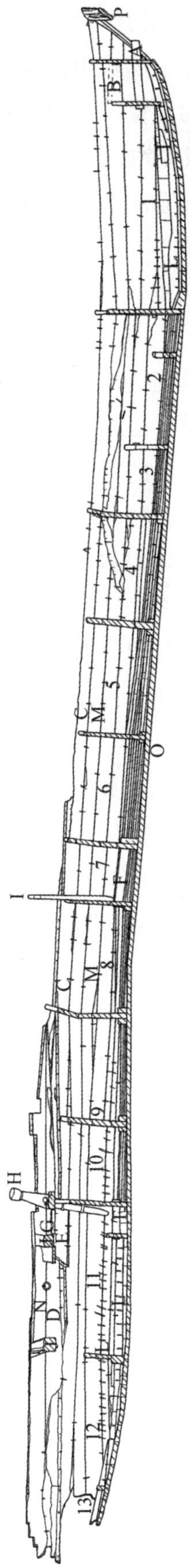

图3-5-2　一号古沉船剖面图

空间内舵已缺失，舵钳结构件保存较好，舵钳安装在尾封板上，为二根方材组成，方材穿过尾封连于#1舱中的悬空隔板中，连接处为榫卯结构，与悬空隔板一起组成船舵的操作站台，同时又加强舵钳的受力强度。每根方材截面尺寸0.08米×0.1米，长0.88米。此方木向尾部伸出尾封板长0.23米，形成舵钳，钳宽0.23米，舵轴在钳内长期旋转，其内侧面磨损，为对称的弧形。此外在尾封板尾部立面上，舵钳的南侧设置2个铁鼻环，北侧设置1个铁鼻环，以辅助舵轴游动来改变船体的航向（图版3-5、3-6）。

壳板均为纵向排列，每侧设板材3～5列，材宽0.1～0.25、厚0.04米，两列板材相邻面为对接，接面钉枣核钉，两列板材接缝处外侧使用少量锔钉。板材长度不足处，延接板材至船体长，延接材用斜接同口对接，在壳板和底板交接处的船体内侧面，利用穿锔钉增加其强度。船壳壳板两侧上部设大擸，各一根，为船壳的主体骨架，纵贯船体的首尾端部，每侧大擸均用圆木边材，原材不足长的顺延拼接，用钩子同口。大擸上与左右舷平接，下与壳板对接，接缝处钉穿钉和铲钉增加强度。大擸宽0.14～0.2、厚0.08～0.1米左右（图版3-7）。

船身壳板与首尾封接口处外侧面各设护鳃，共4处，其下对接首、尾底封板，护鳃弯曲呈弧形，其弧度与同首、尾底封同，内侧面紧贴壳板外表面，其贴面随壳板外侧面线形，护鳃和壳板用钉接，多用穿钉，其上部与大擸下面对接，此处宽为0.23米，下端宽0.05米，用材均为两根，对接而成。其船首护鳃残损；船尾保存较好，上面水平长1.58米，侧高0.9米，护鳃表面可见两排穿钉（图版3-8、3-9）。

船口部两侧设舷板和舱口围板，首尾相通，部分结构尚存，残缺处可看到结构痕迹。#11舱的船体两侧、#2～#6舱左舷处均存有舱口围板残段，#11舱残存舱口围板残长0.86、高0.2、厚度0.05～0.07米。在船身首部此板上支撑有残存甲板；船身左舷#2～#6舱口围板也有残存，其残长6.5、高0.14、厚0.09米，其上面残存钉孔，间距约0.15米，船身右舷由#2舱壁处存留至船首，左舷由#7存留至船首。舷板最宽处0.45米，由三列板材拼接，船首处最窄，宽度0.25米，厚0.04～0.045米（图版3-10）。

船身前半部舷板外侧边沿处设舷墙板，总长8.84、高0.26～0.35、厚0.04～0.05米，前至船首，尾端左侧近达#6舱处，其端点在#6前舱壁向首端0.54米处；右侧尾端残，残存长7.98米，从其与舷的边接痕迹看，尾端在#6前舱壁向首端0.2米处。左右舷墙板材质地相同。材长不足部分拼接加材顺延，为斜接同口，舷墙板下与舷板用平口钉接，多用铲钉，船首与首封处使用穿钉连接，首封已缺失，但存有接痕，船体左舷墙板尾端面较整齐，残留有榫口和穿钉孔，从痕迹看，此处应设有补强构件，用于舷墙板与舱口围板之间的加强（图版3-11）。

船的内部空间前后有隔板12道，首尾封与12道隔板把船内空间隔出13个舱室，由尾部达首部按次序编为#1～#13舱，其#2～#3、#11～#12、#12～#13舱的隔板中部设门，为生活或操作舱，其他9道是水密隔舱板，其对应的舱室为货舱。

#1舱：舱内空间较大，为船的航向操作舱。前舱板与尾封水平间距3.22、舱口宽1.62～2.76米，底宽1.58～1.71米。船底为横向列板，舱内底中部设置纵桁二条，纵桁纵贯舱底达前后隔舱板处，与隔舱板处龙骨相对接，两桁间距0.59～0.435米，纵桁残存最高处0.23米，

材厚0.05米，纵桁与船底板使用穿钉或穿锔钉连接。此舱的尾部设有站台，为船舵操作平台。站台应设有活动板材，已无存，但其下部前后两端支撑体上有两组安装木掌的活动榫口保存完好。木掌尾端榫口设置在尾封板上，用小块板材附贴在尾封板上，用穿钉固定；前端榫口设在悬空隔板上面，悬空隔板为整块板材，下部与舱底纵桁对接，两侧和壳板对接，悬空隔板上端开凿出两个榫口，和尾封上的两个榫口相对应。且榫口底面稍高于尾封上榫口的底面，以防站台面板使用过程中向悬空隔板一方滑落。悬空隔板距尾封0.52米，板长1.91、高0.48、材厚0.04米。此外，悬空隔板中部与舵钳方木的尾部相榫接。由此看出，此舱设置悬空隔，既增加船尾和舵钳的结构强度，又为操作站台提供了支撑，同时又为船体建造节省了空间和材料，其构思巧妙，设计科学。

尾封共用3块木板，两板之间对接，接面钉枣核钉，接缝处板外面钉锔钉增加其结构，其下设船舵构件，上面与大攧上面平齐位置开设安装舱口围板和舷板的槽口，槽口长0.24、残高0.08米。尾封在船口处左右长1.58～1.62、残高0.7米，封板上面残留有钉孔，钉孔间距约0.15米（图3-6-1、2、3，图版3-12）。

#2舱：生活舱。舱口前后内长1.74、内宽2.77～3.18米，舱底内宽1.72～2.11米。舱底部设一根肋骨，肋骨位于后舱板前0.5米处，其长2.32、厚0.7、高0.13米。肋骨和船底用穿钉和穿锔钉对接。后部隔舱板上口部最大宽度2.77、底部宽1.72、整高0.93米。后隔舱板上下由4列木板组成，北部开裂，隔板上部两侧开缺口，在缺口处有舷板通过，其缺口长0.4、高0.18米，隔板底部肋骨设在#1舱一侧，此舱内无设肋骨。隔板位于舱内一面的右侧附加一纵向方形木条，水平附于隔板上，木条距舱底高0.32米，木条长0.8米，截面边长0.03～0.04米 。此舱的前部隔板上部残缺，残存高0.44～0.78米，上部左右最大长度3.12、底部长2.11米，现存有板材2～4列。隔板中部设门，通于#3舱。其宽0.64、门残高0.32～0.66米。舱内一侧隔板立面上，左右各水平附加木条一根，右侧木条高于舱底0.3米，长0.79、宽0.03、厚0.06米，与后舱板右侧附加木条对应，可放置板材供人坐卧。其左侧水平附加木条为圆木，长0.86、径0.05米，高于船底0.28米。其后舱板对应处木条残缺（图3-6-4、5，图版3-13）。

#3舱：生活舱。其上口前后内长0.9、内宽3.18～3.32米，舱底内宽1.85～2.05米。后隔舱板同#2前隔舱板。此舱前隔舱板上部最大长度3.4、底部长2.05、整高1米，由五列板材对接拼成，北部开裂。舱板中部近上口处设置两个榫口，穿透隔板，相间0.6米，榫口上面高于船底0.82米，可能为甲板梁榫口，榫口边长0.07米。其左榫口内有残榫，残长0.11米，为此舱甲板设施的残迹（图3-6-6，图版3-14）。

#4舱：货物舱。舱口前后内长1.42、内宽3.32米，舱底宽2.05米。前隔舱板口部左右最大长度3.32、底部左右长2.05、高0.88米，列板残存3块，由底向上第2列板材左右两侧均有补丁痕迹。隔板前后的底部各设一根肋骨，两肋骨夹隔板用以增加强度，其肋骨长2.37、高0.09、厚0.04米；后隔舱板与#3前隔舱板同，此舱隔舱板底（部）也贴有肋骨，其长2.36、高0.08、厚0.04米，隔舱板上部两榫口之间稍偏左侧拼接纵向木条一根，长0.36米，截面呈方形，边长0.03米，木条上面距船底高0.86米，与隔舱板间用穿钉连接，用途不明（图3-9-7，图版

3-15）。

#5舱：货物舱。舱口前后内长1.44、内宽3.34米，船底宽2.07米，舱前隔板残存3列，舱口与大攋上面平齐处左右长3.34、隔板底左右长2.07、残高0.74米，隔板下第1和第2列之间左右两侧发现有补丁痕迹。隔板底部前后两侧，各设肋骨一根，将隔板夹于中间，肋骨长2.48、厚0.04、高0.09米。后隔板与#4舱前隔板同（图3-6-8，图版3-16）。

#6舱：货舱。舱口前后长1.4、左右宽3.3～3.34米，船底宽2.1米，舱前隔板用4列板组成，隔板上与大攋上面水平处左右长3.3、底左右长2.07、高0.77、厚0.05米。在隔舱板的底部贴肋骨，肋骨长2.44、厚0.05、高0.1米（图3-6-9，图版3-17）。

#7舱：杂物舱。舱口部前后内长0.75、内宽3.28～3.3米，舱底宽2.1米。隔舱板底部无肋骨，舱底中部设纵桁两条，悬空于舱中，榫接于前后隔舱板之上，桁榫穿透隔舱板，榫的下面高度在相邻舱的肋骨面上，其两桁间距0.44～0.48米，其左侧纵桁截面宽0.19、厚0.15米；右侧纵桁截面宽0.16、厚0.15、长0.68米。前隔舱板上下有三块列板，最上一列缺木处有补丁，隔板与大攋上面水平处长3.28、高0.84、厚0.04米。此舱前隔舱板上竖拼一木板（即导缆眼板），位于纵桁北侧0.4米处，附于舱隔板之上，总高1.46、宽0.14、厚0.04米，顶部呈弧状，高出隔舱板上面0.5米，顶设圆穿，直径0.085米，孔心高出隔舱板上面0.37米。此板高于船底0.95米处的板面上有对接所留痕迹，对接痕上沿以下0.07米处，设两个长方形透榫，左右分列，榫口间距0.07、榫口宽0.02、高0.06米（图3-6-10，图版3-18、3-19）。

#8舱：货舱。上口内长1.45、左右内宽3.23～3.28米，船底宽2.06米，前隔板4列，与大攋上面水平处口长3.23、底长2.06、高0.9、板材厚0.05米。隔板底部前后均有肋骨，隔板夹于两肋骨之间，肋骨各长2.46、厚0.05、高0.1米。后舱板同#7舱前舱板，此隔板底有肋骨，贴于隔板和船底夹角处，肋骨长2.46、高0.09、厚0.05米（图3-6-11、12，图版3-20）。

#9舱：货物舱。舱口前后内长1.4米，左右内宽3.04～3.23米，舱底宽1.98～2.04米，舱前隔板有3列，材厚0.06米。隔板口部与大攋面水平处长3.04、底长1.98、残高0.76米，上有钉孔，与前隔舱板上部对应，其左右两侧舷墙板上残留有安装加强梁的榫口。其左侧残损较重，右侧相对较好，仅缺失榫口上部木材，榫口长0.18、高0.12米。隔舱板底部的前后两侧有肋骨，分别长2.2～2.24、厚0.05～0.085、高0.08～0.1米。后舱板同#8前舱板（图3-6-13，图版3-21）。

#10舱：杂物舱。舱口前后内长0.98、左右内宽2.98～3.04米，舱底宽1.84～1.98米，前隔板有4列板材，底列板材为两块拼接成形，接口用钩子同口，1、2列和2、3列接缝处左侧均有补丁，隔板底此舱无贴肋骨。与大攋上面水平处隔板左右长2.98、底长1.84、高0.94、厚0.05米。隔板上残留1块甲板，甲板左右两端分别利用舱口围板支撑，用穿钉固定。其甲板左右残长2.18、宽0.22米，此材向船首一端较厚，最大厚度0.08米，最厚部分宽0.18。此材向船尾一端较薄，为0.04米。甲板在此舱中占的宽度为0.1米。从残存的结构遗迹上看，本舱室上部密封有甲板（图3-6-14，图版3-22）。

#11舱：生活舱。舱口前后内长1.98、内宽2.02～2.98米，底宽1.5～1.84米，最大舱室高

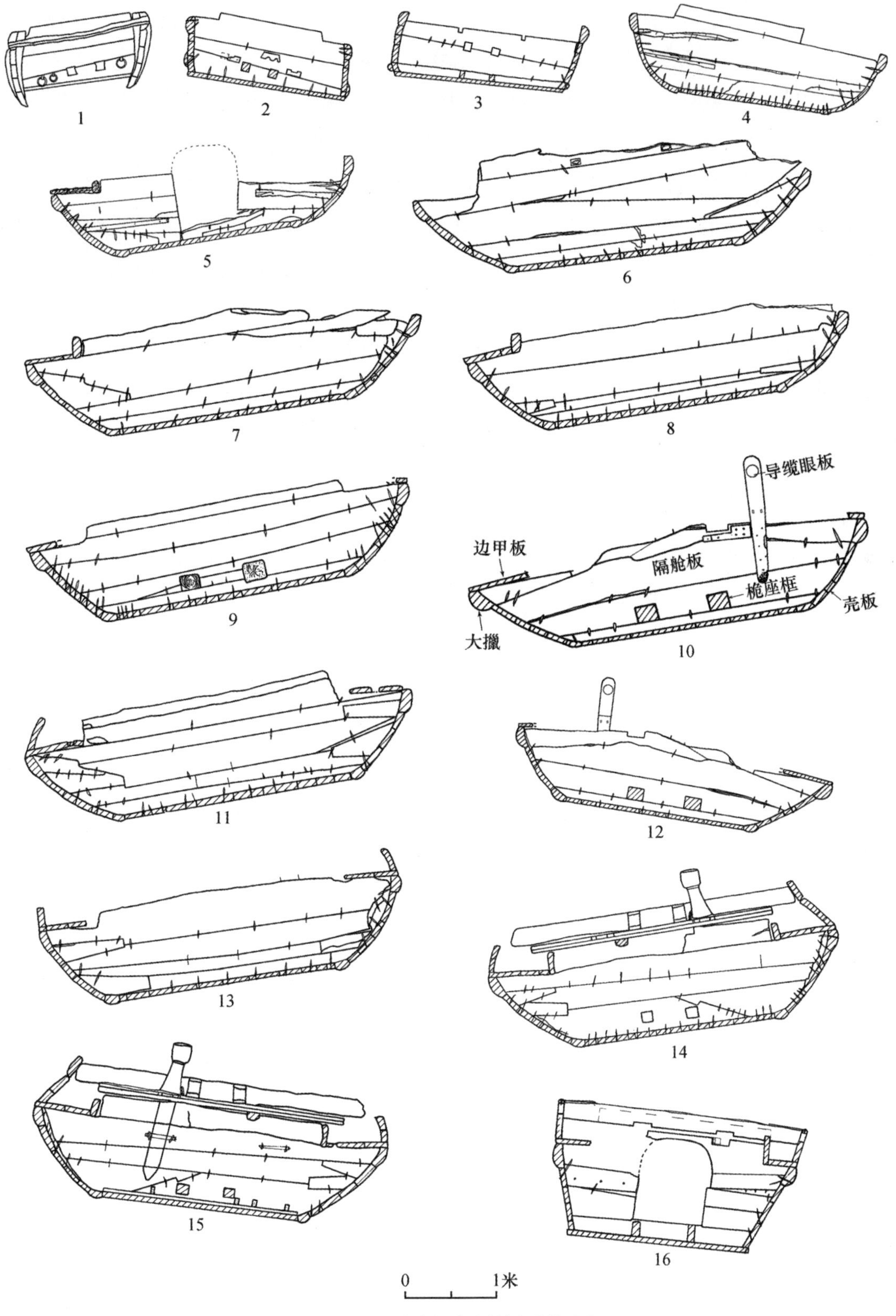

图3-6　一号古沉船隔舱板剖视图

1. 船尾正视图　2. 尾封板前面剖视图　3. #1舱内操作站台支撑板剖视图　4. #2舱后舱板剖视图　5. #2舱前舱板剖视图　6. #3舱前舱板剖视图　7. #4舱前舱板剖视图　8. #5舱前舱板剖视图　9. #6舱前舱板剖视图　10. #7舱前舱板剖视图　11. #8舱前舱板剖视图　12. #8舱后舱板剖视图　13. #9舱前舱板剖视图　14. #10舱前舱板剖视图　15. #11舱后舱板剖视图　16. #12舱后舱板剖视图

0.94米。舱内主要结构基本保存，舱上残存有甲板，位于舱口的后端，舱的后端隔板与#10舱前隔板同，后端甲板上开榫，呈正方形，为透榫，口部边长0.1米。榫内左右各装一个的导缆桩，其中左侧导缆桩缺失，右侧保存完整，出甲板高0.42米，圆柱形桩头，直径0.17、高0.12米，桩头以下呈圆台形，径0.12～0.16、高0.26，甲板上加固垫木厚0.04米。导缆桩长榫伸入甲板下舱室中，并在后隔舱板上，用方形铁箍固定在隔舱板上，甲板以下榫长0.77米。

此舱口设一根加强梁，梁的位置距后隔舱板0.56米，梁长2.52米，截面边长为0.16米×0.14米，其左右端开榫口和舷墙板连接，并压在舱口围板榫上，梁的前后与甲板密封连接。加强梁的中部和厚甲板之间设桅夹框，桅夹框左右两侧各设一根木掌，前后分别与加强梁、厚甲板榫接，桅夹框通透于舱，框口长0.34、宽0.32米，框的右侧有两个圆形铁环。梁的前部仅残存一块甲板，其前部接面中部0.6米长无连接痕迹，此部分板材的上面设置密封木条一根，木条上面高于甲板上面0.03米，木条的左右两端有接口，接口呈45°斜角，接此接痕复原为方形口，此痕迹应为入舱口残留的一条边（图3-6-15，图版3-23、3-24、3-25）。

此舱的甲板下面、入舱口痕迹的左右两侧，设置两条纵向变距甲板梁，左侧一条塌在舱中，此梁的设置用于加强甲板的强度，甲板梁的前后两端分别用榫卯连接在船舱的隔板顶部。此舱前隔板上口与大攋上面水平处长2、底长1.5、高0.94米，板材厚0.03米，隔板由5块列板，底与肋骨对接，此舱一侧隔板和肋骨面平齐，肋骨长1.63、厚0.06米。此隔舱板上设一根加强梁，中部镂空至肋骨处，形成透门，门为直壁拱顶，宽0.61、高0.74米。门右侧之上残。加强梁长2.1、截面边长0.18米×0.13米，梁的左右两端有方榫，和舷墙板垂直榫接，两者交接处上面用“丁”形锔钉增强。此钉较大，分别锔于梁的上面和舷墙板上面，锔于舷墙板上长1.53米，锔于梁面上长0.28米。另外在榫交点梁的前后侧面各钉一个穿锔钉，其钉一端穿舷墙板，另一端锔钉于梁面，增强梁与舷墙板的结合强度。隔舱板与梁下接缝处分别开甲板梁榫口两个，大小相同，分别与隔板中心对称，两榫口间隔0.5米，单榫口宽0.15、高0.07米，其左侧甲板梁尚存，前端榫放置其中。榫右侧面为斜面接口，与#12舱中甲板梁的前端榫斜口对接放于同一榫口中，但#12舱中甲板梁缺失。此加强梁下隔舱板底部有肋骨，长2.06、厚0.09、高0.18米。其肋骨中部与此舱后部加强梁下肋骨之间设置两条纵桁。纵桁前后两端用卯榫接于肋骨上，底部悬空，与前后肋骨围成方框形，组成桅座框。纵桁截面边长0.09米×0.09米，桅座框前后长0.34、左右宽0.32米，框下与船底悬空高0.09米，桅座框与其上对应的桅夹框一起组成“桅”的附属构件。此舱后隔舱板下为船底中部纵向列板与船首横向列板交汇处，为了加强此舱后舱板的结构和船底列板的强度，船底第一块横向列板较厚，为0.08米，并在近舱板处船底增设限桩4个，桩高0.09米，截面边长0.06米×0.05米。此舱底肋骨中部有两条纵桁，附于船底，直达船首部，桁间距0.36～0.5、高0.08～0.15、厚0.05～0.06米。

#12舱：为生活舱。舱口前后内长1.58、左右内宽1.6～2.02米，底宽1.32～1.49米，舱高0.94米。前隔舱板上口左右长1.6、底长1.32米；存留3块列板，残存最大高度0.35、厚0.05米。隔舱板正中开门，门底高于船底0.14米，宽0.44、残高0.04～0.2米。舱底纵桁上左右对称各分布1榫口，榫口呈梯形，口部宽0.12～0.2、深0.04米，不知其用途（图3-6-16）。

#13舱：为生活舱。在船的首端，舱前隔板即首封，已残失，舱后隔板与#12舱前隔舱板同，由其隔板中部开门与#12舱相通。此舱口部前后长0.93米，上口水平于大攋上面处左右宽1.34～1.6米。此舱上舷墙板口内宽1.1、外宽1.2米。舱室内最高0.9米，首封呈弧线形顺延接于舱底。此舱较小，底呈弧线形，连于生活舱，应为杂物舱（图版3-26、3-27）。

第三节　二号古沉船

二号古沉船沉于一号古沉船东南，两船最短直线间距7.8米左右。沉没时的船体放置方向为东北—西南，于④层下开口，古沉船首部方向103°。船首部有锚链抛出，船体保持了沉没时的状态。从出土状态推测，应是由于锚和链的牵引，船体沉没时被洪水冲击翻滚，造成其后半部解体，其前半部由于强结构存在而得以保存。船体较残，沉船为侧翻放置，其部分构件散落于船的东侧和北侧，另外在④层堆积中，船的北侧散落有瓷质的坛、罐、碗，铁质的瓢、锤、马镫、斧、锛、剪，另有木钻和锡壶等器物。

二号古沉船出土时仅残存前半部分船体，从残存部分看，其结构与一号古沉船基本相同。残存的前半部分船体中，部分船底保存较好，船舱隔板和壳板由于河水冲击遭到不同程度的损坏，舷板部分缺失，船首的加强梁和船体剥离，散乱在船的舱口周围。船体倾斜扣于沙层中，无法现场清理船体舱室内部，最终决定实施整体船搬迁至实验室再作清理与研究（图3-7，图版3-28）。现就已暴露出的沉船结构介绍如下。

二号古沉船残长10.65米，船底最大宽度在船的中部残断处，宽1.86米；最窄处在船首端，宽为1.12米，船体残存最高处1米。船体#1舱至#6舱解体，从#6舱前舱板至#13舱保存较好，残断处位于#6舱前隔板一侧（船舱的编号参考一号古沉船结构，并对照判断断裂位置）。

由于船体侧斜扣于地，底部位于斜上方，从前半部船底列板的排列方式看，有两种。船底中部#7舱至#10舱的底部为纵向列板，其长4.26～4.36、宽1.53～1.86米，共8列，列板之间对接，接面钉枣核钉。中列用材较宽，其宽0.48米；两侧接壳板处用圆木边部板材，材面外弧内平，两侧对接面为斜面，与壳板对接后，使底板与壳板外面的夹角呈弧形过渡。这两块板材作为船底的主骨架，长度不足部分拼接至所需长度，现存左侧残长7.15、宽0.14～0.16、厚0.07米，向船尾一端残断在接口面处，接口呈钩子同口；船体右侧一块残长2.42、宽0.1～0.12、厚0.06米左右，尾部一端为残断面。

从船底外面纵向列板上可看到6组铁钉，单组排列为横向，由残断处向船首部一侧前五组为双排，每组有两排钉痕，一排为穿钉，一排为穿锔钉，其排间距0.04米，每排钉距0.09～0.14米，用于船舱内底龙骨、隔舱板与船底的平接。依照顺序由后至前，第一组在#7舱的后隔舱板对应的外底，正是船体的断裂位置，部分钉残缺，有少量残存；一、二组穿钉相隔0.46米，穿钉排列15个，穿锔排列钉15个；二、三组相隔1.47米，穿锔钉排列12个，穿钉排列16个；三、四组相隔1.07米，穿锔钉排列11个，穿钉排列15个；四、五组相隔0.87米，穿锔钉

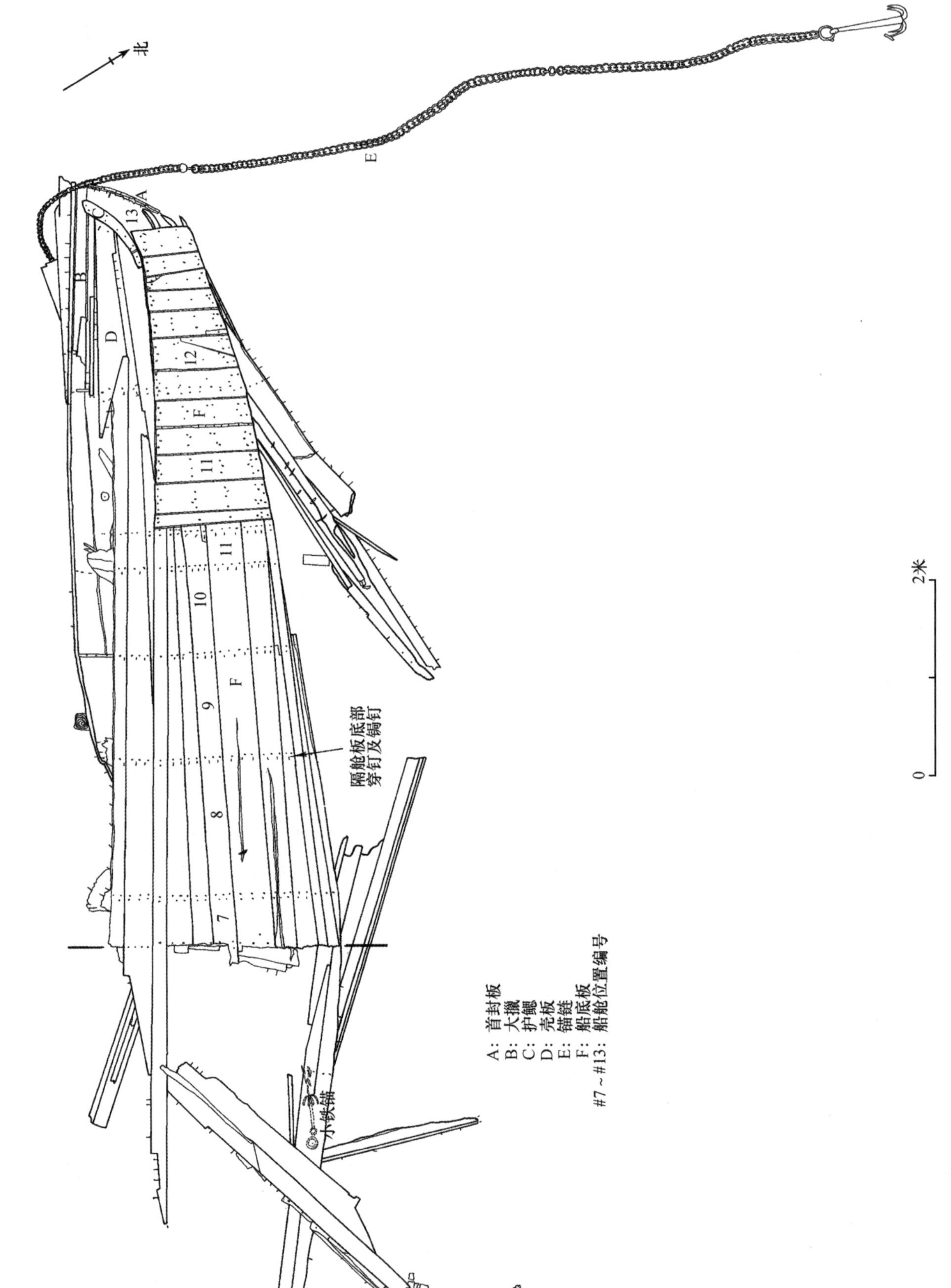

图3-7　二号古沉船平面图

排列11个，穿钉排列16个；五、六组相隔0.36米，穿锔钉10个，穿钉17个。以上前五组对应船的室内设隔舱板，第六组在船底部纵向列板与船首底部横向列板的接合点处，对应的船舱内为前桅结构设施，舱内设龙骨（图版3-29）。

船首底板排列为横向，后端对接船底中部纵向列板，前至船体首端，列板对接，至首部呈弧形过渡达口部形成首封，横向列板水平长3.58、宽1.12～1.53米，共残留15块列板（含首封板）。其首封口部残缺列板一块，现残存3块列板，与船体已经裂开。横向列板连接结构复原有16块，列板对接处用枣核钉，板材宽在0.11～0.36米之间。此段壳板平接在底板之上，用穿钉连接，在船舱内壁接缝处用穿锔钉，增加结合强度。船首横向列板的外底中部有两排纵向穿钉，两排相距0.32米左右，每排水平长3.2米，此组穿钉是分别固定船底部的两条纵桁。此外，船的底面有横向穿钉两组，固定船室内隔舱板，从船后向首部编号为第七组、第八组。第五组至第七组水平长1.78米，从结构看，此部分船内侧有一两条隔舱板，分别将其隔出两个舱室，即第七组至第八组水平长1.74米。从上述结构看，二号古沉船残存部分可分出7个舱室（图版3-30、3-31）。

沉船两侧壳板：呈纵向排列，每侧设3列木板，材宽0.1～0.3、厚0.035～0.04米。列板之间对接，接面钉枣核钉，壳板对接缝处用少量锔钉加强，列板不足长处用板材对接，接口为斜接同口。船的右侧壳板在上部，最大残长8.63米，残存最高处0.7米，船首壳板保存较完整处长1.88米；船左壳板大部分已解体，散乱于沉船左侧的沙层中，只有两列与船底列板连接在一起，残长7.9、残高0.46米。

船体上的大擸：船体右侧首部残留一段，材残长1.88、宽0.1～0.12、厚0.06米。连于壳板之上，为圆木边材，下面平接于壳板，钉铲钉连接，边甲板平接在其上，钉以穿钉，东部端点有残断的拼接痕迹。

船首护鳃：在首封与壳板交接处外侧，形状同于一号古沉船护鳃结构，贴附于壳板与首封交接缝的外面，用穿钉接合，共有13个穿钉。其水平残长0.68、高0.62米，宽0.06～0.12、厚0.02～0.045米。

边甲板：大部分已残缺，仅残存的一段位于船首右侧，其边甲板残长6.14、宽0.2～0.3、厚0.04米，呈单列，末端残，残断面见拼接痕迹。

舱口围板：其残长6.7、高0.24、厚0.04米。仅一列，上面残缺有修补痕迹，其末端残，偏末端围板上面开两个功能榫口，剖面为梯形。口宽0.14、底宽0.1米，两口相距0.42米。其功能不明（图版3-32）。

船舱：由于舱口斜扣向下无法清理。从古沉船南侧看，船首舱内构件及舱口加强梁均已解体移位，船舱结构不明，但从船底龙骨、舱隔板与船部板材的结合钉痕判断，所存沉船残体可分辨出7个舱，其船体残断部位与一号古沉船的#7舱结构相似，由此舱向船首编号为#7～#13舱。

#7舱，舱室底两组钉痕前后长0.5、船底宽1.56～1.58米，其后隔板仅存1列，为隔舱板底部列板，上部残宽2.2米，隔舱板近底部有2个悬空纵桁木榫卯于隔板内，榫呈方形，尺寸为

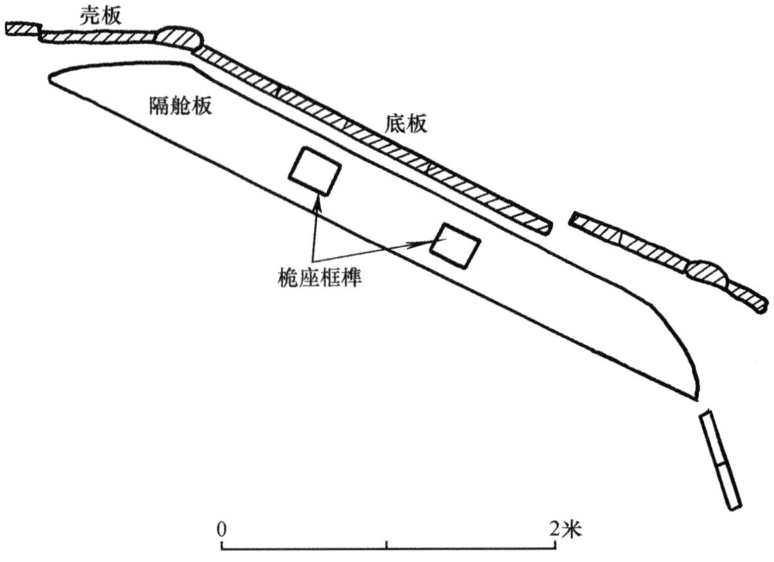

图3-8　二号古沉船7号舱后舱板剖视图

0.1米×0.12米，两者相距0.36米，高于船底0.07米，同于一号古沉船#7舱桅座框结构（图3-8）。

#8舱，口部结构不清，其舱底两组钉痕前后长1.47、船底宽1.52～1.56米。

#9舱，口部结构不清，其舱底两组钉痕前后长1.06、船底宽1.32～1.52米。

#10舱，口部结构不清，其舱底两组钉痕前后长0.87、船底宽1.28～1.32米。

#11舱，舱上部结构不清，其舱底两组钉痕前后长1.82、船底宽0.95～1.28米。

#12舱，舱上部结构不清，其舱底两组钉痕前后长1.74、船底宽0.94～0.95米。

#13舱，舱口结构不清，其舱底水平前后长0.48、船首一端口残宽1.04、底部宽0.95米。

沉船锚链：锚链由船首部#11舱缆桩处向古沉船西北部延伸至锚端。其中在#11舱前部缠绕在两根木杆上形成结扣。锚（T2④a：9）为铸锻而成。其锚头有四爪，锚柄呈八棱锥形，柄末较细，端部出圆环，环内套较大活动铁环一个，活动铁环与锚链环接；柄首端均分四出，分别向外回勾弯曲形成锚爪，有一爪尖端伸出圆环。锚长63、锚爪头部最大径40.5、爪头圆环径7.6、其截面径1.5厘米，锚柄径3～5厘米，柄末端大环径11.8厘米，环截面径2.5厘米。

铁链分成四部分，相互之间用铁旋连接（图版3-33）。锚链与锚柄末端用铁环相接，锚在船首西北方，距船首8米左右，第一铁旋至锚之间有链环103节，一、二铁旋之间有链环102节；二、三铁旋之间有链环82节；此段由首封至#12舱为第三铁旋，由第三旋前第7环链开始缠绕于两根圆木顶端（图版3-34、3-35），缠绕至第三铁旋，过第三铁旋曲入#11舱的后部达铁链末端，此段有136个链环。其末端有圆环，环上挂铁鼻钩，铁鼻钩勾在#11舱甲板梁上的铁鼻环内，此梁已与船体分离。锚链共长17.6米左右，链环近椭圆形，每节长6.5、宽4.8、截面径1.3厘米；锚链缠绕处两根圆木，一根为东北—西南向，直径8～8.5厘米，另一根呈西北—东南向，直径6～6.2厘米，缠绕点距船首2米左右。

第四节 出土遗物

本遗址的遗物多出于河道淤积层中，有少量汉魏时期遗物出土于遗址上部淤土堆积层外，大部分为清代遗物，均出于古沉船四周的淤积层中，为船体沉翻和水流冲击从船舱中散落，另有少量金元遗物夹杂在此层中。一号古沉船平沉河底，河水的涡流几乎将船舱内遗物冲击流失殆尽，加上晚期的洪流对船体上部构件破坏，连接船体的铁钉也散落在船内淤土和沉船四周，船舱内底部仅残留有少量修船工具。二号古沉船由于船锚的拖拉，船体在洪水中翻滚，致使古船体后半部解体，前半部最后侧扣于河底，船内遗物多散落在北部淤沙中或被冲失，因此仅出土少量遗物。

一 汉魏遗物

汉魏遗物均为陶质建筑构件，共70件。皆为泥质灰陶，有汉代空心砖块、瓦类构件和陶范残件。

1. 空心砖块

空心砖块，2件。正面平整，印花纹两种，印呈方形，两种印纹相间排列。T1②：1，长7、残宽6.5、厚2.4厘米。印花纹一种纹为卷云纹，另一种纹为柿蒂纹（图3-9-2）。T1②：2，残长20～28.5、残宽13.7～17.5、厚2.4厘米。印花纹一种纹为卷云纹，另一种纹为水滴纹（图3-9-1）。

2. 瓦类构件

瓦类构件均残，共67件，按瓦面纹饰分绳纹和素面两种。

（1）绳纹瓦，43件，分别为板瓦和筒瓦残片。

A. 板瓦残片，30件。绳纹在凸面，凹面为圆点纹和布纹两种。

圆点纹，2件。T1②：3，残长10.3、残宽14.2、厚2.5厘米（图3-9-3）。T1②a：4，残长17.1、宽13.3、厚1厘米（图3-9-4）。

布纹，28件。T1②a：5，残长11.2、宽17.5、厚1.1厘米。

B. 筒瓦残片，13件。按使用位置分普通筒瓦和带当筒瓦两种。

普通筒瓦，10件。T1③a：9，瓦残径14、残长12.5厘米，厚1.5厘米，唇厚1.4、舌长4、舌尖厚1.5厘米，凸面绳纹大部分抹平，瓦凹面有布纹，直唇，斜舌，方舌尖（图3-9-5，图版3-36）。

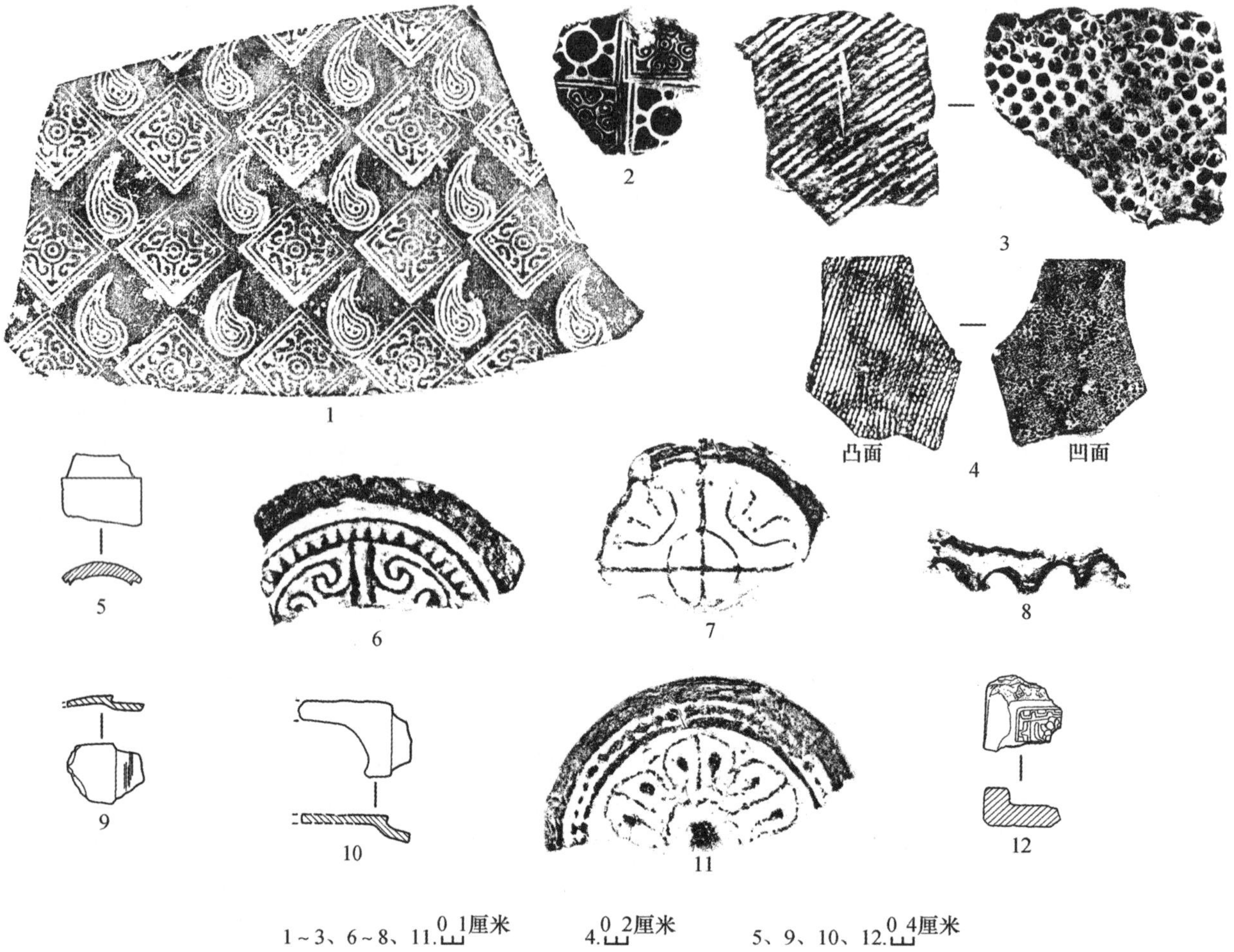

图3-9 汉魏遗物

1、2. 空心砖（T1②：2、T1②：1） 3. 绳纹板瓦（T1②：3） 4. 绳纹板瓦（T1②a：4） 5. 素面普通筒瓦（T1③a：9） 6. 卷云纹瓦当（T1②a：6） 7. 带字瓦当（T1②a：7） 8. 花边板瓦（T1②a：8） 9、10. 素面普通筒瓦（T1③a：10、T1③a：11） 11. 莲花纹瓦当（T1③a：12） 12. 陶范（T1④a：13）

带当筒瓦，3件。瓦残，仅留残瓦当，模印，瓦当与瓦接合部的廓边背面，削去1/3厚度，与筒瓦末端嵌合，当背接合缝处贴泥片增强粘合强度，瓦当模印纹饰呈凹地凸起。依纹样不同分为卷云纹和带字瓦当两种。

卷云纹，2件。残，瓦当正面有卷云纹两组，两组之间有竖棱形界格，线间隔，卷云纹外为弦纹。标本T1②a：6，卷云纹外有弦纹两周，两周弦纹之间饰锯齿纹一周，复原直径14.5厘米，当边宽1.4厘米左右，当边厚2.2厘米（图3-9-6，图版3-37）。

带字瓦当，1件。T1②a：7，当正面用中部用“十”字棱格分成四格，中央有凸弦纹一周，每格印阳纹“穴”字，当径12.8、当边宽1.5、当边厚1.6厘米（图3-9-7，图版3-38）。

（2）素面瓦，24件。有板瓦和筒瓦两种，均残，凸面为素面，凹面为布纹。

A. 板瓦，21件，其中一件带花边。T1②a：8，瓦头边沿上下用手捏成波浪形花边。残长9.5、残宽11.5、厚1.7米（图3-9-8，图版3-39）。

B. 筒瓦，共3件。有普通筒瓦和带当筒瓦两种。

普通筒瓦，2件，均残。T1③a：10，瓦残。径10.5、残长13.2、厚1.2、唇厚1.1、舌长5.6、舌尖厚1厘米。瓦凹面为布纹，凹唇斜舌，舌尖微上翘（图3-9-9，图版3-40）。T1③a：11，瓦径13.3、残长21.3、厚1.7、唇厚1.5、舌长4、舌尖厚0.5厘米。瓦凹面为布纹，直唇斜舌，舌尖微上翘（图3-9-10）。

带当筒瓦，1件。T1③a：12，残。当径13.9、廓边宽1、廓边厚1.2厘米，当背面带筒瓦，瓦径13.9、瓦残长6、厚1.5厘米。瓦凹面为布纹，正面为素面。瓦当为莲花纹，当心为宝珠纹，宝珠周围饰一周小短线组成的花蕊，外饰双瓣莲花，花瓣周围饰柿蒂形宝装廓边，花瓣间饰花蒂，莲花外饰一周凸棱和一周莲珠纹（图3-9-11，图版3-41）。

3. 陶范

陶范，1件。T1④a：13，泥质灰陶，长方形，中部凹陷呈模腔。残长13、宽13、高6.3厘米（图3-9-12，图版3-42）。

二　五代遗物

五代遗物仅1件白瓷碗底残片。T1②a：15，仅残存少量下腹和碗底，斜腹，平底，窄圈足，细白胎，内施全釉，外施半釉，应属五代曲阳窑产品。残高2.5、圈足径8.4、足高0.6、宽0.4厘米（图3-10-1，图版3-49）。

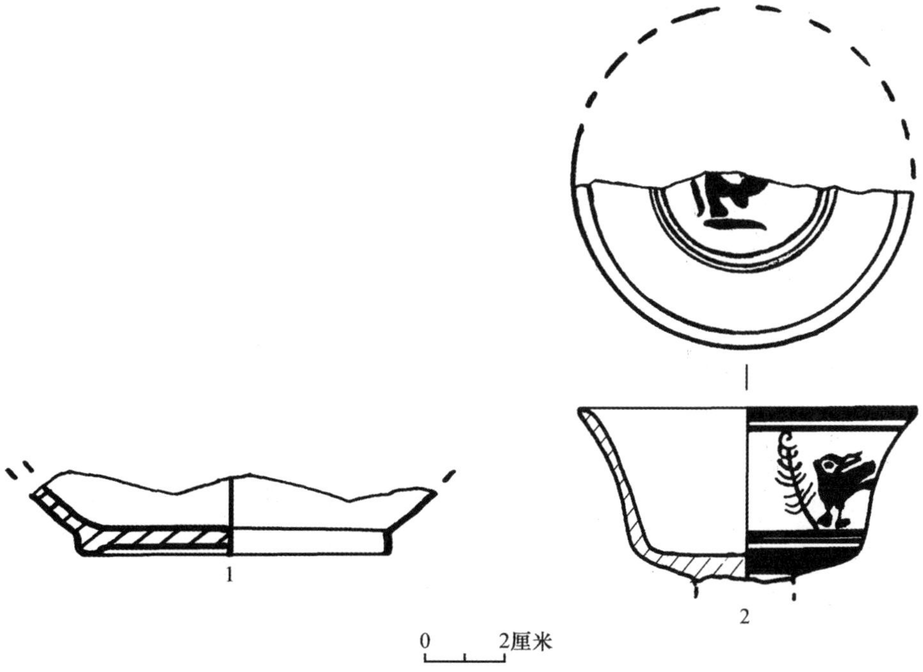

图3-10　五代和金元遗物

1. 白瓷碗底残片（T1②a：15）　2. 高足杯（T2④a：22）

三　金元遗物

金元遗物仅1件，为高足杯。T2④a：22，残，撇沿，折腹，高足缺，灰白胎，白釉，内外施全釉，褐花，内口沿处和底各有一弦纹，内底有文字，外口沿处有两周弦纹，折腹处有一周弦纹，残存部分口沿与折腹处两弦纹之间画三棵草纹和一只鸟纹。口径复原8.8、残高4.3厘米（图3-10-2，图版3-51）。

四　清代遗物

清代遗物总计328件，有建筑构件、生活用品、生产工具和兵器。

（一）建筑构件

建筑构件均为铁钉，共284件。依功能不同分为穿钉、铲钉、穿锔钉、锔钉和拐角锔钉5种。

1. 穿钉

穿钉，51件。形状为四棱形锥体，截面呈长方形或正方形，使用于古沉船的底、壳、内底龙骨、隔舱板之间的平接，从外底列板钉入船内底龙骨和隔舱板内，末端钉盖外露。T1④a：25，长10.3、截面最大边长1厘米（图3-11-2，图版3-43）。

2. 铲钉

铲钉，123件。无盖，通体呈四棱锥形，钉身呈弧形弯曲状，截面为长方形或正方形，主要用于船壳列板、隔舱板的相互对接，从一块板材表面铲入，钉入对接的另一块板材内，其钉末端隐入壳板面内，板材表面上残留钉痕，呈三角形，用泥灰将痕迹抹平。T1④a：17，长9.8、截面最大边长1厘米×1.2厘米（图3-11-1，图版3-44）。

3. 穿锔钉

穿锔钉，27件。钉身形状分三段，钉中段扁平，为梭形，两端为四棱锥体，其长端钉透板材而外出，外出部分90°折曲，附于板材表面；锔钉的另一端钉体较短，在造钉时已成90°折，此端钉入材面。穿锔钉的作用是加强船底列板和壳板与隔舱板及船内龙骨之间的连接强度。T1④a：22，平面长25.5、最大宽2、中部扁体长23、厚0.5厘米，两端钉长分别为12.4厘米和2.5厘米（图3-11-3，图版3-45）。

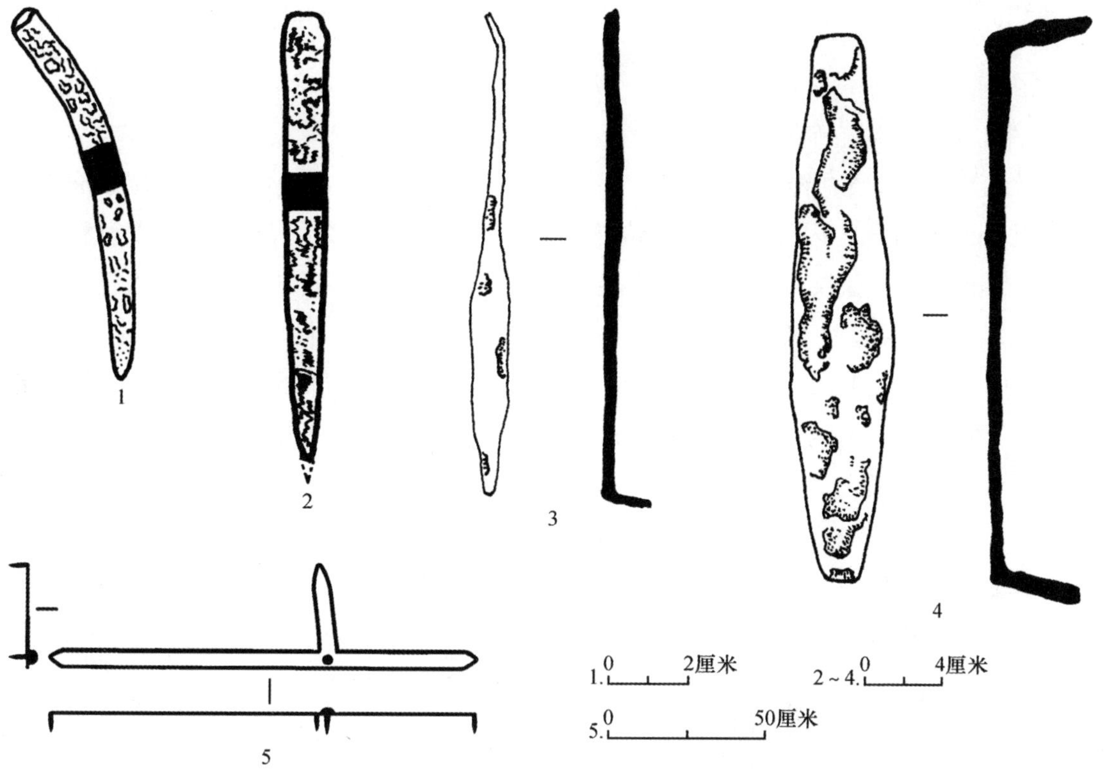

图3-11　清代建筑构件

1. 铲钉（T1④a：17）　2. 穿钉（T1④a：25）　3. 穿锔钉（T1④a：22）　4. 锔钉（T1④a：31）　5. 拐角锔钉（T1④a：37）

4. 锔钉

锔钉，81件。钉身形状分三段，中部平面为梭形，扁平状，两端呈四棱锥体，锻造时折90°，两端以接缝为对称分别钉入两块对接的板材中，中部贴在列板表面，为隔舱板或壳板对接缝的加强。T1④a：31，通长14.4、宽1～2.7、中部厚0.3～0.6厘米，钉长2.3、最大截面边长0.5厘米（图3-11-4，图版3-46）。

5. 拐角锔钉

拐角锔钉，2件。在船首舷墙板与加强梁卯榫缝的上面，钉盖为扁平状，“丁”字形，“丁”形直角处的上面出一圆泡，钉体为四棱锥形，与钉盖垂直，共四钉，分布在“丁”字形盖的端点与垂直拐角处。T1④a：37，钉盖长153、拐长28、宽3.8、厚0.36厘米，钉体钉于加强梁和舷墙板内，深度不详，主要用于加强接缝处（图3-11-5）。

（二）生活用品

生活用品共21件，主要有瓷器、锡器和铁器等。

1. 瓷器

瓷器5件，有坛、罐、碗等。

坛，1件。T2④a：5，卷沿，斜肩，上腹稍曲，下腹稍斜束，腹部最大径位于肩下，底部稍内凹，粗胎，黄白色。内外施酱釉，内施全釉，外釉至近底处，肩部装饰放射状细条纹一周，肩下腹部有较密的弦纹，弦纹与条纹在腹、肩交接处交叉形成方格纹，弦纹下有两周凹弦纹。口径34.8、最大腹径41.5、底径36.5、高41厘米（图3-12-1，图版3-47）。

罐，2件，1件残。T2④a：15，口沿稍卷，唇部较圆，颈上部微束，溜肩，曲腹，最大径在中腹偏上，假圈足，胎色黄白，夹有粗砂，釉黑褐色，内全釉，外半釉，外壁能看出轮制痕迹。口径18.1、最大腹径28.6、底径15.8、高32.3、假圈足宽3.3厘米、足高0.2厘米（图3-12-2，图版3-48）。T1④a：14，上残，残存下腹以下。曲腹，圈足较小，胎色黄白，夹砂，釉黑褐色，内施全釉，外施半釉。残高12.3、足径8.8、圈足高1.2厘米（图3-12-3）。

碗，2件，分两种。

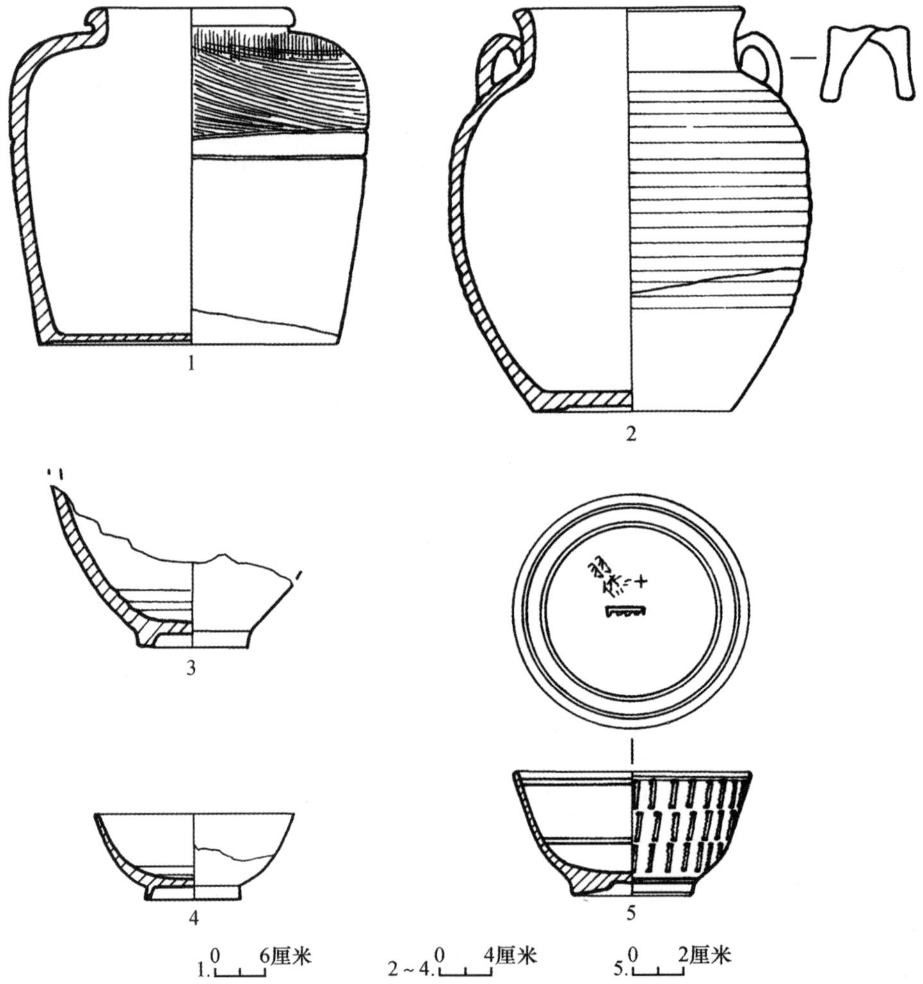

图3-12　清代生活用品

1. 坛（T2④a：5）　2、3. 罐（T2④a：15、T1④a：14）　4、5. 碗（T2④a：33、T2④a：32）

A. 酱釉瓷碗，1件。T2④a：33，残，侈口，曲腹，圈足较直，足心较平，灰白胎，仿紫定釉，内施全釉带色圈，色圈露胎，外施半釉。可复原，口部复原径16.6、高6.9、圈足径6.7、足高1.3厘米。时代应属宋代（图3-12-4，图版3-50）。

B. 青花瓷碗，1件。T2④a：32，口部微侈，圆唇，深腹微曲，璧足微上凹。细白胎，白釉微青，内外施满釉，仅足底无釉，釉下施青花，内口与腹下部各饰两周弦纹，底心饰一条纹（与外腹条纹相同），另点刻“翟”和“十”字。外口与足上部各饰两周弦纹，腹部饰三周条纹。口径9.4、底径4.8、高5厘米。时代为明清（图3-12-5，图版3-54～56）。

2. 锡器

壶，2件，分两型。

A型　1件。T2④a：3，无盖，口呈喇叭形，细束颈，长溜肩，曲腹，底平，微内凹，肩颈结合部饰凹弦纹两周。通高19.7、口径7.3、腹部最大径7.2、底径6厘米（图3-13-1，图版3-57）。

B型　提梁壶，1件。T2④a：12，口部较直，圆弧肩，腹曲而束腰，腹部最大径在近底处，底面向上微呈穹隆状，长流高昂，置于肩下一侧，高提梁，呈倒“U”字形，设在口肩结合部并与流在一切割线上；子母口圆盖，圆顶，顶中设纽。纽呈小圆柱形，盖顶面近沿处、外口和底沿处各饰一周凹弦纹。通高15.3、口径4.8、肩径7.4、腰径7.6、底径9.1、提梁高8.7厘米（图3-13-2，图版3-58）。

3. 铁器

铁质生活用品14件，有灯、瓢、箅、马镫、旋、铃、盆。

灯，2件，铁铸。T2④a：29，圆形子母口，子口收敛，一侧有一灯芯缺口，对应一侧母口向上斜出一柄，柄背有长方形铸口痕。斜腹，平底。外口径9.4、内口径6.9、通高5、身高2.6、底径6.7、壁厚0.5厘米（图3-13-3，图版3-59）。T2④a：18，器形与T2④a：29相同，灯坐于一小陶罐上，陶罐为大口，卷沿，圆肩，曲腹，下腹斜收，平底，灯与罐通高11.4厘米。灯外口径8.6、内口径5、通高7.7、身高3.6、底径5.5厘米，罐高5.4、口径9.5、最大腹径8.8、底径5、壁厚0.5厘米（图3-13-4，图版3-60）。

瓢，2件。分别出土于T1和T2中，大小形制相同，锻造，椭圆形直口，直腹较浅，圜底，口外一侧斜向上伸出，末端两侧下卷为圆銎。T2④a：10，銎内残留有木柄，木柄呈圆柱形，较短。通高14.2、身高6.3、口径20～21厘米，器壁厚0.2厘米，柄长13.2、銎长6、銎内径4、木柄长7厘米（图3-13-5，图版3-61）。

箅，1件。T2④a：8，残，铸造，圆饼形，上有三周放射状长方形透孔。半径19、残宽25、边厚0.4厘米（图3-13-6，图版3-62）。

马镫，2件，铁质，锻造。出土于二号古沉船西北侧4.8米处，出土时两件叠在一起。

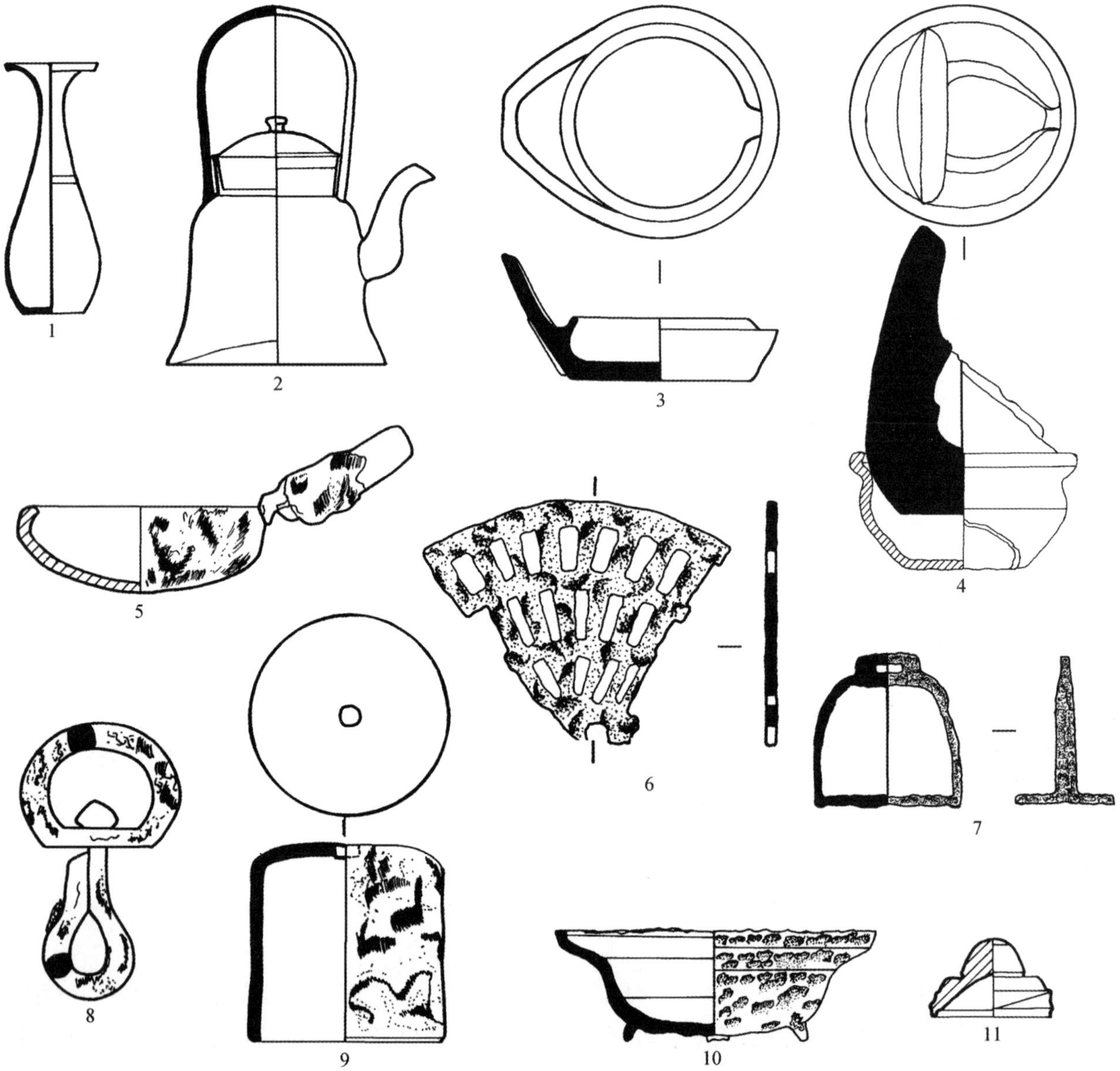

图3-13　清代生活用品和其他

1. A型锡壶（T2④a：3）　2. B型锡壶（T2④a：12）　3、4. 铁灯（T2④a：29、T2④a：18）　5. 铁瓢（T2④a：10）　6. 铁箅（T2④a：8）　7. 铁马镫（T2④a：11）　8. 铁旋（T2④a：28）　9. 铁铃（T2④a：26）　10. 铁盆（T2④a：36）　11. 琉璃器（T1①采：37）

T2④a：11，镫上部有长方形扣环，镫环为马蹄形，其上圆下平直，镫板截面呈扁椭圆形。通高11.9厘米，吊扣环长4.5、高1.7厘米，镫环上宽7.5、下宽11、高9.8厘米，镫板长7.9～10.1、厚0.3厘米（图3-13-7，图版3-63）。

旋，5件，锻造。旋环半圆形，环截面为弧角方形，环底为扁圆形，中有一圆穿。旋轴圆柱形，蘑菇形头，轴下向上回曲与轴相叠粘合成鼻环。标本T2④a：28，出土于二号古沉船#1舱下。旋总长11.2、旋环宽6.4、环高5厘米，旋下穿柄径2.7、穿1.3、旋轴截面径1、轴连环鼻长8.3厘米（图3-13-8，图版3-65）。

铃，1件，锻造。标本T2④a：26，出土于二号古沉船西1米处，圆桶形，圜顶，正中有一圆穿。高8.2、径7.8厘米，顶部圆穿径0.9、壁厚0.2厘米（图3-13-9，图版3-64）。

盆，1件。标本T2④a：36，盘口，直沿，曲腹，圜底，有3个扁足，外底心有圆形浇铸痕。口径25.3、高9、最大腹径17.5、壁厚0.4厘米、每个足宽3、厚0.4厘米（图3-13-10，图版3-66）。

（三）生产工具

生产工具共21件，有钻、锤、斧、凿、篙头、剪刀、镰、钩、锚和磨石。

1. 钻

钻，1件。T2④a：7，出土于二号古沉船东侧，钻木工具。下端为钻头、中为钻轴，上端为手柄。钻头铁质，为四棱形，下端为锋尖，后部为扁梯形，嵌入木轴下部刻槽内，轴上套铁箍固定；钻轴和手柄为木质，钻轴呈台体，上部较粗呈八棱形，下部较细呈圆形，顶部置较细的榫轴，榫轴头部为宝顶形，下微束为圆柱形，榫轴与手柄下部空腔呈子母嵌合。钻轴下部开槽将其分为两半，槽内安装钻头，外有铁箍固定。手柄位于钻的顶端，圆台形，下部中空，为两半对合，偏上部有铁箍固定。钻通高57.3、身高52.2、上部最大径4.2、下部最小径2.6厘米，顶部榫轴径1.5～2.1、高6.9厘米，钻头长5.6厘米，手柄高11.8、径2.7～4厘米（图3-14-1，图版3-67）。

2. 锤

锤，1件。铁质，标本T2④a：25，形如鼓状，腹中部横穿为銎，銎圆柱形，銎内遗留木痕。锤高12.1、腰最大径11.5厘米，锤面径8.8、銎截面径3.4厘米（图3-14-2，图版3-68）。

3. 斧

斧，3件。根据其用途分三型。

A型　短柄铁斧。T1④a：29，一号古沉船#3舱出土。斧为钝刃，斧背为四棱形，又打击成圆形，斧中部有长方形銎，内连扁圆形木柄。斧长13.1、刃宽5、刃厚1.3厘米左右，中部3.4、厚3.7、背面径4.2厘米，总长21.7、径2.4～3.4厘米（图3-14-3，图版3-69）。

B型　长柄铁斧。T2④a：27，二号古沉船首部北侧1米处出土。斧下为扁刃，向上渐增厚至四棱形，背顶有銎，銎上呈弧形，下为方形，銎内有木柄。斧高32、刃宽4.7、斧背銎下截面边长4.2厘米，木柄长122、柄径2.5～4.7厘米，銎长6、宽3、深4.5厘米（图3-14-4，图版3-70）。

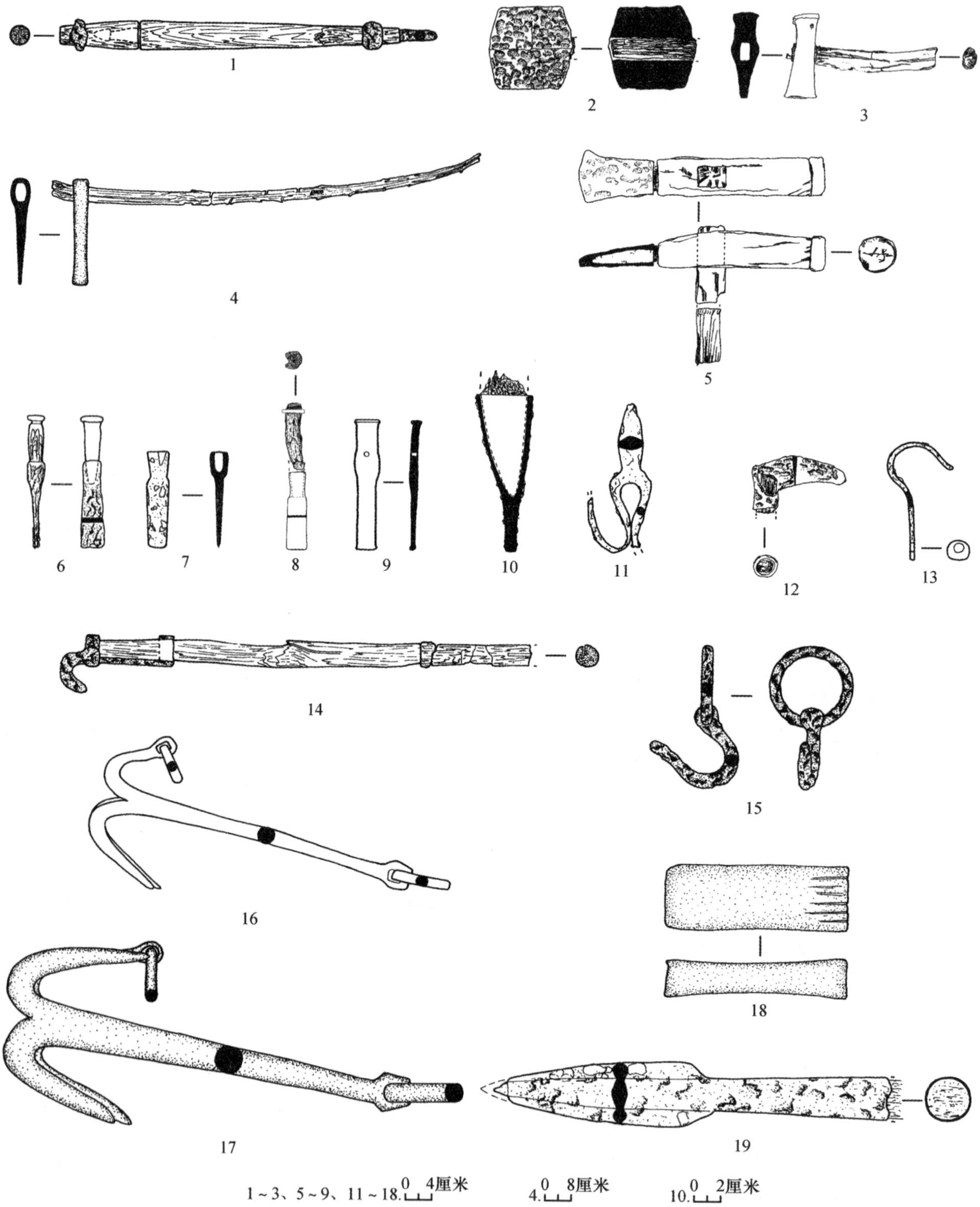

图3-14　清代生产工具及兵器

1. 钻（T2④a：7）　2. 锤（T2④a：25）　3. A型斧（T1④a：29）　4. B型斧（T2④a：27）　5. C型斧（T2④a：16）　6～8. A型凿（T1④a：27、T1④a：26、T1④a：36）　9. B型凿（T1④a：28）　10. 篙头（T1④a：30）　11. 剪刀（T2④a：14）　12. 镰（T2④a：30）　13. A型钩（T2④a：31）　14. B型钩（T2④a：34）　15. C型钩（T2④a：13）　16、17. 锚（T2④a：24、T2④a：9）　18. 磨石（T2④a：35）　19. 矛（T2④a：2）

C型　锛斧。T2④a：16，二号古沉船中部正北1米处出土。锛头木质，为长弧形，截面为方形，一端装铁刃，铁刃刃部较宽，背部渐收窄加厚至端点中空形成銎，与锛榫嵌合。锛头背为圆形外箍铁箍，锛头中部有横向长方形銎，銎内装木柄，木柄残。锛头长35.5、截面边长6.2、锛背径5.8厘米，铁刃宽7.5、刃背截面长4.9、宽3.3厘米，銎外壁厚0.4厘米，銎截面长3.8、宽2.3厘米，锛木柄残长19.3、截面长3.5、宽2.1厘米（图3-14-5，图版3-71）。

4. 凿

凿，4件，铁质，分两型。

A型　3件，均出于一号古沉船#3舱或#6舱，锻造。末端有銎，呈圆筒形，圆柱形短木柄的一端装于銎内，銎下有圆肩，肩下扁平，前端为方刃，肩部至刃渐薄。T1④a：27，出土于#6舱，銎口有铁箍，截面为方形。器通长19.5、刃宽3.1、肩宽0.6、銎径2.9、柄长6.6、铁箍径3.1厘米、铁箍截面边长0.4厘米（图3-14-6，图版3-72）。#3舱出土2件：T1④a：26，木柄缺，銎内有木柄痕迹。残长14.3、刃宽2.8～3.3、肩部宽0.9、銎径3厘米（图3-14-7）；T1④a：36，木柄稍残。通长22.5、刃前端宽3.1、肩部宽0.6、銎径2.5厘米，木柄长10.4、木柄末端铁箍径3.5、箍宽0.5厘米（图3-14-8，图版3-73）。

B型　1件，出土于一号古沉船#3舱。T1④a：28，锻造，无銎。扁平状器身，前部和背部截面均为长方形，背宽刃窄，腰部偏上向下端渐变，背下有一小圆穿，穿距背5.1厘米。钝刃有打击痕，平背，由于受打击背边微卷。通长19.6厘米，身宽一般2.5～3.7、背部最宽为4.2厘米，身厚0.6～1.2、背部最厚为2厘米，穿径0.5、刃宽3.2、厚1.1厘米（图3-14-9，图版3-74）。

5. 篙头

篙头，1件。铁质。T1④a：30，一号古沉船#9舱左侧边甲板上出土。前端方锥形，背部渐变为圆锥形銎，銎内有木榫痕迹。长12、銎径4.4、壁厚0.4厘米（图3-14-10，图版3-75）。

6. 剪刀

剪刀，1件，铁质。T2④a：14，出土于二号古沉船中部正北5米处。手柄稍残，两刃部合在一起为柳叶形，刃部与手柄相交处有活动轴，由轴向下双手柄向两侧扩张，再向下收合成较尖的倒立桃形，收合后再向各自一侧呈弧形钩回，形成手柄，其手柄与现代剪子相似。通长22、双刃合在一起最大宽3厘米左右，手柄最大残宽8.7厘米（图3-14-11，图版3-76）。

7. 镰

镰，2件，铁质。平面为月牙形，一侧连圆銎。T2④a：30，出土于二号古沉船船首舱内。长14、宽2.1～4.3、銎长6.4、径3.1、壁厚0.3厘米（图3-14-12，图版3-77）。

8. 钩

钩，4件。分为三型。

A型　2件。器形相同，铁质，为挂钩，钩柄为扁形，钩柄末端为圆形有一圆穿，钩头截面为方形。标本T2④：31，出土于二号古沉船中部正北5米处，与剪刀叠压在一起。通长17.7、钩最大宽度10厘米，柄长10、柄末端径3.5、穿径1.6厘米，钩截面宽2.2、厚0.8、钩头截面边长0.8厘米（图3-14-13，图版3-76）。

B型　1件，拉钩，钩头为铁质，有长木柄，钩头为锻造。标本T2④a：34，木柄，钩头截面为方形，前端回曲成钩，后端与钩尖平齐处连铁箍，内穿长木柄，由箍向末端连扁平形锔钉，锔于木柄内，并透穿木柄向前回折贴敷于木柄上，木柄截面呈椭圆形。残长54、钩头最大宽度6.5、箍径4.5，锔钉截面长方形，体长11.4、宽1、厚0.8厘米，木柄长51、径3厘米（图3-14-14，图版3-78）。

C型　1件，铁质，为环钩。T2④a：13，出土于二号古沉船中部正北5米处，钩无柄，钩末端圆形有圆穿，穿内连圆形铁环，截面为方形。通长21、环径10.5、截面径1.1厘米，钩最大宽11、末端径3.5、穿径1.6厘米，钩截面宽1.8厘米（图3-14-15，图版3-79）。

9. 锚

锚，3件，铁质，锻铸而成。其锚头有四爪，锚柄呈八棱锥形，柄末较细，端部出圆环，环内套较大活动铁环一个，活动铁环与锚链环接；柄首端均分四出，分别向外回勾形成锚爪，有一爪尖端伸出圆形铁环。T2④a：24，残缺一爪，长48、爪头最大宽度36.6、柄径1.8～3厘米，大环径8.3厘米，爪头环径5.7、环截面径1厘米，残链长1.4、链环截面径0.5厘米（图3-14-16，图版3-80）。T2④a：9，此器尺寸见二号古沉船锚链部分描述（图3-14-17，图版3-81）。

10. 磨石

磨石，1件。标本T2④a：35，长方体，青色细砂石质，四面有磨损痕迹。长27、宽10、高6厘米（图3-14-18，图版3-82）。

（四）兵器

兵器，2件，均为铁矛，结构相同。T2④a：2，刃作柳叶形，有脊，斜肩连銎。銎内残存有一段木柄。残长44.4、刃长16.5、刃部最大宽4.6厘米，銎外径3.1厘米（图3-14-19，图版3-83）。

五　其　他

其他类仅1件，时代不明，为琉璃器。T1①采：37，一号古沉船南侧现代冲积沟底部采集，咖啡色，形似器盖，圆形，圆拱顶，子母口，外腹与口各有一周凸弦纹，外顶为一圆形平台，台中心为圆锥形纽，纽顶心嵌以铅饰。口径2.6、高1.4厘米（图3-13-11，图版3-53）。

第四章　古沉船年代

此次考古发掘的一号、二号古沉船，是迄今为止洛阳地区的首次发现，对于研究古代中原和内陆地区的船体形制，研究古代洛阳运河的走向、发展变迁历史等，都提供了重要的新资料。而古沉船的年代问题，是进行沉船研究的关键问题之一。对此，我们综合运用了传统的船体形制与出土器物断代和科技测年相结合的方法，来研究沉船的年代问题。

第一节　古沉船形制和出土遗物的断代

对于船体本身的年代，我们结合古沉船形制和出土遗物两个方面进行判定。

从船体形制来看，一号、二号古沉船形制基本相同，但一号古沉船保存基本完整，共由13个船舱组成，二号古沉船仅剩船首一端的7个船舱。一号古沉船通长20.14米，残存最大高度1.42米左右，船体身高1.08米。船身中部为最宽处，宽3.48米，首尾方形，较窄，分别宽1.2米，1.48米。二号古沉船侧翻放置，船体后半部解体，由7号舱至首部底板和部分壳板保存较好，船首用铁链连接有铁锚。船身残长10.65米，船底最大宽度位于东端残断处，宽1.86米，船首方形，较窄，宽度1.12米，船体残高1米。从制作材料、形制结构等方面观察，两艘古沉船具有以下一些典型特征。

（1）古沉船船体的板子很薄，除了个别部位外，一般厚度在4～5厘米。两船是迄今所见同尺度古船中用材最薄的古代木船。船体的木板有纵向和横向两种排列方式，板材长度不足的地方还利用斜口对接。

（2）船体各构件之间除了榫卯结构连接外，多用铁质的枣核钉、锔钉、穿钉、铲钉等连接，其锔钉技术十分成熟，锔钉都十分轻巧，为宋代、明代所罕见。而在船体周围的地层中也出土了数量较多的铁钉，说明当时铁器已是十分普遍，铁质零件及其工艺在当时早已不是稀罕之物了。

（3）两艘船均具有设计科学的水密舱结构，其技术已非常成熟。一号古沉船首部有三道加强梁（龙口梁），用来增强结构，首部加强结构上设置导缆桩和导缆孔，为拖运设施构件，由此可以看出此船除运输功能外还具有拖运功能。船体中部及首部一侧各残存有桅的附属构件，说明此船有双桅设施。此船左舷上还残留一件铁质篙头，从这些遗留物可以看出船的动力来源为风力加人力，另外此船舱室分生活舱和货舱两种，具备了客货两种运输功能。而造船的板子则属于就地取材，用料较杂，有柏木、松木、榆木等，说明了沉船为典型的民间建造，同时也显示了造船师傅的高超技艺。

综合以上因素来看，古沉船的建造技术相比于明代已更为成熟，应为清代船只，这也是目前已知国内发现最早的清代内河船只。

从出土遗物来看，其时代也与船体时代基本吻合。如船体及其周围出土的青花瓷碗、锡壶、提梁壶、瓷坛、瓷罐等遗物，均具有典型的清代的特征。

因此，从两艘古沉船本身的形制和出土遗物来看，沉船的时代应属清代。

第二节　船体与地层的科技测年

在古沉船的发掘过程中，我们非常关注船体年代的科技检测，并邀请了北京大学资源与环境学院的莫多闻教授和中国社会科学院考古研究所考古科技实验研究中心的王辉博士到现场指导。王辉博士从环境和地貌学的角度对发掘工作进行了认真指导，并且分别从沉船出土的第④层、船底淤泥层各选取了1个土样，拟进行光释光测年；另外从一号古沉船船体大攋两侧表面（此处为树的边材部位）各选取了1个木材样品，送往美国佛罗里达州迈阿密贝塔分析实验室进行科技测年。

船体的2个木材样品，在美国佛罗里达州迈阿密贝塔分析实验室，经过加速器质谱仪制样，并通过树木年轮曲线的校正，第一个样品（实验室编号：Beta-363778）的校正年代有4个：公元1660～1700年、1720～1820年、1830～1880年、1920～1950年；第二个样品（实验室编号：Beta-363779）的校正年代有3个：公元1680～1730年、1810～1930年、1950年（图4-1）。从第一个样品的曲线看，古沉船的时代在公元1720～1820年的可能性非常大，但第二个样品却无此时间段，因此综合两个数据结果，古沉船年代在公元1680～1700年、1830～1880年两个年代区间的可能性非常大。

因此，综合一号、二号古沉船的形制和出土遗物的特征，并参考船体的2个木材样品^{14}C测年数据，两艘沉船的时代应为清代，属当时在内河航行的民间生活和运输船。迄今为止，发掘的一号、二号古沉船是洛阳地区首次发现的古代沉船，其形制典型，结构独特，是研究内陆漕运水系重要的实物资料。两艘沉船的出土层位相同，形制结构相似，但保存状况不同，在研究古沉船结构复原方面可进行一定的互补。

图4-1 一号古沉船船体科技测年结果

BETA

Consistent Accuracy . . .
. . . Delivered On-time

Beta Analytic Inc.
4985 SW 74 Court
Miami, Florida 33155 USA
Tel: 305 667 5167
Fax: 305 663 0964
Beta@radiocarbon.com
www.radiocarbon.com

Darden Hood
President

Ronald Hatfield
Christopher Patrick
Deputy Directors

November 14, 2013

Dr. Hui Wang
The Institute of Archaeology, CASS
27 Wangfujing Street
Beijing, China

RE: Radiocarbon Dating Results For Samples 1, 2

Dear Dr. Wang:

Enclosed are the radiocarbon dating results for two samples recently sent to us. They each provided plenty of carbon for accurate measurements and all the analyses proceeded normally. The report sheet contains the dating result, method used, material type, applied pretreatment and two-sigma calendar calibration result (where applicable) for each sample.

All results (excluding some inappropriate material types) which are less than about 42,000 years BP and more than about ~250 BP include a calendar calibration page (also digitally available in Windows metafile (.wmf) format upon request). Calibration is calculated using the newest (2009) calibration database with references quoted on the bottom of the page. Multiple probability ranges may appear in some cases, due to short-term variations in the atmospheric ^{14}C contents at certain time periods. Examining the calibration graph will help you understand this phenomenon. Don't hesitate to contact us if you have questions about calibration.

We analyzed these samples on a sole priority basis. No students or intern researchers who would necessarily be distracted with other obligations and priorities were used in the analyses. We analyzed them with the combined attention of our entire professional staff.

Our invoice has been sent separately. Thank you for your prior efforts in arranging payment. As always, if you have any questions or would like to discuss the results, don't hesitate to contact me.

Sincerely,

Darden Hood
Digital signature on file

BETA ANALYTIC INC. CORPORATE SEAL 1979 FLORIDA

BETA ANALYTIC INC.

DR. M.A. TAMERS and MR. D.G. HOOD

4985 S.W. 74 COURT
MIAMI, FLORIDA, USA 33155
PH: 305-667-5167 FAX:305-663-0964
beta@radiocarbon.com

REPORT OF RADIOCARBON DATING ANALYSES

Dr. Hui Wang — Report Date: 11/14/2013

The Institute of Archaeology, CASS — Material Received: 11/4/2013

Sample Data	Measured Radiocarbon Age	$^{13}C/^{12}C$ Ratio	Conventional Radiocarbon Age(*)
Beta - 363778	180 +/-30 BP	-25.5 o/oo	170 +/-30 BP

SAMPLE : 1
ANALYSIS : AMS-Standard delivery
MATERIAL/PRETREATMENT : (wood): acid/alkali/acid
2 SIGMA CALIBRATION : Cal AD 1660 to 1700 (Cal BP 290 to 250) AND Cal AD 1720 to 1820 (Cal BP 230 to 140)
Cal AD 1830 to 1880 (Cal BP 120 to 70) AND Cal AD 1920 to post 1950 (Cal BP 30 to post 1950)

Sample Data	Measured Radiocarbon Age	$^{13}C/^{12}C$ Ratio	Conventional Radiocarbon Age(*)
Beta - 363779	100 +/-30 BP	-25.8 o/oo	90 +/-30 BP

SAMPLE : 2
ANALYSIS : AMS-Standard delivery
MATERIAL/PRETREATMENT : (wood): acid/alkali/acid
2 SIGMA CALIBRATION : Cal AD 1680 to 1730 (Cal BP 270 to 220) AND Cal AD 1810 to 1930 (Cal BP 140 to 20)
Cal AD Post 1950

Dates are reported as RCYBP (radiocarbon years before present, "present" = AD 1950). By international convention, the modern reference standard was 95% the ^{14}C activity of the National Institute of Standards and Technology (NIST) Oxalic Acid (SRM 4990C) and calculated using the Libby ^{14}C half-life (5568 years). Quoted errors represent 1 relative standard deviation statistics (68% probability) counting errors based on the combined measurements of the sample, background, and modern reference standards. Measured $^{13}C/^{12}C$ ratios (delta ^{13}C) were calculated relative to the PDB-1 standard.

The Conventional Radiocarbon Age represents the Measured Radiocarbon Age corrected for isotopic fractionation, calculated using the delta ^{13}C. On rare occasion where the Conventional Radiocarbon Age was calculated using an assumed delta ^{13}C, the ratio and the Conventional Radiocarbon Age will be followed by "*". The Conventional Radiocarbon Age is not calendar calibrated. When available, the Calendar Calibrated result is calculated from the Conventional Radiocarbon Age and is listed as the "Two Sigma Calibrated Result" for each sample.

CALIBRATION OF RADIOCARBON AGE TO CALENDAR YEARS

(Variables: C13/C12=-25.5:lab. mult=1)

Laboratory number:	**Beta-363778**
Conventional radiocarbon age:	**170±30 BP**
2 Sigma calibrated results:	**Cal AD 1660 to 1700 (Cal BP 290 to 250) and**
(95% probability)	**Cal AD 1720 to 1820 (Cal BP 230 to 140) and**
	Cal AD 1830 to 1880 (Cal BP 120 to 70) and
	Cal AD 1920 to post 1950 (Cal BP 30 to post 1950)

Intercept data

Intercepts of radiocarbon age with calibration curve:	Cal AD 1680 (Cal BP 270) and
	Cal AD 1760 (Cal BP 190) and
	Cal AD 1770 (Cal BP 180) and
	Cal AD 1780 (Cal BP 170) and
	Cal AD 1800 (Cal BP 150) and
	Cal AD 1940 (Cal BP 10) and
	Cal AD Post 1950
1 Sigma calibrated results:	Cal AD 1670 to 1680 (Cal BP 280 to 260) and
(68% probability)	Cal AD 1730 to 1780 (Cal BP 220 to 170) and
	Cal AD 1800 to 1810 (Cal BP 150 to 140) and
	Cal AD 1930 to 1950 (Cal BP 20 to 0) and
	Cal AD 1950 to post 1950 (Cal BP 0 to post 1950)

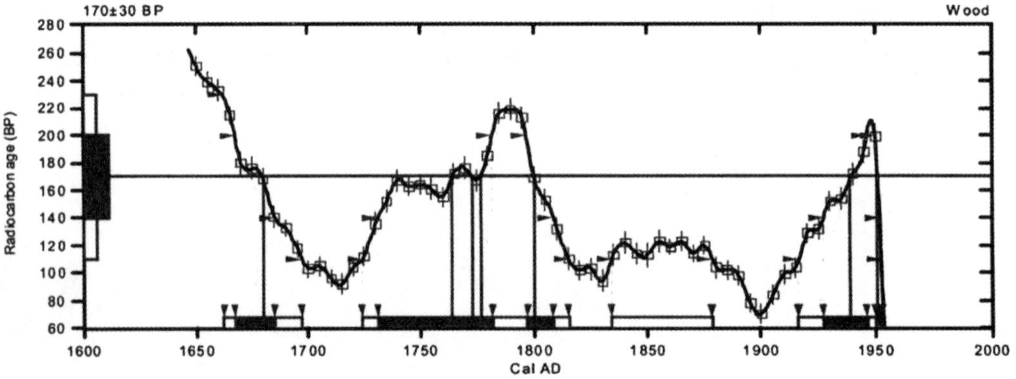

References:

Database used

INTCAL09

References to INTCAL09 database

Heaton,et.al.,2009, Radiocarbon 51(4):1151-1164, Reimer,et.al, 2009, Radiocarbon 51(4):1111-1150, Stuiver,et.al,1993, Radiocarbon 35(1):137-189, Oeschger,et.al.,1975,Tellus 27:168-192

Mathematics used for calibration scenario

A Simplified Approach to Calibrating C14 Dates

Talma, A. S., Vogel, J. C., 1993, Radiocarbon 35(2):317-322

Beta Analytic Radiocarbon Dating Laboratory

4985 S.W. 74th Court, Miami, Florida 33155 • Tel: (305)667-5167 • Fax: (305)663-0964 • E-Mail: beta@radiocarbon.com

CALIBRATION OF RADIOCARBON AGE TO CALENDAR YEARS

(Variables: C13/C12=-25.8:lab. mult=1)

Laboratory number: **Beta-363779**

Conventional radiocarbon age: **90±30 BP**

2 Sigma calibrated results: **Cal AD 1680 to 1730 (Cal BP 270 to 220) and**
(95% probability) **Cal AD 1810 to 1930 (Cal BP 140 to 20) and**
Cal AD Post 1950

Intercept data

Intercepts of radiocarbon age
with calibration curve: Cal AD 1890 (Cal BP 60) and
Cal AD 1910 (Cal BP 40) and
Cal AD Post 1950

1 Sigma calibrated results: Cal AD 1690 to 1730 (Cal BP 260 to 220) and
(68% probability) Cal AD 1810 to 1840 (Cal BP 140 to 110) and
Cal AD 1840 to 1850 (Cal BP 110 to 100) and
Cal AD 1860 to 1860 (Cal BP 90 to 90) and
Cal AD 1870 to 1920 (Cal BP 80 to 30) and
Cal AD Post 1950

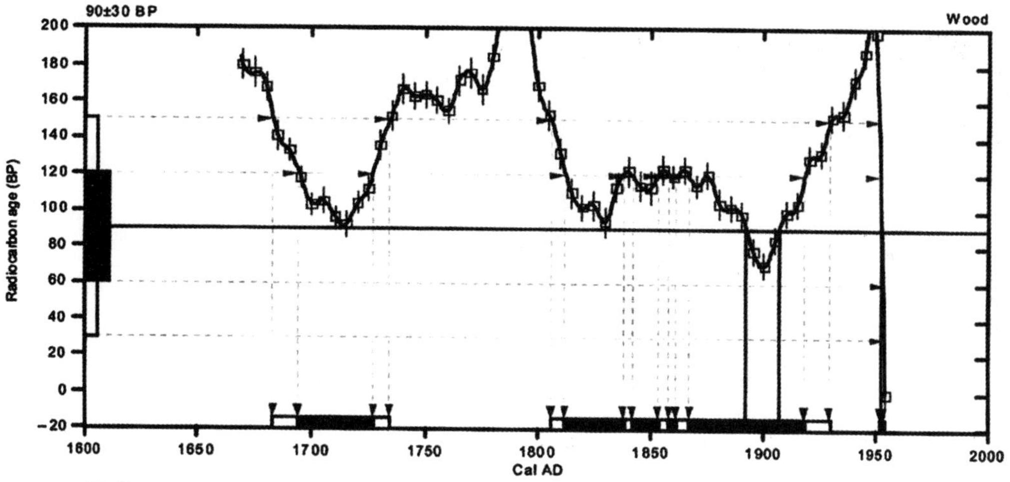

References:

Database used
INTCAL09
References to INTCAL09 database
Heaton,et.al.,2009, Radiocarbon 51(4):1151-1164, Reimer,et.al, 2009, Radiocarbon 51(4):1111-1150, Stuiver,et.al,1993, Radiocarbon 35(1):137-189, Oeschger,et.al.,1975,Tellus 27:168-192
Mathematics used for calibration scenario
A Simplified Approach to Calibrating C14 Dates
Talma, A. S., Vogel, J. C., 1993, Radiocarbon 35(2):317-322

Beta Analytic Radiocarbon Dating Laboratory

4985 S.W. 74th Court, Miami, Florida 33155 • Tel: (305)667-5167 • Fax: (305)663-0964 • E-Mail: beta@radiocarbon.com

下编　古沉船保护搬迁与相关研究

第五章　古沉船考古发掘现场的保护

第一节　古沉船考古发掘现场保护原则

文物资源的非常重要的特点是具有不可再生性，这一特性决定了文物保护工作具有非常重要的作用。当然，要做好文物的科技保护工作，其中的每个步骤或者环节必须是科学的，必须遵循科学的保护方法，实施科学的保护管理措施，避免出现任何一个失误，否则结果将不可挽回。根据一号、二号古沉船这一大型木质文物的特殊性以及其出土环境、保存状况、工作周期等因素，我们确定了尽量维持文物原貌原则（最少干预原则）、可逆性原则、事先取样原则三条保护原则。

（一）尽量维持文物原貌原则

1964年5月，《威尼斯宪章》在第二届国际古迹理事会上通过，其中规定“保护与修复古迹的目的旨在把它们既作为历史见证，又作为艺术品保护”，被概述为“最少干预原则——不改变文物原状的原则”，之后成为有关国际文件和宪章共同遵循的原则[①]。“尽量维持文物原貌原则”是中国文物保护界长期理论与实践的总结。最少干预原则应用在洛阳运河古沉船发掘现场保护中就是尽可能保持发掘时的原貌，在保护的过程中不增加额外的物质。我们计划通过控制沉船所处的小环境（温湿度、光照、紫外线等）来实现预期目标。

（二）可逆性原则

所谓可逆性是指经过保护处理过的文物，通过某些化学、物理的方法，经过再次处理后，能够回归到原始的发掘状态，再运用现代的材料、技术、环境，可以对文物进行第二次、第三次等多次对文物进行再次保护修复处理。可逆性是文物保护中一条重要的原则。文物保护工作处于特定的科技条件下，由于保护修复人员认知的有限和材料、环境等的限制，在当时的现实

---

① 郭桂香：《“不改变文物原状”与“最小干预原则”》，《中国文化遗产》2010年第7期。

情况下，对文物所做的保护处理是科学的，但是随着经济、科技的发展，一些新材料、新方法、新技术被挖掘出来，以前的保护处理就显得有些落后，于是可逆性的保护原则就显得尤为重要。

可逆性原则具体应用在本次沉船考古发掘现场保护中，就是对保护材料的选择。通过查阅国内外众多文献资料，结合考古发掘现场，我们采用了国内已经非常成熟的木质文物保护法——PEG复合溶液喷淋大型木质文物。PEG复合溶液在使用后，如果后期出现新的、更好的保护材料时，PEG可以被置换出来。

（三）事先取样原则

重要的考古工地（发现较多重要遗迹现象或出土较多重要遗物的考古工地），一般在发掘前或发掘过程中，都要进行取样，便于将来在实验室进行深入分析，更好地了解遗迹或文物的深层信息。在洛阳古沉船考古发掘工地现场，我们提取了以下样品：第一，对古沉船所处环境，如地层、水质等进行取样；第二，在发掘的过程中，对散落的船体构件残块或船体残损处进行了取样，其原则是在保证实验效果的前提下，尽可能多取样品种类，但单样品的数量要少。取样时，要边采样，边记录，还要对样品和取样的位置照相、录像。

第二节　古沉船考古现场小环境控制

一　考古现场小环境控制的重要性

文物环境分为大环境和小环境。大环境是指文物当地的气候，小环境指文物的埋藏环境和出土后的保存环境。大环境是人类无法干预的，所以控制环境是指控制小环境。众所周知，文物的埋藏环境和出土后的保存环境是非常重要的。好的埋藏和保存环境有利于文物的保护，可以减少文物损坏，从而延长文物寿命。埋藏环境是指文物在地下千百年来，与地下水、空气等达成的平衡状态；保存环境是指文物出土后所处的环境和出土后保存的环境。文物小环境的控制对文物的保护和保存起着决定性的作用。研究文物的埋藏环境，可为文物环境样品的提取和出土后发掘现场的环境控制提供科学依据，为将来文物腐蚀机理、保护方案的制定提供科学、可信的数据。文物一旦离开埋藏环境，文物的原保存环境即发生了改变，新的环境因素如温湿度、光照、空气污染、虫害及微生物等发生了改变，使文物的保存状况发生变化，遭到不同程度的损坏，出现酥碱、霉变、起翘、变色和开裂等病害。

洛阳运河古沉船在发掘的过程中，经历了制作环境、埋藏环境和出土环境三种状态。这三种环境状态都是一个个突变的过程，从制作环境到埋藏环境，再到发掘后的出土环境，每次的环境参数都有一个大的变化。古沉船的本体也会随之发生改变，这不利于古沉船的保护。出土后的暴露环境和埋藏环境相比其变化因素主要体现在：光线、不断变化的温湿度和氧气、二氧化碳、二氧化硫及其酸性气体等①。随着保存环境的改变，古沉船由埋藏环境变为暴露环境，在暴露环境下，古沉船在达到新的平衡状态过程中，船体会遭遇不同程度的损坏，因此做好沉船发掘现场的小环境控制具有十分重要意义。

（一）古沉船与埋藏环境形成的平衡体系

我们在制定和实施沉船现场保护方案前，必须先了解古沉船的翻沉及沉船与埋藏环境形成的平衡体系。文物在被埋藏前，通常已经与当地当时的大气环境有过一定时间的接触，形成一定的表面状态。船舶在长期使用过程中，通常都会老化腐朽、损坏，而不断维护、修补，无论由于何种原因翻沉后，都会再次与埋藏环境建立起一种新的地下环境平衡体系。

地理环境和地质条件的不同，相同地区的不同埋藏方式，都会导致埋藏环境的不同。文物处于埋藏环境中，土壤的含水量、通气性（含氧量）、pH、有机质与微生物的存在、温度、可溶性盐类种类与数量、电阻率等因素决定了土壤的腐蚀能力。

文物处在地下埋藏的初始状态，即与周围的埋藏环境进行部分或全面接触，腐蚀反应就已开始了，其中有生物类的侵蚀与破坏，也有化学类的水解反应——酸碱反应、氧化反应、电化学反应等。由于地下温度和相对湿度等微观环境变化较为缓慢，含氧量会慢慢消耗殆尽，同时，许多文物会在表面形成一层致密的腐蚀层（慢慢变成保护层），从而阻止腐蚀反应的进一步发生。所以，经过相当长的一段时期后，文物与地下埋藏环境间的相互反应就会达到一个相对平衡的状态，形成一种平衡体系。

2013年9月，由于连续暴雨，水面上涨，中州渠退水渠南堤决口，渠水由北向东南流入洛河，因大水冲刷形成一个宽10、深4米左右的深沟，致使沉船暴露出来（图版5-1）。一号古沉船位于洛河边，深埋地下约4米，距北岸河堤约70米（图版5-2）。

在发掘一号古沉船时发现的二号古沉船，二号古沉船位于一号古沉船东南。该船船身翻沉在水里，船口朝南，底部朝北，且是侧翻（图版5-3）。

两艘沉船船身被泥沙覆盖，但其轮廓清晰，保存相对完好，沉入河底后，受较大水流冲击，形成的旋涡将船舱内的物品冲刷出来，而船舱最终被青泥充填（图版5-4）。

洛阳运河古沉船的埋藏环境是相对缺氧和较低的温度，河水含盐量低，这里不存在可以破坏木质船体的蛀虫，因为蛀虫和其他一些以木质文物为食物的有机生物在水温和含盐量较低的河水中无法生存，河水和沙层的覆盖也为古沉船的保护起到了很好的作用，致使两艘船得到了良好的保护。长时间在低温缺氧的地下环境中，船与周围的河水、土壤、微生物等形成了一个相对稳定平衡的环境系统，因此古沉船能较好地保存原貌。

---

① 陈元生、解玉林：《影响文物保存的环境因素》，《文物保护与考古科学》1998年第2期。

随着考古发掘工作的进一步展开，古沉船埋藏环境改变，打破了以前的平衡体系，古沉船置于新的保存环境中，不断与新的环境发生腐蚀反应，环境遇到突变。

（二）环境突变对古沉船的损害

古沉船在出土前后，地下环境与地上环境的差别非常大。洛阳运河古沉船沉没后，由于长时间的腐蚀与抗腐蚀，慢慢和地下埋藏环境建立了一种平衡状态，在没有特大地震或其他地质灾害的情况下，沉船本体的物理性能相对是比较稳定的，没有明显的体积变化和张力变化。

相对于物理性能，洛阳运河古沉船化学性能的稳定性则较差。河水中所含的少量可溶性盐类，不停地在沉船的内部渗透、溶解，不断进行着化学反应，从而导致有机高分子化合物大分子之间的作用力慢慢失去，纤维素、半纤维素的分子链慢慢地断链、水解，蛋白质出现降解等。随着时间推移，在地下埋藏环境中的腐蚀速度变得越来越慢，洛阳运河古沉船在地下形成平衡体系。因此当洛阳运河古沉船随着考古发掘重新暴露于空气后，出现了从地下埋藏环境到地上环境的突变。

第一，洛阳运河古沉船出土后，暴露于含氧量丰富的空气中，打破了它与之前地下埋藏环境形成的氧化还原平衡状态，于是沉船迅速地开始进行化学反应，这一点对于木质的沉船文物尤为明显。

第二，地上大环境中温湿度的大幅度频繁变化。与地下埋藏环境比较而言，日出日落，冷热交替，变化比较频繁。从仪器的测试中可以看出，古沉船在空气中的含水率远远低于地下埋藏时的含水率，这是因为出土时沉船所含的水分，在短期内大量蒸发、流失的结果。并且这种水分的流失在沉船的不同部位是不同的，导致沉船本体湿胀与干缩，形成各部位水分不均衡，从而引起木质船体快速地干裂、变形。

第三，光线的作用非常明显。地下环境没有光线，不存在红外线和紫外线。洛阳运河古沉船脱离保存环境后，直接曝晒在阳光下，光分解、光氧化随之发生，加速了古沉船载体的各项化学指标变化。

第四，生物类的损害。空气中飘浮有不少微生物的孢子、昆虫的虫卵、植物的种子，加之地下埋藏环境中本身带有的生物类种子或物体，在适宜的地上环境条件下，它们会在沉船表面快速地生长，损害木质船体。

总而言之，经过在地下数百年的沉睡，洛阳运河古沉船木质船体的化学性质发生了一定变化，但由于与地下埋藏环境已经建立了某种平衡体系，能较好地保持其原貌。但是一经出土，这种平衡体系便迅速遭到破坏，各项因素的变化对脆弱的木质船体带来巨大的考验，如果这个考验超出了它本身的承受能力，船体将受到明显损害，因此在考古发掘现场必须及时进行稳定性处理和保护。现场小环境的控制就显得尤为迫切和必要。

二　考古现场小环境控制的措施

洛阳运河古沉船的考古发掘、保护、包装、搬迁等工作需要一定时间，为了防止洛阳运河古沉船环境发生大的改变，我们在考古发掘现场采取了一系列措施来控制现场小环境。

（一）搭建临时保护棚

采取搭建临时防护棚控制工地现场的环境（图版5-5、图版5-6、图版5-7）。根据发掘、保护、包装的工作情况，使发掘工作和保护工作达到有机的结合，在不同的工作阶段搭建不同的保护棚。

（二）临时处理、存放部分脱落船体构件

我们一边发掘，一边对出土的木质船体用保鲜膜进行保湿；已脱落的船体构件做好照相、绘图后，浸泡于防腐防霉杀菌剂溶液中，之后用保鲜膜包好，放置于相宜的保存环境中，为以后古沉船修复提供依据（图版5-8）。

（三）记录和调节温湿度的变化

在古沉船发掘现场，我们安排有专门的技术人员，从开始发掘到保护搬迁前，每天记录温湿度的变化，搭建临时保护棚，便于通风、增湿，通过一系列方法把温度、湿度调节到允许范围内，避免大的波动，减少对温湿度变化对船体的危害（图版5-9）。

表5-1一号古沉船2014年2月至4月部分日期的温湿度记录表。

表5-1　温湿度记录表

日期	温湿度＼位置	船首	2号舱	5号舱	9号舱	11号舱	防护棚外	河堤
2.16	温度	8.2	8.4	8.5	8.4	8.3	−1.5	−1.0
	湿度	60	60	61	60	61	30	30
2.17	温度	7.9	8.0	8.1	8.1	8.0	−2.5	−1.5
	湿度	61	62	63	61	61	28	28
2.20	温度	8.5	8.6	8.6	8.6	8.5	1	1
	湿度	63	64	63	63	63	31	32
2.28	温度	8.9	9.0	9.0	9.0	8.9	2.5	2.6
	湿度	65	63	63	63	63	35	34

续表

日期	温湿度 \ 位置	船首	2号舱	5号舱	9号舱	11号舱	防护棚外	河堤
3.5	温度	9.0	9.1	9.1	9.1	9.0	4	4
	湿度	62	63	63	63	64	36	37
3.10	温度	9.8	10.0	10.0	10.0	10.0	4.5	4.6
	湿度	65	65	65	66	65	40	42
3.15	温度	8.8	9.4	9.3	9.3	9.3	4.3	4.1
	湿度	66	65	65	65	55	32	33
3.20	温度	13	13.1	13.1	13.1	13.1	12	12
	湿度	66	65	65	64	66	35	36
3.25	温度	18	18.1	18.1	18.1	18.0	15	14.8
	湿度	68	66	66	68	68	43	45
4.1	温度	13	13.1	13.1	13.1	13.1	12	12
	湿度	85	85	84	85	84	90	92
4.5	温度	17	17.4	17.4	17.4	17.4	14	14
	湿度	68	70	75	74	74	80	82
4.10	温度	18.8	18.4	18.4	18.4	18.4	15	15.2
	湿度	65	65	66	66	65	50	50
4.15	温度	18.9	18.6	18.6	18.6	18.6	15.8	15.5
	湿度	66	65	65	65	66	45	48
4.20	温度	19.2	19.2	19.2	19.2	19.2	18	18.2
	湿度	65	64	63	64	65	45	45
4.25	温度	20	20.1	20.1	20.1	20.1	19	19.1
	湿度	64	63	65	65	65	50	53
4.30	温度	21	21	21.1	21.1	21.1	20.2	20
	湿度	66	65	64	64	65	45	44

注：温度为℃，湿度为相对湿度。

三　考古现场临时库房的小环境控制

在考古现场，文物标本在经过科学地采集和清理后，亟需有一个临时的保存空间，以保证文物的安全性。这是因为文物刚发掘出土，其自身性能与环境因素的适应过程仍在进行。文物在进入临时库房前，必须进行一些简单的保护处理，如防腐防霉杀菌、简单合适的包装等。控制文物的小环境，把保存环境的不利影响因素降到最低，为将来到实验室的保护处理赢得时间，降低实验室工作难度和工作量。

（一）临时库房的选择和环境控制

由于现场条件的限制，对出土的不同种类的文物标本，工地临时库房很难做到分类进行小环境控制，通常是根据库房的现有条件，结合考古发掘的季节变换，进行总体的库房环境控制。尤其对于那些特别脆弱的文物标本，可以在保持库房小环境不变的情况下，分别进行单独存放，独立包装。在实际工作中，我们根据考古工地现场情况，因地制宜，尽量创造有利于文物保护存放的环境指标。

对文物有不利影响的环境因素主要有：一是光照度、温湿度、生物因素、大气环境等。在发掘现场，文物临时库房温、湿度的控制极为关键。文物在发掘出土后，最先遇到的是含水率的突变以及文物组成部分在温、湿度剧变下的膨胀和收缩；二是文物库房需要面对生物因素的影响。发掘出土的文物在清理前，表面附着物带有不少霉菌、孢子和虫卵。在环境条件相宜的前提下，霉菌和虫害会很快生长、蔓延。在文物临时库房的周围，应该不要设置动物圈栏、厕所，更不能有化工厂等，这些都会给文物带来有害气体等不良影响。

此次洛阳运河古沉船是抢救性的考古发掘，在发掘之初，考古工地的临时库房主要是保存木质文物即古沉船散落的部分构件，另外主要是出土的几十件铁器等其他文物。根据出土文物的种类和数量，我们租用普通民房作为临时文物库房，挑选的民房房间为背光向北、中间楼层、门窗小而少、没有上下水管道的靠北边的屋子，发掘者则住在民房里朝南的屋子。

由于临时文物库房的窗户是北向，避免了文物标本在保存期间受阳光、紫外线、远红外线的直接影响。在库房内，人工照明光源应选用紫外线含量很低的普通白炽灯，既经济，又实惠。库房的层位选择在中间层，保证临时库房不受地下毛细水作用和楼顶渗漏影响。由于发掘工期较长，在多雨季节，我们将门窗紧闭，将文物标本放置于离地面有一定高度的文物架子上，并在地面铺设一层或多层吸水性好的纤维材料（麻袋和木屑），保证文物处于有利保存环境的温、湿度中。

在选择好临时库房后，房间的楼层位置应处于中间层数，门窗应该密封处理，随着考古发掘的开展，出土文物标本源源不断地送入库房进行保存。对于存入此库房的文物标本，在保证库房安全的前提下，必须把库房内的环境指标控制在温度为14～20℃之间，光照度50Lux，相对湿度为50%～60%，无紫外线，防尘、防虫、防霉菌，无酸性气体。

（二）特殊环境下库房环境的调节与控制

洛阳运河古沉船的考古发掘与整体保护搬迁工作持续周期较长。从2013年9月一直持续到2014年12月，历经了四季不同的气候环境。

洛阳的7、8月份为多雨季节，空气潮湿，温度较高，因此库房处于高温、高湿环境。该环境非常不利于木质文物保存，不仅会加速文物的病变，还利于霉菌虫害的生长。当库房内的温度高于30℃，湿度超过70%以上时，就难以保证木质文物的安全。在这种情况下，必须对库房内的小环境进行调节。我们在库房安装空调，下面放置盛冰水容器，有利于水分蒸发，可达到降温、除湿的效果。

在春秋交替季节，空气中的湿度偶尔会低于20%。干燥的环境对于无机质文物保存，特别是金属类文物的存放是有利的。但是对于有机类木质文物，尤其是埋藏于地下、含水率较高的洛阳运河古沉船散落构件不太有利。出土后，木质文物含水率突变，会导致沉船构件干裂、酥粉。因此临时库房需要对其进行湿度控制。 对于体积较小的木质构件，我们盛放在容器中；对于大件木质构件，先对其进行防霉处理后，用保鲜膜包好放入小库房中，定期监控小环境的温湿度。

冬季，库房的温度较低。当室内温度低于0℃时，含水率很高的木质文物标本就要考虑液态水带来结晶的内应力破坏。我们采用小功率、远红外加热器对文物库房环境进行一定的加热升温。加热时，温度升得不能太高，上限温度控制在0℃左右，同时工作人员应现场操作，以保证升温过程安全。

第三节　古沉船考古现场样品的采集

一　样品采集目的与原则

在古沉船的考古发掘和文物整体搬迁过程中，尽管采取了一些措施控制小环境，但由于整个工作周期长，洛阳运河古沉船木质船体不可避免地会发生一定的变化，必须给予足够的重视。根据考古发掘时出土文物抵抗环境变化能力的差别，我们将其分为脆弱文物和普通文物。脆弱文物就是出土时会迅速出现病变、亟需稳定性处理的文物。而洛阳运河古沉船木质船体就属脆弱文物。对这类脆弱文物，我们在考古发掘的工程中，需先进行样品采集。对于样品的采集按以下原则进行。

（1）取样前，为确保所采集样品能够尽可能满足科学研究的需要，科技保护人员要与考古发掘人员进行充分的沟通。

（2）要标清样品的出土层位，了解同层的出土遗物，对样品的相对年代有一提前了解。

（3）采集样品时，尽可能地选择已碎、散落的文物构件或残损器物，在不被注意的部位取样，以避免对重要部位造成损伤。

（4）所采集的样品要进行科学保管，避免外界因素再次干扰，防止失去科学研究价值。

洛阳运河古沉船样品的采集有环境样品和文物样品两种。其中环境样品有土质和水质样品。文物样品有从古沉船上掉落的木质构件上采取的样品。鉴别古沉船船体所用木质材料的种类，进行木材的细胞结构、木材中纤维素、木质素的降解程度等科学分析和研究，为我们了解古沉船的造船材料、造船工艺等提供了科学依据，也为后期的科技保护与修复打下基础。

二　样品采集的方法步骤

（一）记录

采样前，要记录采样时间、地点，对每个样品进行编号、照相、记录。采样时，每个样品的状态要进行详细描述。记录工作随时随地进行，并一直贯穿于现场考古发掘工作的始终。具体内容包括：对文物标本所进行的一系列的操作程序（文字记录、照相、录像等音像资料）、每天写工作日志等。这些记录是文物保护修复的第一手资料，为将来后续实验室操作提供依据和帮助（图版5-10）。

（二）采样

洛阳市文物考古研究院邀请了时任河南科技大学林业学院林晓民院长、赵西平博士对沉船周围的环境样品进行了取样，以了解土壤的含水率、土壤的酸碱度、土壤盐分、沙子的含泥量等周边环境（图版5-11、图版5-12、图版5-13、图版5-14）；并且对沉船的木质船体做了取样和分析检测，分析了树木类型、木材基体含水率、含盐的病害、化学组成成分、微生物病害等问题（详见第十章《一号古沉船所用木材鉴定》）。

我们邀请了河南省文物考古研究院陈家昌副院长用便携式检测仪器，现场对水质的含盐量、木材的含水率和导电性做了检测，同时对古沉船的化学保护提出了宝贵建议（图版5-15、图版5-16）。

第四节　古沉船考古发掘现场保护

一　古沉船的清理与清洗

（一）古沉船的清理

第一步：粗清理。由于洛阳运河古沉船深埋于泥沙下面，我们采用铁锹把上面的沙土清理干净，下面的青泥则使用手铲一点点清理。在清理的过程中，用毛刷把多余的泥沙扫净（图版5-17）。

第二步：细部清理。依据洛阳运河古沉船各部位腐变程度的不同，采取不同的清理方法。性能较稳定、保存较好的部位的清理，采用小的手铲、PV刀等，结合毛刷去除多余泥土；对于比较脆弱的部位，先用上述方法，再用竹签或自制的木片、竹片等轻轻把船体表面的泥沙去掉（图版5-18、图版5-19）。

（二）古沉船的清洗

由于古沉船原处环境是在潮湿的沙土中，沉船表面附着一层污染物，必须做进一步的清洗，才能显现古沉船原貌，并为之后的保护打下基础。清洗有湿洗法和干洗法。湿洗法主要用于对无机物的清洗，干洗法用于对有机物的清洗。

1. 湿洗法

古沉船表面附着的沙土为无机物，先用水作为溶剂采用湿洗法清洗。对于本身很脆弱的木质类文物，一般最好采用水蒸气来清洗。但由于古沉船体积较大，受发掘现场的环境限制，不能用此法进行清洗。结合工地现场环境和条件，用净化后的饮用水清洗。在清洗古沉船时，要使水流在表面缓缓流过，以避免局部材料受力过大，船体受到损坏。清洗结束后，应使沉船处于空气流通好、温度适宜的环境中慢慢地干燥。

对于古船体表面难溶于水的一些顽固污斑，可以在水中添加适量碱性的去污剂，使其和污染物发生酸碱中和反应，生成易溶于水的盐或碱金属化合物，从而被洗去。去污剂一般使用有表面活性作用的湿润剂或合成洗涤剂。在清洗的过程中，还要控制好溶液的pH值。试验结果显示，溶液的pH值一般从10减少到7时，清洗效果最明显。为了保障安全，我们选用弱碱氨水溶液作为缓冲试剂。这种弱碱溶液容易挥发，一般在尚未产生有害作用之前就已经挥发完了，使用较为安全。同时使用硼砂作为去污剂，当溶液的pH值为9.2、浓度为0.1%～1%时，硼砂的去污效果达到最佳，清洗能力最强，效果最好（图版5-20、图版5-21、图版5-22、图版5-23、图版5-24、图版5-25）。

2. 干洗法

古沉船在沉没前的使用过程中，或在下沉后的保存环境中受到污染，表面会逐渐形成有机物斑点。这些斑点难溶于水，我们采用相似相容的原理，利用无水的有机溶剂来清洗顽固污渍，称之为干洗法。干洗法适用于洗涤的污斑一般都是有机物，如脂蜡、油、焦油、粘接剂、树脂、虫胶等。这些有机污斑虽然也可以在水中用皂化或洗涤剂来乳化，但是使用有机溶剂前，必须先在散落的船体构件上进行试验，试验安全有效、清洗效果显著后再大面积使用，以防选错溶剂对船体造成破坏，造成无法挽回的损失。

用作干洗剂的有机溶剂有酒精、丙酮、汽油、苯和甲苯等。用有机溶剂洗涤沉船表面时，先做点滴实验，浸渍时间不超过30分钟。用三氯乙烯浸洗船体，当表面颜色有流淌现象时，改用二氯乙烯。经这类含氯有机溶剂洗涤后的船体，不仅可以除去污斑，还可以防止虫害。

二　古沉船存在的主要病害

为了保证考古发掘和文物科技保护工作按期进行，在现场需要对洛阳运河古沉船进行必要的物理、化学保护与加固，为下一步的搬迁和后期保护、修复奠定基础。这要求必须全面了解古沉船出现的病害，绘制病害图，根据工作进度和不同阶段，有针对性地制定保护加固方案，采取不同的方法和措施进行现场保护。

由于埋藏环境及出土后保存环境因素的影响，造成古沉船木质出现了诸多病害，主要有：①船体倾斜导致船体变形；②部分船体干缩、变形、弯曲、开裂；③力学强度降低，表面酥解粉化；④局部木质船体出现残破、脱落、断裂；⑤固定修补船体的锔钉已经生锈、松动；⑥船体部分产生苔藓、霉变现象；⑦表面附着土垢（图版5-26、图版5-27、图版5-28、图版5-29、图版5-30、图版5-31、图版5-32、图版5-33、图版5-34、图版5-35）。

两艘古沉船的具体病害体现在：一号古沉船刚发现时，船体表面滋生有微生物；南侧船壳板有两处裂缝（图5-1、图5-2）；第6、8、9号舱部分变形；6号舱的北侧部分糟朽（图5-3）；8号舱隔板部分残缺，有裂缝（图5-4）；9号舱有部分缺失，隔板下部断裂，有裂缝；12号舱靠近双侧船舷部分缺失，中部断裂，有裂缝（图5-5）。

二号古沉船船体有多处变形、糟朽、断裂、缺失和裂缝（图5-6、图5-7）。

三　古沉船的物理加固

在洛阳运河古沉船的考古发掘中，沉船在淤沙中呈倾斜状（一号古沉船船体西北较高，东南较低；二号古沉船侧翻），体积庞大，部分构件开裂，甚至有些糟朽。为了保证古沉船的考古发掘正常进行，在不损害沉船船体，便于后期保护工作的前提下，我们对古沉船进行了物理加固。

（一）沙袋加固沉船船体

在古沉船的考古发掘过程中，由于船体较长，且已倾斜和糟朽，为了保证清理后船体能保持原状，我们对船体周围的地层进行了清理：第一步，随船体形状在船体周围预留50厘米宽的地层支撑船体，把50厘米以外的地层清理至船底水平高度；第二步，按每段长1.5米分段清理预留的地层，清理全过程同步进行考古资料的收集，一段清理完毕后，用沙袋墙加固，然后再清理另一段，以此类推将沉船全部清理完毕（图版5-36、图版5-37）。

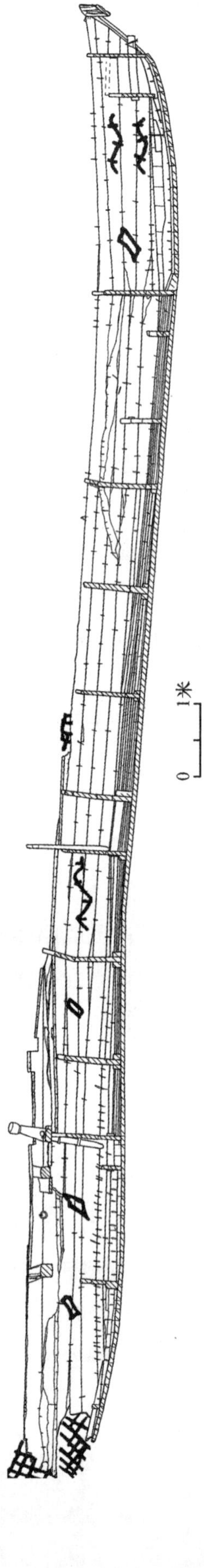

图5-1　一号古沉船病害位置剖视图

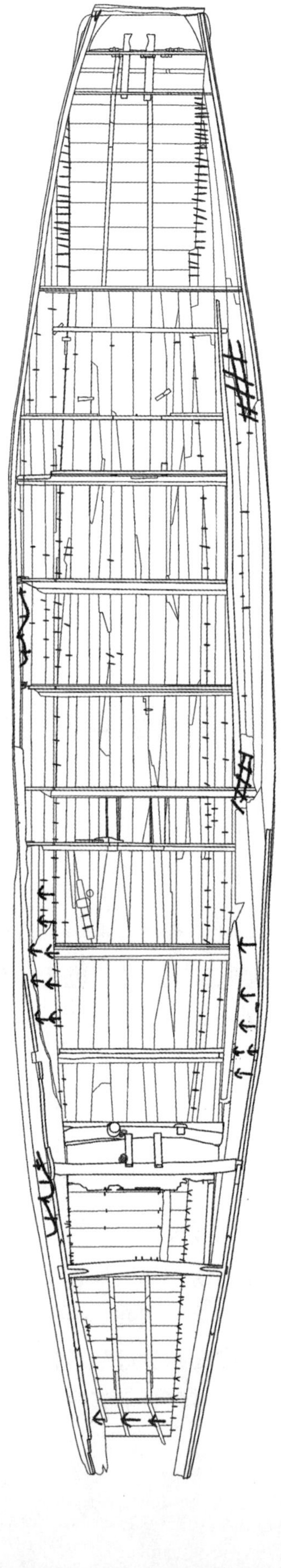

图5-2　一号古沉船病害位置正视图

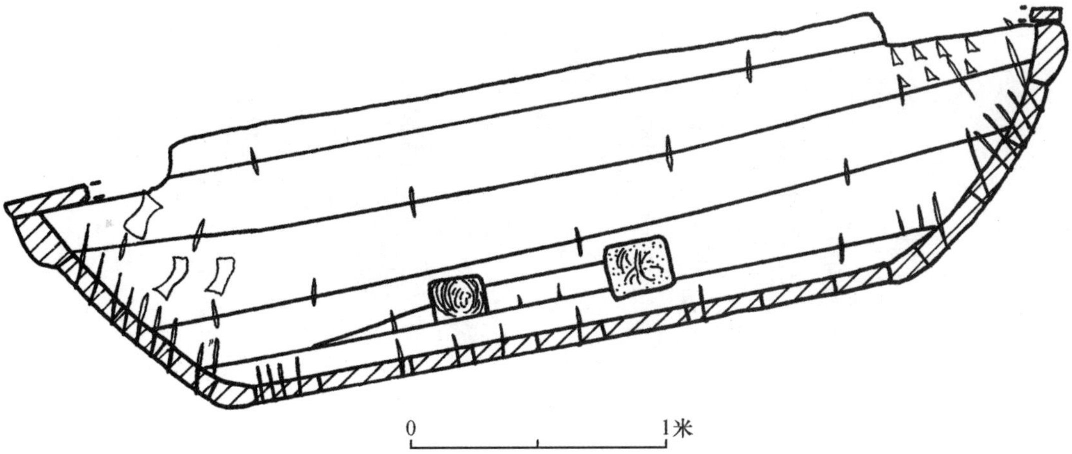

图5-3　一号古沉船#6舱前舱板病害位置剖视图

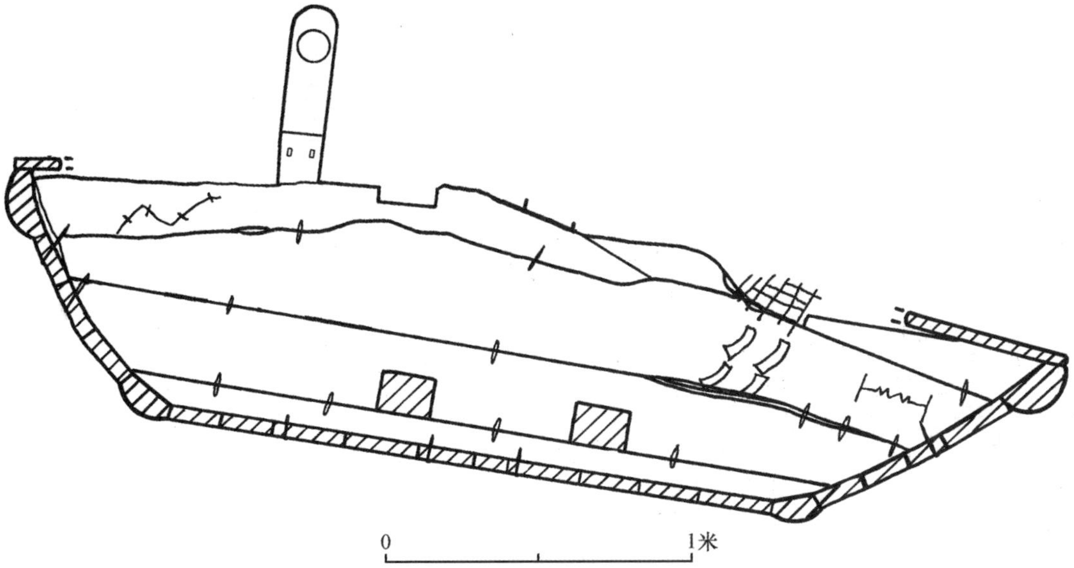

图5-4　一号古沉船#8舱隔舱板病害位置剖视图

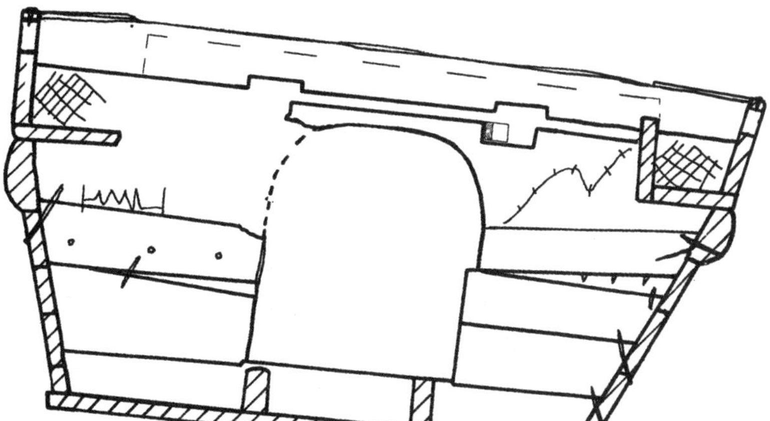

图5-5　一号古沉船#12舱后舱板病害位置剖视图

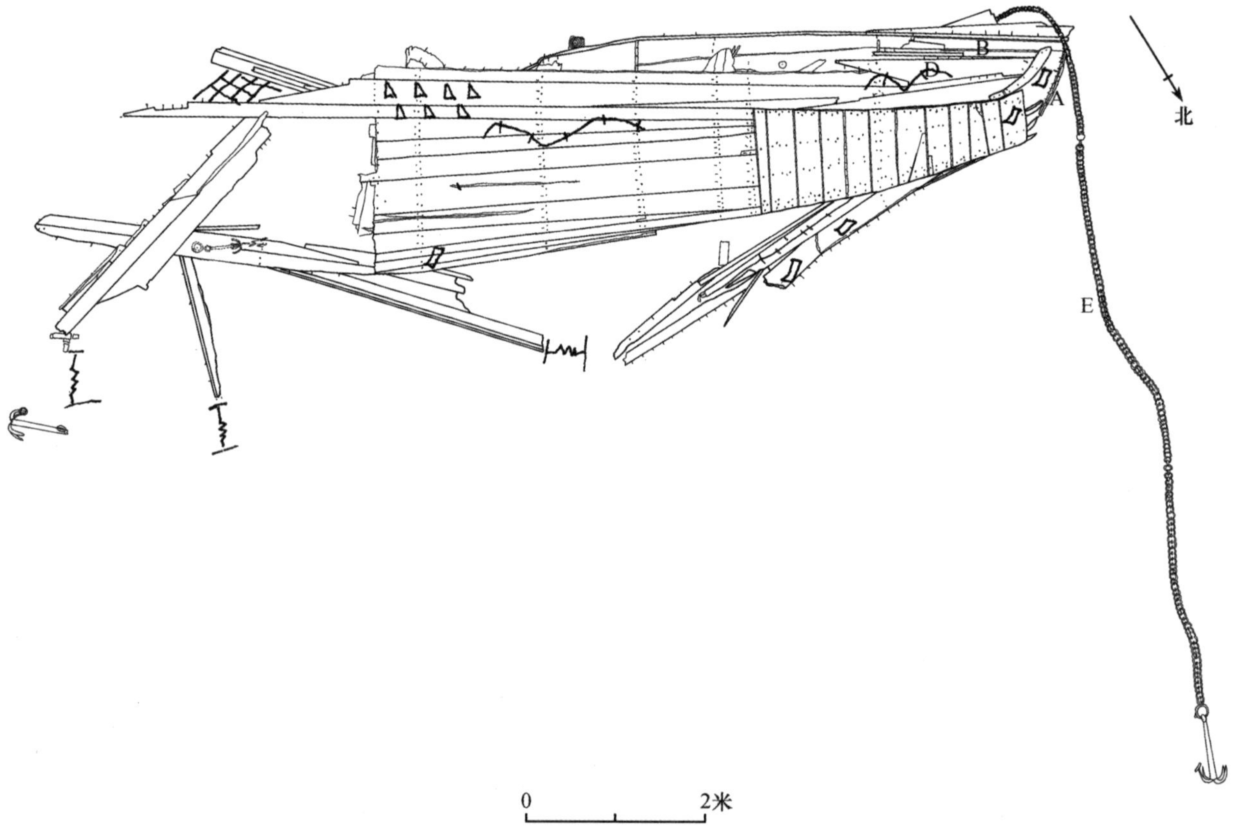

图5-6　二号古沉船病害位置图

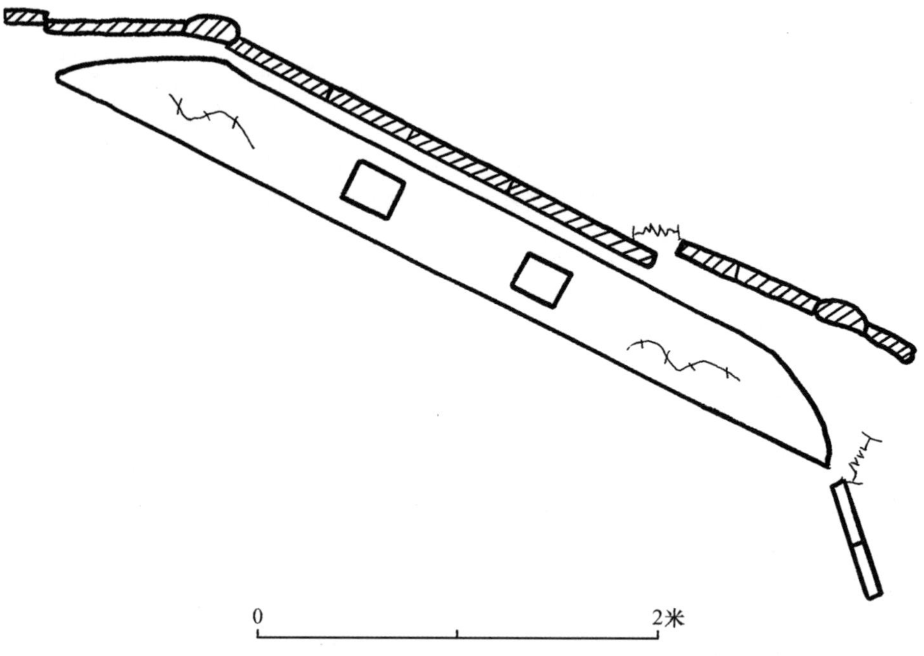

图5-7　二号古沉船#6舱前舱壁病害位置剖视图

（二）方木加固支撑

在沉船内部发掘清理时，有些木质糟朽，已不能承受自身的重量，有可能会部分掉落、坍塌，于是我们采用大小、长短不一的方木支撑。在支撑时，我们在方木的上下垫上木板，以防加固木骨对船体造成不必要的损伤（图版5-38）。

四　古沉船的化学保护

在考古发掘现场，单纯使用物理加固根本不能满足现场保护的需要，还必须使用化学保护，究其原因主要是古沉船的船体是木质文物，属于有机文物保护。有机文物保护本身就很复杂，而且对保存环境要求非常严格。在发掘现场，条件简陋，环境控制有限，古沉船会逐渐出现一些病症。针对这些病症，应采取化学保护。化学保护的目的主要是防腐、防霉、杀菌和加固。

（一）木质船体的防腐、防霉、杀菌

1. 使用防腐、防霉、杀菌的目的

在考古发掘的过程中，古沉船搬迁前后，使用防腐防霉杀菌剂对两艘古沉船进行喷淋，防止船体附着的各种微生物（如霉菌、苔藓等）对船体造成的化学和物理损害。

选择防腐防霉杀菌剂时应遵循以下要求：

（1）无色、无味、无腐蚀性，且易溶解；

（2）对木质无不良影响或影响极小；

（3）效能高效，仅需少量药剂就可以致死或抑制微生物生长；

（4）毒性低，安全性高；

（5）广谱，对多种生物均有杀灭作用；

（6）保护材料价格低廉，保护成本低[①]。

2. 使用防腐防霉杀菌剂及施工方法

从前期的发掘清理到后期的整体搬迁，两艘船共历时一年多，保护工作持续时间较长。在发掘清理初期，我们对露出地面的木质船体进行了防霉、防腐和杀菌、杀虫等处理。我们采用了以硼为基础的WP-1复合型防腐剂，配制成水溶液。同时为了增加保护效果，我们还使用了

---

① 王惠贞、宋迪生：《防腐防霉杀菌概论》，陕西科学技术出版社，1991年。

一种低毒、高效杀虫剂，选用铜铬砷类防腐剂（简称CCA），它可以防止褐腐菌、白蚁、软腐菌、白腐菌以及海生钻虫的侵害，CCA防腐处理的主要优点是抗流失，它能长时间渗透到木材中，其中的铜、铬、砷可与木材成分发生化学反应“固定”在木材中①，防霉用的霉敌水溶液（调节溶液的pH值为4～6）。然后对整艘木质船体进行防霉、防腐、杀菌、杀虫处理，经过处理后，减少船体的微观损害。

施工技术上，用了喷淋法，即用传统的喷雾器进行喷洒（图版5-39）。

（二）古沉船的化学加固

古沉船是饱水木质文物标本，在进行保护处理时需要非常细心。我们依据饱水情况选择合适的脱水加固方法，并同步进行了化学加固。饱水木质文物化学脱水加固的基本原理是用化学物质可溶性的水溶液喷洒沉船表面。溶液浓度从小到大，依次增加，使用该溶液将木质船体中的水分全部置换出，等溶液水分挥发后，化学物质停留固定于木材内。

1. 挑选化学加固剂需注意的原则

（1）要有强的耐光、抗氧化能力；
（2）渗透能力强，黏度低；
（3）无毒、无味、无色；
（4）在潮湿环境中也能使用，价格低廉；
（5）使用中，表面不成膜，不与未处理的核心部位有明显的边界。

2. 脱水加固材料的选取与保护实施

木质文物大体可分为移动性木质文物和非移动性木质文物两种。对移动性木质文物，现在国内外通用的脱水防腐方法大体有三种：醇-醚法、PEG脱水法和乙二醛脱水填充法。

从20世纪60年代初，国内陆续有几家单位采用PEG脱水法来定型加固饱水木质文物。PEG，分子量一般在200～6000之间，是单体乙二醇的聚合物，小分子量的PEG是黏性液体，大分子量的PEG呈蜡状固体。液体PEG易溶解于水，无毒，无刺激性，热稳定性也非常好。目前，用PEG脱水加固定型饱水木质文物的方法已被国内外广泛使用②，但是这种方法的缺点也较为明显：在考古发掘工地现场，由于条件的限制，在施工工艺上有些困难，有时需要加温、有时需要干燥、有时需要降温等；在湿度较高的情况下，经过脱水后的木质文物在空气中容易返潮，表面有黏稠感，尽管采用表面封护材料，问题依然存在，木质感较差，色泽有浅黑

① 周慧明：《木材防腐》，中国林业出版社，1991年，第135页。
② 湖北省博物馆：《九连墩——长江中游的楚国贵族大墓》，文物出版社，2007年。

色，呈蜡状[①]。后来文物保护界对PEG的配方进行了改良，使用不同分子量的PEG，并在PEG的溶液中加入其他的物质，使PEG的溶液性能发生改变，以达到保护木质文物的要求。目前国内PEG的主要配方有四种。第一种：10%～30%的1000～4000分子量PEG加1%～10%的氯化钙配成试剂；第二种：10%～30%的1000～4000分子量PEG加硼酸、硼砂或5%～10%苯甲酸钠组成，硼酸、硼砂按重量比可配置为7∶4或1∶1或4∶7；第三种：5%～30%的1000～4000分子量PEG加0.05%～0.2%辛硫磷或乐斯本组成；第四种：PEG+尿素+二甲基脲，配方是21%二甲基脲+7%尿素+10%PEG（分子量是4000），并逐步增加PEG溶液浓度至40%。比较这四种配方，针对洛阳运河古沉船的现状，洛阳市文物考古研究院选用第四种配方。该配方的优点是：无刺激性、无毒、难燃，具有良好的保湿性、水溶性、粘接性和分散性等；在限定的条件和工艺下，PEG复合液饱和溶液处理过的木器，具有很强的可塑性，可以实现器物的整形修复和干燥同时进行，使木器干燥脱水的时间缩短1/3或1/2，这样就大大提高了木器的保护和修复功效。

我们用地层中出土的小块船体脱落构件进行了实验，其脱水后木质基本保持原状，效果较好，然后才大面积应用于船体。

古沉船的保护，属于大型饱水木质文物保护。使用科学仪器分析检测，在古沉船刚发掘暴露时，古沉船木质船体含水率在200%～300%，含水率达到极值。在此情况下，我们选用了PEG喷淋法，对沉船的木质船体进行保湿与加固处理。用PEG复合液脱水法加固定型船体木质材料的步骤如下。

首先，清洗沉船表面所附着的杂物、泥土，降低水分子中盐离子的浓度，增加渗透和加固效果。再用喷淋法对木质船体进行脱水、加固处理（图版5-40）。

其次，用浓度5%～10%的PEG4000复合溶液喷淋。喷淋时，从上往下，不挂流。浓度依次增加，直至溶液被船体木质材料全部吸收。由于船体置于室外，每次喷淋后立即用塑料布覆盖包好，降低水分挥发的速度，提高渗透度（图版5-41）。

最后，再用浓度20%～40%的PEG4000复合溶液喷淋，溶液浓度从大到小，依次增加。喷淋时，对于腐烂、疏松的船体部位需多喷几次，而木质细密、坚实处则要少喷。夏季气温较高，空气湿度相对较低，木质材料表面水分挥发会很快，我们就提高喷淋的频率，每天三四次，并且根据船体表面水分检测数据，按需适当增加喷淋次数；冬季温度较低，水分挥发相对较慢，我们每天喷淋2次，从而更好地达到对船体的保湿和加固效果（图版5-42）。

---

① 房园园：《木质文物真空冷冻干燥脱水研究》，浙江大学硕士学位论文，2011年。

第六章　古沉船的加固与保护

第一节　古沉船异地整体搬迁方案的确定

洛阳运河古沉船现场考古发掘结束后，鉴于其保存相对完整、研究价值高、展示效果好，可进行长期保护、研究、复原和展示。洛阳运河古沉船作为特殊的大型出土文物，如果能原址保护，就可以与文物周边的环境一同保护起来，最大程度地反映文物所包含的历史、地理、环境信息。同时，偃师方面也希望把沉船留在当地，进行原址保护和陈列展示。但是，洛阳运河古沉船所处的环境和其他条件却存在着诸多的不利方面。其一，它们出土于洛阳偃师首阳山义井村附近的洛河岸边，沉船深埋在地下约4米，南距洛河河床约480米，北距河堤约70米，河堤比河床高约6米。洛阳地处中原，属温带大陆性季风气候，每年的7、8月份，雨季频繁，降雨量有时比较大，汛期河水迅速上涨，如下游泄洪不及时，很可能经常淹没船只。其二，洛阳运河古沉船被发现在洛河河滩的沙地里，地质结构为河滩地，表面为40～50厘米的耕土，下部为细河沙，底部有河水渗透，要想在沙地地基上建设一个长久性的用于展示的遗址博物馆，难度很大。其三，偃师没有整体陈列大型文物的场馆。其四，一号古沉船大部分保存较为完整，但船体中部船舷、船首因客观原因发掘出土前均不完整，某些部分残缺。其五，二号古沉船仅剩船体的一部分，长期滞留于现场不利于保护。其六，古沉船船体为全木质，对环境的要求比较高，要求温度在14～20℃内，相对湿度在50%～60%范围内，如果超过了这一范围，会对古沉船船体造成潜在的危害。其七，沉船出土地离市区较远，又在洛河滩边，河水的上涨可能会淹没船体，河水退去船体会露出来，这样反复遭受河水的浸泡，会加快损害船体。

如何科学地保护好这一重要文物，对其科学价值、存放地点、保护搬迁、运输过程等都要进行科学的论证与规划。这一系列问题都需要文物保护专家、考古学家、城市规划专家、艺术学家等多个领域的专家学者参与论证。为此洛阳市文物考古研究院多次聘请国内知名专家进行现场调研、勘查、商讨，经过综合考虑，最终决定不实施原址保护，而制定了易地保护搬迁方案并报请上级文物部门同意，从而对两艘沉船实施整体加固保护打包，易地搬迁至世界文化遗产中国大运河遗产点——回洛仓考古遗址公园。这主要基于以下几方面的考虑：①洛阳运河古沉船出土于洛阳古代漕运段的河渠内，属于洛阳大运河的一部分，它们的存在可以见证洛阳大运河往日的辉煌；②回洛仓遗址是洛阳大运河的一部分，它见证了古代仓储的繁忙、规模，与古代丝绸之路有千丝万缕的关系；③洛阳回洛仓遗址规模庞大，考虑到文物保护的因素，目前只发掘了其中很少的一部分，大部分仓窖均未发掘，从而在遗址规划中预留了比较大的地域空间，可以为古沉船的后期保护、修复提供充足的操作场地。

目前，国内外对大型文物的搬迁主要采取两种方式：拆卸搬迁和整体搬迁。两种搬迁方式各有利弊。

拆卸搬迁的优点主要有以下几点：①将洛阳运河古沉船拆卸成一块块小的沉船构件，这样就能有效减轻船体重量，便于搬迁和运输，减少搬迁风险；②拆卸搬迁便于化学保护处理，把船体拆卸成小构件，可以随时处理保护；③拆卸后便于移动，可以及时运输到室内，进行冷冻、浸泡或缓慢干燥等；④拆卸搬迁工程量小，易于操作，费用小。

拆卸搬迁也存在着诸多弊端，主要体现在：①洛阳运河古沉船在拆卸过程中，难免会出现意想不到的损坏，对大型文物原封不动地拆卸、搬迁后按原样复原，文物保护历史上虽然也有过成功的例子，但工作周期长，难度大；②保护修复从技术、工艺到材料，都很难保证维持原有的状态和水平。

整体搬迁的优点有：①洛阳运河古沉船发掘出土后，保存相对完整，整体搬迁能更好地体现文物保护中“不改变文物原状”的重要原则，能更好地展示古沉船原始状态；②易于古沉船整体加固；③便于古沉船后期移动；④整体搬迁便于古沉船后期保护、修复。

整体搬迁的弊端则主要有工程量庞大，费用较高，保护、运输的风险也极大增加。

为了更好地保存、保护好洛阳运河古沉船，尽可能地给后人展示古沉船的原始风貌，经专家研究论证，我们最终决定采用异地整体搬迁的方式，将其搬迁至世界文化遗产中国大运河遗产点——回洛仓考古遗址公园，进行下一步的研究、修复和展示。

第二节　一号古沉船搬迁前的加固保护

一　一号古沉船加固搬迁方案的确定

古沉船的加固、包装、搬迁方案设计决定了施工技术的发展和方向，同时也决定了成本。一个好的方案设计不是单独注重某一方面，而是综合各方面因素整体考虑的结果。此次方案主要包括两方面内容：考古现场对古沉船的加固、包装；运输和卸货。由于一号古沉船体积较大，木质糟朽，为搬迁、运输、装卸工作带来了很大难度。

针对古沉船作为大型木质有机类文物，容易发生各种病害，依据“不改变文物原貌”与“文物科技保护中的可逆性”等文物保护原则，在确保一号古沉船整体完整性的前提下，文物科技保护专业人员与工程技术设计、施工人员，群策群力，集思广益，研究、商量、讨论保护、加固与搬迁方案。我们在古沉船木质本体的内外用软质加固层，然后在其上用木板加固，木板的某些部位需要钢材焊接加固，最后再用钢木结构做个吊装箱体。具体实施步骤如下：

第一，我们制作了一号古沉船的加固包装模型（图版6-1）；

第二，用柔软质地的纤维材料包装木质船体；

第三，用木板和钢材组合，制作不同用途的钢木结构混合支撑体；

第四，将以上所有材料以不同的顺序进行组装，达到所需的加固效果。

在整个方案的设计过程中，我们向不同行业、不同工种的专业技术人员请教，测算、研究、讨论、优化方案细节，最终确定了方案的可行性（图版6-2）。

二　一号古沉船整体加固的前期准备

（一）队伍组成

为了做好洛阳运河古沉船的整体加固包装工作，我们专门组建了一个加固包装施工团队，由洛阳市文物考古研究院文物保护修复中心的4名保护人员、8名技术工人和10多名普通工人共同组成。

（二）放线

放线的目的主要是为古沉船保护方案的制定和保护箱体的设计以及在加固包装阶段进行变形船体合理范围内的校形等提供科学依据，同时为计算保护加固用材的种类、数量提供参考依据。

在整体加固一号古沉船前，我们先进行放线（图版6-3）。放线的方法是：先测量船体长度和大小，以船体尺度为基础，依设计的船体加固箱体底托的尺度为依据，在保证船体居中的前提下，确定箱体底托四角的基点位置。之后再根据设计的箱体底托尺寸及船体四边的位置，计算出船体四边外放的尺度，并测量放出箱体底托四边样线，将样线四角取方，在四边样线四角立上标杆，并反复校正，将标杆固定为四个基点。最后以基点为准放出样线，定出底托基础基坑位置，至此放线工作完成。

（三）材料准备

在古沉船加固前，必须先准备加固包装施工材料，进行前期市场调研，查看加固搬迁所用的各种材料，包括各种方木、钢材、螺丝、杠杆调节器和纤维材料等。

三　一号古沉船整体加固保护的工艺流程

一号古沉船现场考古发掘结束后，立即面临一个长期保护的问题。怎样遵循“不改变文物原始状态的原则”，把这艘巨大的木质古沉船长久保存下来，最大限度地反映文物所包含的所有重要的历史信息，是我们必须思考和面对的问题。

一号古沉船形制较大，结构较完整，但材质糟朽，怎样把这样珍贵的文物完好无损地从发掘现场吊出、装车、运输至专用保护场地，整个过程充满了挑战。因此，古沉船现场的加固施工是整个搬迁工作的重中之重，也是古沉船能否顺利整体搬迁施工中的第一步，决定着本次整体搬迁工作的成败。

古沉船的加固有软质加固与硬质加固之分。软质加固是最基础的加固，是加固中的第一步。它主要包括：在古沉船体内外两侧，均匀地贴敷生宣纸、白色和杂色无纺布，软质加固在整艘船上都有。硬质加固是在软质加固层的基础上，附加的第二层加固，它不是整艘船上都有，只是在古沉船的外侧的某些位置紧贴自制的钢木结构的加固支撑体。按照事先设计好的方案，一号古沉船的加固施工分五个步骤：第一，对船体木质进行防脱水、保湿、防霉、防虫、防腐处理；第二，用白色和杂色无纺布隔离封护，避免加固时对古船船体造成危害；第三，根据古船体形制制作各种木质和钢木混合构件，对船体内外两侧进行校形、加固；第四，制作古沉船底托和包装箱体，在硬质加固层与包装箱体之间灌注稳定缓冲层；第五，在底托上，焊接钢制结构，制作一个钢结构的保护支架，确保吊装工作顺利进行。

（一）对古沉船木质船体进行防脱水、保湿、防霉、防虫、防腐处理

一号古沉船从开始发掘到整体搬迁结束，历时7个多月。首先进行古沉船的现场保护。边发掘边清理，船体露出的部分，经过清洗环节后，我们对船体进行了防霉、防腐、杀虫、杀菌等处理。我们选用了以硼为基础的WP-1复合型防腐剂，配制成浓度为4%的水溶液，此药对害虫和腐菌有较好的防治效果。搬迁前，对整个船体进行再次防霉、防腐、杀菌处理，其作用是防止在搬迁前后这些微生物和各种菌类对船体造成危害。我们使用了一种低毒、高效杀虫剂，具体选用铜铬砷类防腐剂（简称CCA），可防止白腐菌、白蚁、软腐菌、褐腐菌以及海生钻虫的侵害。CCA防腐处理的主要优点是抗流失，它能有效地渗透到木材中，其中的铬、铜、砷等元素将和木材成分发生化学反应，然后“固定留在”木材中。防霉用浓度为3%的霉敌水溶液（调节溶液的pH值为4～6）。

需要注意的是，在喷淋时要多次喷，直至渗透至船体深部。每次喷淋后，用塑料纸把船体遮盖严实，可有效减少溶液的挥发，保证更好地进行渗透。

（二）用宣纸和无纺布进行封护隔离

在加固、包装船体前，需要把船体用柔软且具有一定韧性、化学性质稳定的材料，把木质船体从里到外包裹起来，为下一步的加固包装提供条件。

包裹材料和木质船体间使用水溶性的防腐材料作为胶黏剂，胶黏剂使用古沉船周围的青泥加防腐剂及无盐水，这样取材便利，价格低廉，粘结效果较好。

在材料的选取上和处理上，我们所用的纤维材料主要为宣纸、白色无纺布和杂色无纺布各两层。

1. 粘贴宣纸

宣纸选用吸水性好、柔软、延展性较好的生宣，属于比较好的隔离材料，但是成本比较高。为了解决生宣与船体紧密贴敷后，船体处于通风效果差、湿度太大的环境中而出现宣纸发霉的问题，我们在敷贴前先把宣纸消毒杀菌，具体方法是在一个封闭的环境中，用环氧乙烷和莰酮-2的水溶液熏蒸宣纸，每天多熏蒸几次，在封闭的环境中多存放几天。粘贴时，先在船体上用3厘米宽的小毛刷刷一层青膏泥浆（地层中的青膏泥、水及水溶性防腐剂调和而成），再贴敷一层生宣纸。用手掌从上往下、从左到右的方向轻轻抹平，不让宣纸和木质船体分离，要紧紧地贴敷在船体表面，禁止有气泡生成。第一层贴敷后，贴敷第二层，方法同第一层。生宣纸要提前进行加工，一大张生宣纸被重复折叠为长、宽不超过30厘米的长方形或正方形的小宣纸，一张张铺贴。第二张铺贴时，尽量与第一张错缝（即第二张纸的中心尽量压在第一张纸的中缝，依次排开铺贴）（图版6-4、图版6-5）。

2. 粘贴无纺布

宣纸外分别贴白色无纺布、杂色无纺布。无纺布柔软、有韧性、吸湿，与船体贴紧后可防止外层的钢木结构支撑体对沉船船体造成损伤。后期若要继续进行化学保护时，直接可喷淋在纤维材料上。这两种纤维材料，前者比后者成本高，纤维较细。

我们购买的无纺布规格为宽5米、厚1～2毫米的卷材。我们先把白色无纺布裁剪成长5、宽1米的大方块，在现场根据需要再裁剪成不超过0.3米见方的小块备用（图版6-6）。在宣纸上用3厘米宽的小毛刷刷一层青膏泥浆，贴敷一层白无纺布，下一张白无纺布三边压住前一张白无纺布的三边，重叠部分3～4厘米（图版6-7）。铺贴第二层白色无纺布时，同贴第二层宣纸一样，把白无纺布的中心贴敷在第一层白无纺布的缝上。再铺贴2层杂色无纺布。杂色无纺布的厚度比白色无纺布的厚度要大，厚3～5毫米，纤维较粗，成本较低（图版6-8）。裁剪、铺贴的方法与白色无纺布相同。

（三）随船体线形结构，制作木质和钢木构件支撑体

该步骤主要目的是加固、固定船体，校正船体开裂部位，并使其复位。校正后，将船体周围堆积的沙袋全部撤掉，然后才能开展下一步工作。

1. 制作船体外层钢木结构加固支撑体

制作一号古沉船船体外侧加固支撑体，大致分为①②③三个步骤进行。①制作船壳支撑体（主要是钢木结构组合），②制作船壳支撑体的底托与上部拉杆，③进行组装。

首先，制作加固船体外侧的钢木结构支撑体。这些加固支撑体是与船体外层的硬质加固层直接接触的，只是在船体的部分位置安装。根据船体外两侧弧度的不同，加工合适弧度的钢、木结构支撑体：先把槽钢弯曲成不同弧度的构件（图版6-9），根据船体所在的位置、曲线的不同，加工成不同形状的支撑体（图6-1，图版6-10）。槽钢宽7.8、深3.5 厘米。

槽钢的长度，应根据不同情况进行切割，长度在1.2～2.5米。先用切割机在槽钢的两侧槽切割出锯齿状，再弯曲加工成我们所需要的不同弧度。为了增大槽钢弯曲部分的强度，我们截取直径1.5厘米的钢筋段，将其焊接在槽钢的锯齿上，并把齿口补平，增加它的强度；再在槽钢的底面上，用螺丝钉把宽17、厚2厘米长度不等的小木块与槽钢固定在一起，增加木质缓冲层；最后，在木板与船体隔离层接触面上贴敷两层白无纺布和两层杂色无纺布。

其次，制作支撑体底托与其上面的拉杆。把各种弧度的加固支撑体分组，随船体形状紧贴在船体的不同部位，每组上下分别用一根直径1.5厘米的钢筋，平行穿过支撑体底部，并外伸5厘米左右。测量长度，编好位置号，把钢筋取下，在它两端过丝配备螺帽。其中下部钢筋上面要制作托板，其长度与所处船底宽度一致，其板宽15～20厘米，托板下用2根直径1.5厘米的钢筋焊接在一起，用铁片把托板和焊接的两根钢筋紧紧贴在一起（图版6-11），将托板与过丝钢筋组装成一体（图6-2）。托板与船底接触面粘贴隔离层，与船体贴敷方法相同，但要逆向进行（最外面为宣纸），为下一步组装校形构件时使用。

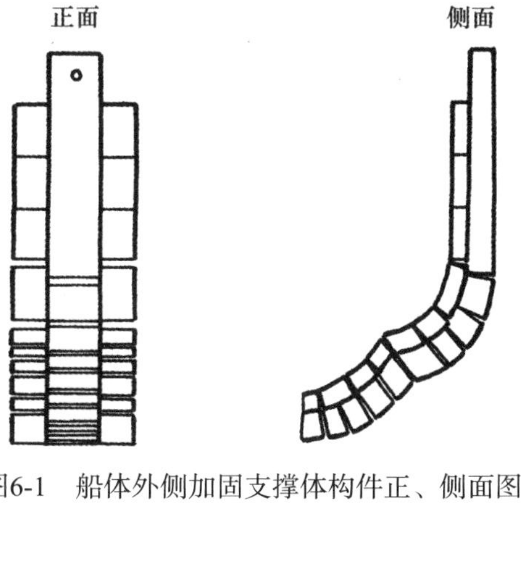

图6-1　船体外侧加固支撑体构件正、侧面图

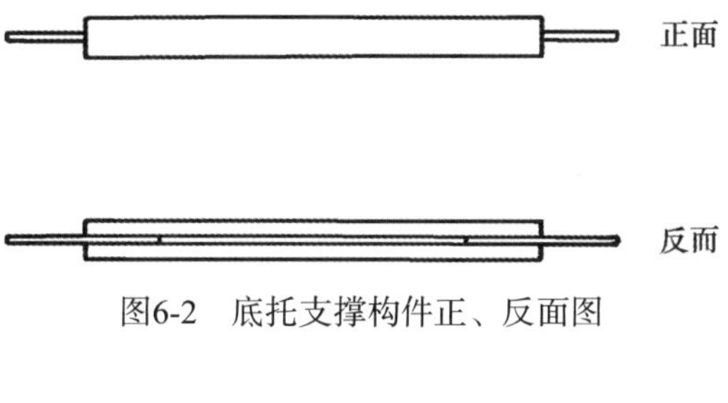

图6-2　底托支撑构件正、反面图

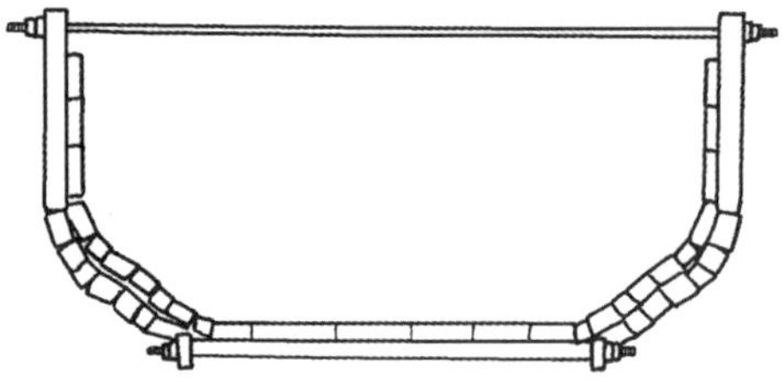

图6-3　船体外侧加固支撑体构件剖面图

最后，安装钢、木结构加固支撑体（图6-3）。用大探铲、铁锹把沉船底部沙子清理出一个孔，孔的大小要比底部支架大（图版6-12）。把底部托板的钢筋穿入孔内，将托板和船底支实，再把两侧的支撑体同时插入底部带丝钢筋内，将上部钢筋穿入，螺帽固定，依次类推，把全部支撑构件组装。在统一指挥下，一起调节螺帽，把开裂船体复位（图版6-13、图版6-14、图版6-15）。最后根据船体长度与堆放沙袋的位置，整条船将用17组上述钢、木结构支撑体组成。各组支撑体之间的间距为1.5～2米（图版6-16）。

2. 制作船体壳板内壁支撑体

在船体外侧组支撑体相对应的船体内壁位置，制作内壁支撑体。它的制作方法是：在船体外部支撑体上部拉杆附加角钢，并和拉杆焊接在一起，把5厘米×5厘米的角钢弯曲成和船内两侧弧度一致的形状，角钢外再用木块固定（图版6-17）。内壁加固支撑体和外侧加固支撑体的结构和做法基本相似。制作完成后上部与外侧支撑体上部拉杆焊接在一起。

在拉杆对应的船内底制作底垫：随船底形状分块进行，裁切适当木板，在接触船体一侧贴纤维布，木板上面固定角钢，最后把分块木板上面的角钢焊接成一体，放入拉杆对应的船内底部形成底垫，其两端与壳板内侧支撑体下部焊接，然后在底垫和上部拉杆的中部（船口、底宽的1/2处），焊接一根垂直的角钢，以垂直角钢顶部为基点对称再焊接2根角钢，底连底垫，形成一个等腰三角形（图版6-18）。至此，内外支撑体将船体壳板固定成型，然后按此法对船内隔舱板固定，并与组壳板固定组件焊接成一体，这样船体本身的加固工作完成（图6-4，图版6-19）。再用倒链，一端与螺丝连接，另一端与棚顶的钢结构连接，调节倒链绳索，将绳索拉紧。我们在探方外棚顶钢结构的正下方，放置杠杆调节器，以防止拉力过大影响棚顶钢结构。调节器的一端支撑在地基上，另一端与棚顶钢结构相连，这样做的目的是增加保护棚钢结构的承载力，为下一步的工作提供保障（图版6-20）。

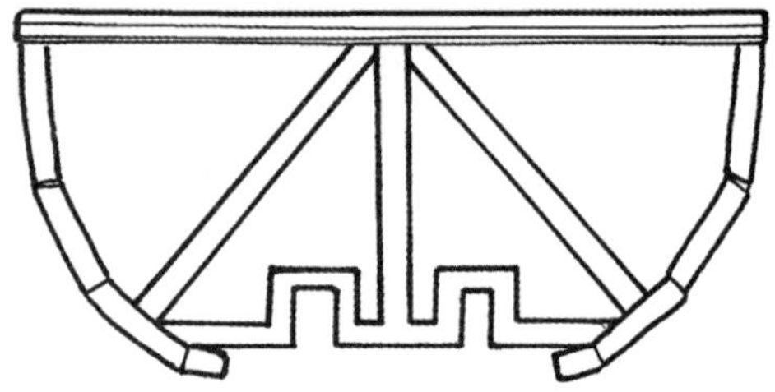

图6-4　船体内侧加固支撑体构件剖面图

钢木结构支撑体加固后，同时拉升倒链，逐一把船体周围的沙袋去掉，为下一步的加固、包装腾出工作空间。

（四）沉船包装箱体底托的制作

1. 制作箱体底托

首先根据船体大小，在四周外放50厘米制作箱体底托。操作分为建底托基础、制作底托骨架、制作托板平台三步。

（1）底托基础

底托基础承载着沉船及加固后的箱体重量，制作时要考虑搬迁目的地的放置和后续保护修复时的放置。由于沉船扭曲倾斜放置在地层中，船底没有处在同一个水平面上，必须校正使船底平面与地平面一致，而单一校正船体困难较大，因此我们在制作搬迁加固箱体底托时使其与船体底面保持一致，加固与校正工作在发掘现场一次完成。为达到底托平面与船底平面一致，我们在制作每个桩基基座基础时，做到高度随实际需要而增减。

由于一号古沉船所处位置水位较高，在挖桩基时先要考虑排水问题。在制作底托前必须在船外围开挖排水设施，具体操作为：根据沉船呈东低西高倾斜，在船的南北两侧，各挖一西高东低、深宽各1米的排水沟。在船体的东北和东南角，各挖一方形深坑，坑底低于排水沟底1米，并和排水沟相通。为了防止沙土壁塌陷，在水沟和方坑侧壁，用角钢和2厘米厚的木板加固，木板高度比原水平面低30厘米左右，在四边形木板框的四周，再用5厘米×5厘米角钢焊接成一个钢木结构的框架，最后分别放置一潜水泵，把水抽到探方外的洛河中。

施工步骤如下：在箱体底托主梁下建基础座。具体操作程序为：在船体南北两侧，分别布置5个间距5米的基础座坑位，在其中开挖出长1.5、宽0.8、深1.6米的基坑（图版6-21），再根据基坑的大小，制作钢木结构的箱体（不做上下底），边框用规格为5厘米×5厘米的角钢固定，再将箱子置于挖好的坑内（图版6-22）。最后将长2.5、宽0.23、厚0.15米的枕木截成每根长0.6米或1.25米两种规格，每层摆放3根，上下纵横错缝叠砌填于箱体内（图版6-23）。在古沉船体的南北两侧，共做10个柱基础，柱子的高度因地形、地质和实际需要不同而改变，基座的设置高度最低0.65、最高1.15米（图6-5）。

用螺丝把枕木固定在框架上。从西往东，沉船南北两侧柱基础的高度如表6-1所示。

表6-1　沉船南北两侧柱基础高度

编号	高度（米）	堆放枕木层数	备注
1	1.15	6	
2	1.10	5	
3	1.05	4	上铺2层木板
4	0.95	4	
5	0.93	4	
6	0.93	3	上铺木板
7	0.75	3	
8	0.73	3	
9	0.60	2	上铺木板
10	0.65	2	上铺木板

（2）制作箱体底托骨架

制作完基座后，就开始制作箱体底托主骨架。底托主骨架是由两根方钢与两根工字钢组成。一般成品工字钢长度为9米，因为长度不足，不能满足现实工程的需要，因此需要用3根工

图6-5　基座不同高度结构剖面图

字钢加工对接成21米长。具体对接方法是：先将两根工字钢对接缝焊好，再用0.2厘米的槽钢（槽钢长1、宽0.2、深0.04米）错缝放在工字钢接缝处的钢槽里，再以3颗螺丝固定。3颗螺丝连接点呈等腰三角形状与工字钢焊接（图版6-24）。再将接好后的工字钢主梁分别安放在船体两侧水平基座上，测量校正后作为长方形底托的两条长边。把长21米的主梁等分为6份（根据船体木质的腐朽程度与每平方米的承重量调整其间距），等分线间距3.47米，顺等分线把古沉船底部地层打穿，将方钢（规格为长4米、截面为0.2米×0.2米）穿入，方钢两端垂直放入工字钢槽内，然后焊接成型，箱体主体骨架至此制作完成。最后在长方形底托的长边工字钢上面等分16份，顺等分线在船底地层穿孔，穿槽钢（长4.1米，截面0.04米×0.2米）垂直焊接在工字钢上，槽钢有槽的一面向上。再选用合适规格的方木（厚0.07米，长4.1米）穿入槽钢内，方木在穿透前，在表面粘贴隔离层，粘贴工艺和古沉船表面相同，但方向相反，为逆向粘贴，最上面是宣纸。方木穿过后，将槽钢两端口用角钢（规格0.05米×0.05米）封焊，用螺丝将方木固定，以防止槽钢内方木松动。

再调整箱体底托面，使其与船体底面在同一平面上。调整方法为：用多根倒链挂在保护棚钢梁上，下与骨架主梁连接，保护棚所挂倒链的钢梁下边用顶杆支撑，防止重力作用下钢梁倒塌。在统一指挥下，用多台千斤顶将底托向上顶起，同时拉升倒链（倒链起辅助作用），调节底托骨架，用方木和板材将底托钢梁下与基座悬空处加高垫实。由于船底变形，部分底面没有与底托方木上面隔离层接触，要用贴过隔离层的木板垫实，使整个沉船由箱体底托骨架支撑在一个平面上，完成底托调节工作（图版6-25）。

（3）制作箱体底托平台

箱体底托骨架制作完成后，虽然可以承载船体重量，但其主要的受力物仍为船下淤沙。为了便于后续工作的开展，船下的淤沙必须清理出来。为防止船底受力不均而发生变形、损坏，船下淤沙的清理不能同时进行，必须分别进行清理。17根槽钢底托将船底空间分割成了16个空间，清理时先从船底中部的一个空间开始清理，清理结束后，粘贴船底隔离层，再用长4.1、厚0.08米的木板穿插进去，木板两端置于工字钢梁的上面，再用与不同部位船底宽度相同的长木板（厚度0.05米左右）托于船底，木板上面粘贴隔离层（方法和底托上槽钢内方木上面隔离层相同）。此板与其下部木板之间用板材铺实，所铺板材厚0.01～0.08米不等，长、宽和托板相同。依次类推，将该段空间的两槽钢之间铺满为止；再向船东西两端分别进行此项操作，依次向前推进，直至完成箱体底托平台的施工操作。平台上木板铺设完成后，把平台上的铺板与骨架用角钢或螺丝固定（图版6-26、图版6-27、图版6-28）。

为增强箱体底托强度，在底托梁架的相邻两根方钢之间的长方形空间内，用横截面边长0.1、长5米的小型方钢根，呈对角线与底托焊接在一起（图6-6）。用千斤顶将箱体底托顶起，撤掉基座上原加高的方木，使底托慢慢落到原水平基座上，此时的船体与底托呈水平放置，船体的全部重量置换到箱体底托平台之上。

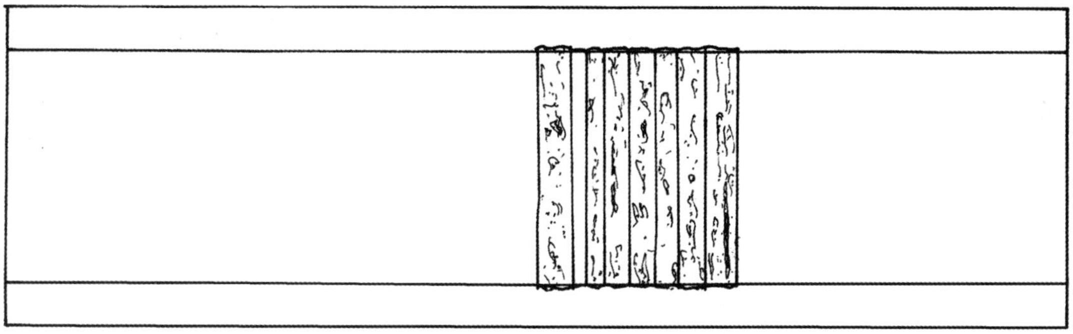

底托平面铺板结构示意图

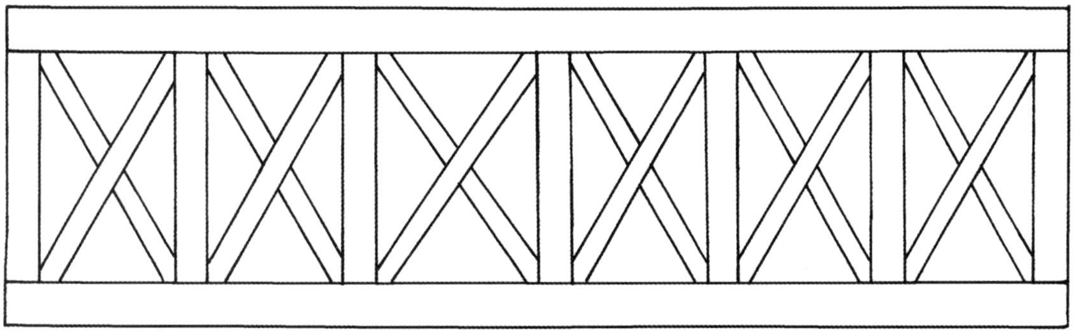

底托剖面结构示意图

图6-6　船体底托结构示意图

2. 船体壳板外侧的二次加固

船体壳板外侧二次加固的目的是将船帮外的加固构件和底托平台的槽钢连接起来，这样底托平台和船体连在一起，成为一个整体，在吊装和运输过程中，沉船在箱体内能保持稳定。具体操作方法是：先制作加固支撑架，把支撑架固定在底托平台的槽钢处。槽钢内宽与支撑架的宽度一致；一组支撑架的两侧是由两根角钢（规格0.05米×0.05米）组成，把角钢的一面加工成相应位置船体的外壳曲面，角钢上部应高于船体，焊接包装箱体框架顶部的角钢；下部和底托平台的槽钢垂直，焊接角钢。然后将长0.3、厚0.02米宽度不同的木板，镶嵌于角钢曲面上，并在木板上粘贴两隔离层，方法与第一次船体壳板加固支撑体隔离层贴法一样。支撑体构件制作完成后，放入相应位置，下部和底托槽钢钢槽焊接在一起，共制成支撑体17组（图版6-29、图版6-30、图版6-31、图版6-32）。

接下来对船首和船尾进行加固。一号古沉船船尾整体比较完整（图版6-33、图版6-34），船首首封残缺不全，用长1.15、宽0.18、厚0.02米的木板，依照船首的形状一块块加固起来，四周用0.05米×0.05米的角钢把木板四周包围起来，接头部分进行焊接。与船体接触的部位要贴隔离层，方法与支撑体部件木板上隔离层相同。船首前面悬空处，随船制作骨架，骨架内用长1.17、宽0.5、厚0.02米的木板封堵（图版6-35、图版6-36）。

3. 船体外侧稳定缓冲层的制作

首先，在沉船底托平台建好后，由于方木与船底结合处个别地方不甚紧密，需要在船体底托上灌注石膏浆。为了保证灌注效果，先采用石膏浆填充缝隙。浇灌石膏浆的工具是用铁皮特制的（图版6-37）。灌浆时，每次向前推进0.3～0.4米。其次，制作船体壳板外侧稳定缓冲层。先在船帮外侧制作二次加固支撑体。方法是选用宽0.08、厚0.02米的木板，根据需要截取不同长度，从箱体底托平台上面开始向上对接封堵，将木板固定在船壳外侧。用自攻丝固定相连，长度根据需要选择，自攻丝不能长，防止对船体造成损伤。最后，根据对应的船壳高度，封板对接缝之间的空隙用石膏浆填封，封板和船体隔离层之间留7～8厘米宽的空间，填充聚氨酯发泡剂（图版6-38）。至此，船体外侧稳定缓冲层制作完成。

和石膏的工具由三部分组成：第一部分由平面为长方形，长0.3、宽0.23、深0.2米的铁皮制成；第二部分除两端开口外，别的部分是封闭的，外形弧形，横截面为0.13米的椭圆形，长0.4米；第三部分两端开口，横截面为长方形，长1.3、宽0.2米（图6-7）。

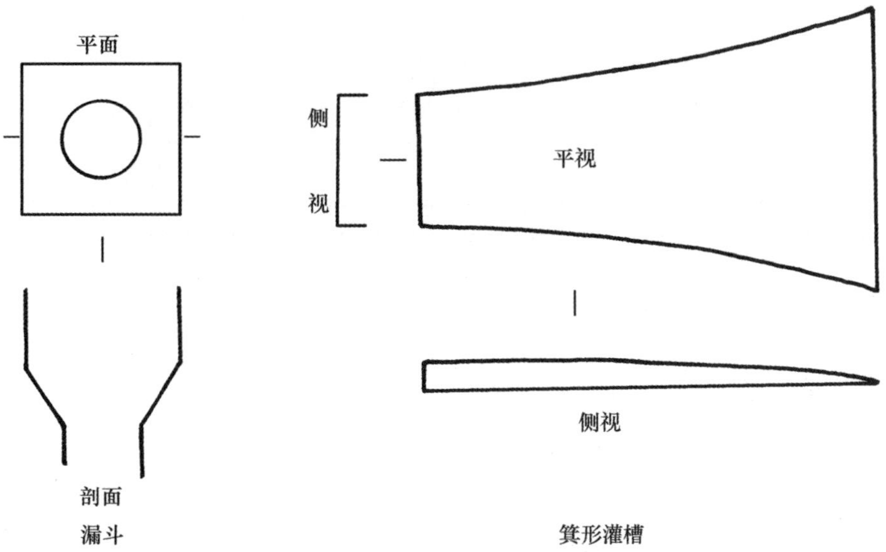

图6-7　石膏灌装工具结构示意图

（五）加工制作箱体

制作箱体包括制作箱体内侧骨架、制作外侧人字形骨架与封板包装三步。

1. 制作箱体内侧骨架

用角钢（0.05米×0.05米）制作箱体四边骨架的立柱，立柱高1.55米，船体左右两侧分别有17组，每组2根。将立柱的下端分别焊接在底托槽钢两侧边沿处，上端与船体外侧第二次加固支撑体焊接，同时用两根长4.1米的角钢把箱体左右两侧的立柱焊接，每面4组，每组2根，分别焊接于槽钢的两边（图版6-39），箱体前后骨架和侧面用料一样。以同样的连接方式将顶部横向焊接。

2. 制作外侧人字形骨架

选用外宽0.16、内宽0.14、槽深0.053米的槽钢，截20根。每两根一组，焊接成人字形（图6-8，图版6-40），共焊接10组，平均分布于箱体两侧，每组间距2.32米，先以螺丝固定在箱体底托的工字钢梁外侧，再进行焊接。之后，将槽钢截成长0.255、宽0.22米的平行四边形，排列成八字形置入箱体底托工字钢槽内部，并进行焊接加固（图版6-41）。用方木填实槽钢内部。再截取5根长4.1、直径0.1米的钢管，横向穿插于左右两侧对应的人字形骨架顶角内，焊接牢固（图6-9，图版6-42、图版6-43）。用方钢在人字形骨架侧面中部加焊一道腰骨线，顶部用角钢加焊顶框。

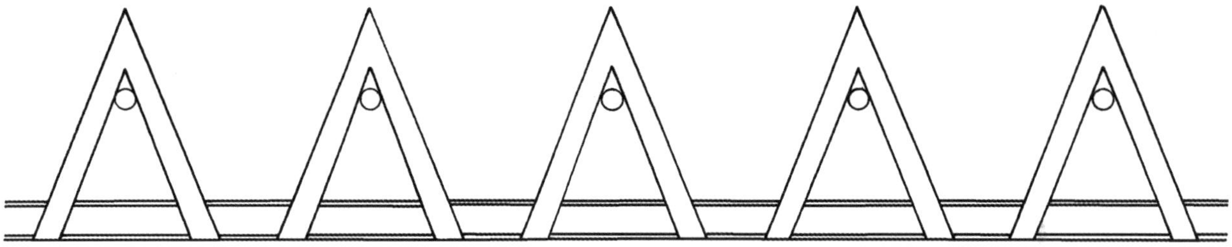

图6-8　人字形钢梁的剖面图

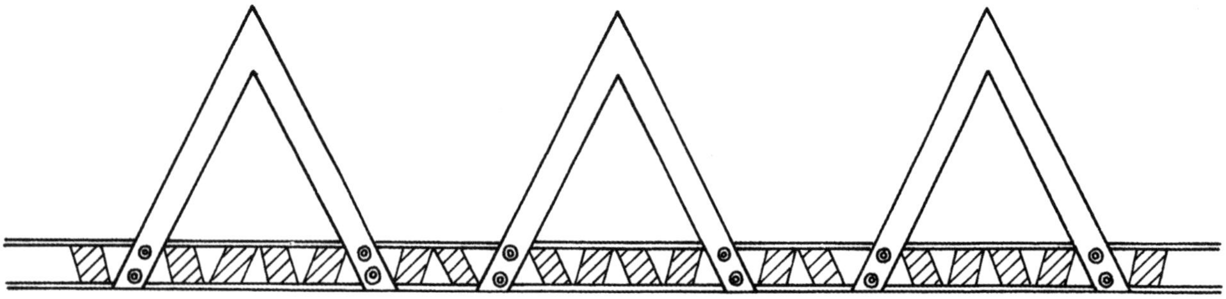

图6-9　人字形钢架与底部的剖面图

3. 包装封板

在沉船四周的边框上包装细木工板（图版6-44），再以自攻丝固定，这样船体加固包装箱体才最终制作彻底完成（图版6-45）。

为了扩大宣传，使公众了解考古、了解隋唐大运河的相关知识信息，我们在一号古沉船这一超大型文物包装箱体的外罩上喷绘一层宣传材料，使沉船的保护搬迁工作得到了公众的广泛理解与支持（图版6-46）。

第三节　二号古沉船搬迁前的加固保护

二号古沉船位于一号古沉船东南约7.8米处，是在发掘一号古沉船时，顺着锚链的清理而发现。历经3个多月的发掘，二号古沉船船体得以暴露出来。二号古沉船整个船体侧翻（图版6-47、图版6-48），前半部分残留7个船舱，后半部分基本缺失，船体木质构件散落于船东南部。船体残长10.65、底宽1.12～1.86、残高1米，船体结构和一号古沉船大体相同。四爪铁锚位于船体西北侧，与船体之间有长约8米的铁链相连。在船体东北2～3米处，出土有瓷罐、粗瓷坛、铁油灯、锡壶、木锛、木钻、斧等遗物。从船体的形制、大小、材质和制作工艺等来看，二号古沉船与一号古沉船基本相似，亦是由民间制造的、用于运送粮食等生活物资的船，推测其受到洪水冲击而侧翻。根据二号古沉船的材质、形制、制作工艺等，推断其时代亦为清代。

二号古沉船发掘结束后，保存现状堪忧：沉船的东部和东北部散落着船体木质构件；沉船整体残损较重，其变形、侧翻、多数构件开裂，后半部船底与壳板仅各剩一块板材和船体连接，其下亦无支撑构件；船底部东端残断，左侧有一块板材变形、起翘；东、北两侧有两根长4～5米的木质构件，一端连接船舱，另一端裸露在船体外。

鉴于二号古沉船的保存现状，保护、加固基本思路和步骤与一号古沉船相似，唯一的区别是制作船壳加固支撑体的同时，对每个支撑体又进行临时支撑，永久支撑体桩基全部完成后，再去除临时支撑体，把船体的重量置换到桩基上。船体的加固包装步骤是：加固船底、外表面——加固船尾、东部——制作船体底托—加固舱内构件—制作外钢框架—去掉临时支撑架。

一　二号古沉船排水设施的修筑

二号古沉船发掘时，正值洛阳汛期，洛河水位不断上涨，外围水位高于探方，探方四周逐渐渗水，如果不及时采取排水措施，后续的发掘、保护、加固、包装工作将难以顺利进行（图版6-49），因此我们采取如下措施。

（1）扩方：扩大场地面积，以满足施工需要（图版6-50）。

（2）开挖排水沟：在船体周围5米开外，挖宽0.2、深0.2米的排水沟（图版6-51）。

（3）开挖蓄水池：在沉船的东南、西北各挖一长2、宽1.5、深2米的蓄水池（图版6-52、图版6-53）。

（4）制作木箱：按照蓄水池的尺寸，制作2个木箱（无上、下底），箱周围用角钢固定好（图版6-54）。

（5）放入木箱：把木箱子分别放入挖好的蓄水池内（图版6-55），其作用是为了加固池子四周，防止池子坍塌。

（6）置泵抽水：在两池内置入潜水泵，用软管将水抽到洛河。每天派专人看管水泵，进行定时抽水（24小时不间断），以防水面上升而影响发掘和保护工作（图版6-56、图版6-57）。

二　二号古沉船散落木质船体构件的保护处理

在二号古沉船的北部和东部散落着不少木质船体构件（图版6-58），需要对其单独进行保护、包装。我们首先在木质船体构件的表面粘贴隔离层（高分子纤维材料）（图版6-59、图版6-60），后用木板永久加固，木板外再用钢材临时加固。为确保木质船体构件的保存与运输，我们专门制作了几个钢木结构的木箱子。盛装木质船体构件的具体步骤如下。

（1）在木箱子底部铺一层经防霉处理的10厘米左右细河沙。

（2）把加固、包装过的散落木质船体构件放置箱内，用经防霉处理的3厘米左右的细沙作保湿、缓冲层隔离（图版6-61、图版6-62）。

这样做的优点是：一是经防霉处理过的细沙可以防霉、保温，延长木质船体构件的安全保存时间，为实验室内保护修复打好基础；二是铺设的细沙有一定湿度，可以防止木质船体构件突然失水而导致构件变形、弯曲；三是尽可能地不改变木质船体构件的原始状态；四是木质船体构件放入后，固定在沙子内，可以起到缓冲、稳定的作用；五是木质船体构件经过包装后便于吊装、运输。

三　二号古沉船船体的加固包装工艺流程

（一）粘贴船体表面隔离层

在船体表面铺贴宣纸和白色、杂色无纺布，程序和方法与一号船相同（图版6-63、6-64）。

（二）古沉船加固支撑体的制作

二号古沉船保存现状比一号差，严重残损，船体变形、侧翻、构件开裂，特别是后半部船底和壳板只残留一块板材，其下也无支撑构件，给后期的加固工作带来了一定困难。为尽可能地保持古沉船的原貌，我们先由残到整，由里到外，分步进行加固工作。在对沉船整体加固支撑之前，我们先行加固船体关键部位的首尾和船底变形较严重的局部。

1. 加固、包装船体后端残损构件

船体后端船底已缺失，只留船底右侧一块板材和船左侧一块壳板，向东延伸。我们对这两块残留构件进行加固。我们随船体构件内侧形状，加工制作加固支撑体，将两构件固定，用立杆把加固支撑体临时支撑、固定，立杆下方垫方木（图版6-65）。

2. 加固、支撑船体壳板外侧

在二号古沉船底部东端残断处左侧，有一块板材严重起翘、变形，而且，它还高出底平面30厘米，先对它进行了复位处理：清理板材下的淤沙，使其慢慢下落，直到和船底其他部位处于同一个平面上（图版6-66）。复位工作结束后，在此处制作船壳外侧永久加固支撑体，用立杆作临时支撑体，下方垫上方木。

与此同时，清理船体内侧淤沙，并随船体内侧弧度，加工制作内侧支撑体。支撑体需要临时支撑，并与外侧支撑体焊接，从而把船体底部变形的这块板材复位、固定。

3. 加固船首

鉴于后期长期存放、保护、展览的需要，必须在保护、加固前将侧翻的二号古沉船摆正，而内外支撑体加固要同时进行。清理船下、船内淤沙，把船体与支撑体的重量逐渐转移到临时支撑体上。根据二号古沉船的长度需要制作临时支撑架，从船头（图版6-67）开始对船壳外侧进行永久支撑加固。加固船首时，首先要制作用两组方形框架，作为临时支撑，位置与事先设计好的船体支撑体位置一一对应。每组方形框架（图版6-68）用三根角钢（0.05米×0.05米）焊接而成，底面下通透。在方形框架的投影的下方左右两侧，各水平放置一根槽钢，有槽的面朝上，将方形框架置于槽钢上。为增大承重面积，可在槽钢下方平放一层厚木板。将方形框架的下部和槽钢焊接固定，用角钢把制作好的两组临时支撑体相连，用横掌加固中部（图版6-69），制作一个长方体框架。再制作船头部壳板外第一组加固支撑体（图版6-70），并用角钢把临时支撑框架和支撑体焊接固定，同时清理干净对应的船体内侧淤沙，最后制作内侧支撑体，焊接固定临时支撑框架和外侧加固支撑体。按此法制作第二组加固支撑体（图版6-71），完成加固船首部分。

4. 归位开裂船体构件

有两根长4～5、宽0.25米木质船体构件在二号古沉船的南、北两侧，与船舱相连（图版6-72）。若贸然取出，势必会对木质船体构件乃至船舱造成破坏。鉴于此，我们采用了校形、归位的办法。先用白色和杂色无纺布在木质构件上先后贴敷两层隔离层，加固包装后（图版6-73），用木板和钢木结构支撑体做进一步的加固包装（图版6-74），再将其放入船体下部（图版6-75、图版6-76、图版6-77），待与船体一起运输。

5. 制作船体中部临时加固支撑设施

以船体首、尾（前、后）部临时支撑架为基础，制作中部临时支撑架，具体制作步骤是：用方钢将船体头、尾临时支撑的方框顶角相连，6组角钢把船体左右两侧方钢连接固定，角钢位置和船体外壳内外加固支撑体位置相符，分别焊接立杆支撑，槽钢内垫厚木板作为立杆下方作的基础。之后，制作6组紧贴船底、船体的加固支撑体，并且将其和外侧加固支撑体焊接固定，再用角钢焊接固定临时支撑体对应的立杆和顶部横掌，制作时，提前清理下一组位置的船底淤沙，以此类推，使船体与加固支撑体的重量慢慢转移到临时支撑设施框架上。最终完成船体加固支撑体的制作（图版6-78、图版6-79、图版6-80）。

（三）制作箱体保护底托

此项工作主要是为了在搬迁时将船体翻转调整成正位放置，为沉船后期存放、修复、展览等工作提供方便。因此，我们将其随船体加固一次完成，可避免二次翻转出现船体变形和损坏，为后续保护和修复节省时间、资金。

1. 长方形船体底托的制作

在制作底托前，需先建立一个平面，即以船底平面最高点的船首左右两侧为基准点，船底左侧为底托一边。在这个平面上，用2根长12.64米的方钢，制作长方形底托的两个长边（随着船体长度和宽度各向外放2米，设定底托的尺度），固定2个长边支垫，短边用长3.91米的槽钢（有槽的面正对船底），槽钢焊接在长边朝船底一面，成一个长方形框架（图版6-81）。船底外侧平面最高点和框架所在平面保持0.03米间距，为了便于在船底和底托之间放置木板，通过调整框架下的临时支垫的高低来避免钢结构底托和船底隔离层直接接触。

2. 长方形框架的固定

操作是：长方形框架的长边放置于船帮南北两侧，北侧向下，垂直设置立杆（图版6-82），同时在立杆下放根方钢作基础。方钢下支垫厚木板，接点固定焊接；船帮的南侧壳板，没有空间设置垂直立杆，用方钢垂直做一长方形框架（长12.8、宽4.07米），下方用5个枕木柱基础支撑，两根方钢呈东西方向，竖直方向10组方钢（方钢规格均为0.12米×0.16米），东西向与竖直方向固定焊接（图6-10，图版6-83）。现场高低不平，用方木支垫。南侧工作结束后，用多根方钢分别把船体底托南侧的长边和垂直框固定架焊接，然后将多根方钢在立掌的相应位置于船底穿过，与北侧立杆下方钢固定焊接，此时底托下临时固定支撑体和船体底托形成一个整体框架，其截面剖视图是五边形（图6-11，图版6-84）。

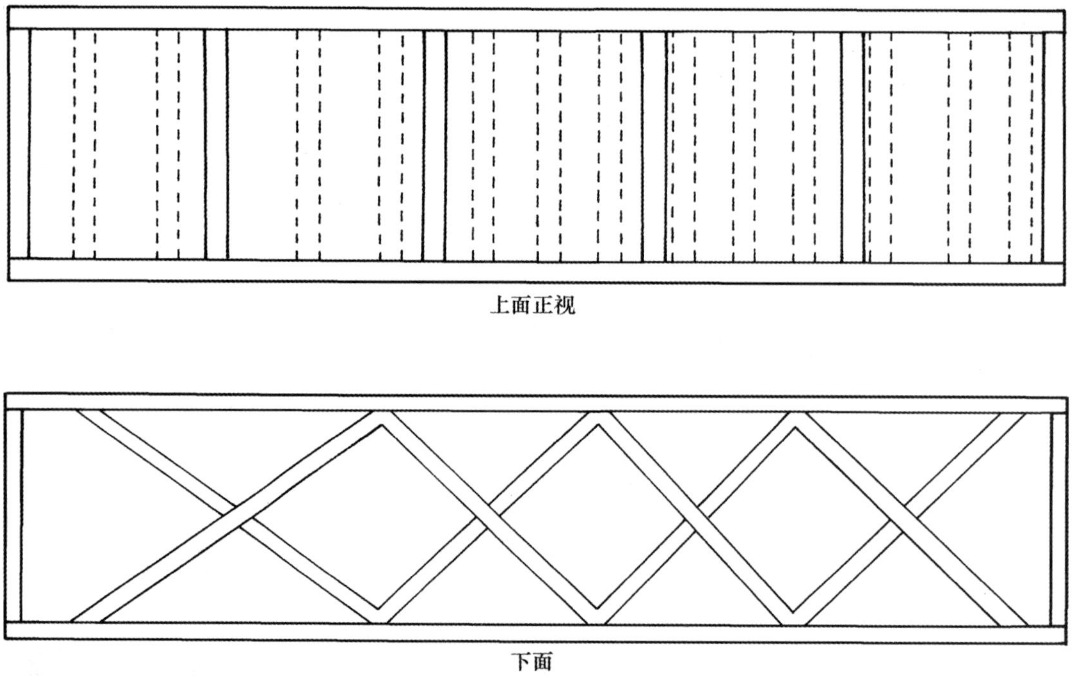

图6-10　二号古沉船底托平面图

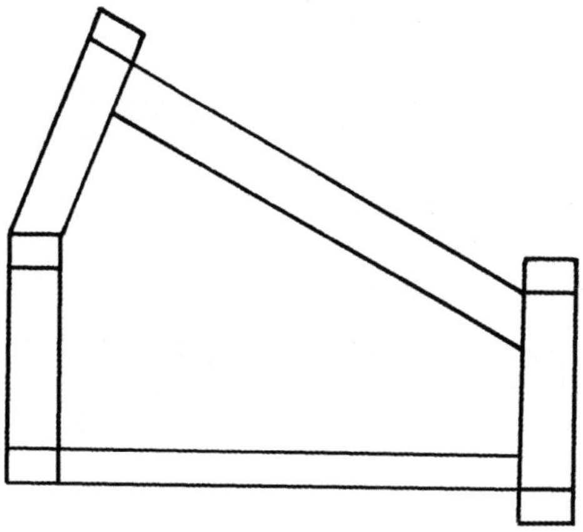

图6-11　外框架立面图

3. 加装船底托横穿

在长方形底托框架内用11根长短与底托短边相同的方钢，和框架长边固定焊接，船底隔离层之间和每根横穿下的空隙根据需要，用多层木板垫实，并且固定在横穿上，用角钢将船体加固支撑体和横穿固定焊接。这样船体的承重就转移到船体底托和与其相连的临时固定支架上，接下来，去除船体外壳临时加固支撑体，最后平分长方形底托框架，分为四个长方形（图版6-85），用方钢连接均分的长方形的对角线，固定焊接（图版6-86）。为了加大底托的承重量，在其外侧用方钢作短边，槽钢作长边和横穿加焊一方框，完成底托的制作（图版6-87）。

第七章　古沉船的整体搬迁

第一节　古沉船搬迁的难点和方案构成

一　古沉船周边地貌与环境

两艘古沉船出土于洛阳市偃师区首阳山镇义井村西南的河滩地内，发掘时距地下4米左右，河堤比河床要高6米。南距河床480米，北距洛河北堤70米，表面是0.4～0.5米的耕土层，下部为细河沙，底部河水不停地渗透，发掘、出土后的古沉船底部距河滩地表约7米，周围及船下是淤沙。

二　项目主要难点

（1）沉船由于材质方面的原因不能直接吊装，必须对船体进行保护加固后，才能进行吊装；

（2）船体加固包装后质量很大，选用的吊装设备必须与之协调；

（3）发掘现场为河滩地，地形地质复杂，大型机械化设备不能直接进入发掘现场作业，必须对现场地形地质状况进行全面勘察，对吊装和运输进行规划，对施工地点进行适当的改造后，才能实施吊运工作；

（4）本次整体搬迁木质沉船，属大件吊运，无先例可循，因此必须慎重选用机械化设备，编制专用吊装和运输施工方案；

（5）木质沉船属于珍贵文物，价值不可估量，具有不可复制性，必须保证方案万无一失；

（6）搬迁方案必须经济可行；

（7）沉船埋藏时间较长，主体结构腐朽，有的部分无强度，易碎，在搬迁前要做好各项保护、加固工作；

（8）搬迁起点——洛阳偃师首阳山镇小湾村和龙虎滩村之间的洛河滩发掘现场，搬迁终点——距此约19.6千米的回洛仓考古遗址公园。

三　方案构成

洛阳运河古沉船的整体搬迁方案由吊装方案和运输方案组成。

一是吊装方案。古沉船进行加固包装后，在对发掘现场地形、地质状况和安放现场进行全面勘察的基础上，考虑多个备选方案，按复杂程度、可靠性、工期、安全性、经济性和环境影响等要求综合对比，确定一个安全可靠、简单经济的吊装方案。

二是运输方案。针对运输过程中所有可能遇到的情况制定预案，包括装卸场地、进出路线、货物捆扎、路面状况和意外情况等，设计一个完善的运输方案。

第二节　古沉船搬迁方案的选择与确定

洛阳运河古沉船经过加固、包装后，其尺寸、体积、重量等都比较庞大。首次将这样两件大型木质文物整体搬运到约19.6千米外的回洛仓考古遗址公园，目前国内尚无成功的经验可以借鉴，搬迁工作具有巨大的挑战性。

为了成功实施古沉船的搬迁工作，洛阳市文物考古研究院多次组织国内相关专家、学者现场勘察，论证搬迁方案、运输路线，形成四种搬迁模式的意见和建议。

（一）气垫搬运

气垫搬运，是运用气囊、控制器、支撑块等组成的一种结构简单、使用灵活、方便搬运的搬运设备。该种装备适用于较小震动、平稳性要求极高的文物搬运，而且不能安装起吊设施场合下的搬运。其工作原理是：对气垫装置进行空气压缩。当气垫搬运车充气时，气囊膨胀形成一圆环，空气从气囊中经小孔进入储气室，在储气室中建立气承载压力，同时向四周泄气，和地面形成很薄的空气膜，把重物向所需方向推进、旋转、定位。优点是：一是由于摩擦力小，移动时所需引力或推力很小；二是机动性好，定位准确；三是对地面的摩擦力小，能很好地保护地面；四是维修简单，安全性能好；五是可根据被运物体的重量和体积进行组合，适合各种重量的运输；六是防震、无污染，可在对环境要求较高的场合使用；七是体积大小可组合，自重轻，携带或安装使用方便；八是可单独使用，无需千斤顶、手摇挎顶的配合。缺点是：此方法对地面的平整度要求高，地面稍有缝隙都不适合此法，而且运输超重、超大物体的气垫船很少，运输成本也较高①。

① 莫杰富：《小型气垫搬运车设计》，“大学生论文联合比对库”，2020年6月4日。

（二）直升机吊运

直升机吊运就是用直升机将沉船直接吊运至指定地点。在考古发掘现场工地用直升机直接吊装、运输，省去了陆路运输选择的路线、车辆、人流的干扰，可以直接运输到目的地。其最大的优点就是基本不受周围环境的限制。

直升机吊运的缺点也很明显：一是直升机吊运时，在空中易受天气、风力、云层等诸多不利因素的影响，容易发生预料之外的严重后果；二是在国内适合吊装如此庞大体量物品的飞机机型比较少；三是吊运成本高。

（三）天车转运

经过勘查，可在古沉船的南、北两侧，搭建两座40米×4米×13.5米（长×宽×高）的脚手架，在脚手架顶部安装滑轨，在其上架设两部天车。用天车把保护加固好的古沉船起吊到基坑东侧预设的平板车上。同时，浇铸一16米×4米×0.3米（长×宽×厚）的混凝土基础，作为脚手架在基坑底部的支撑，另在基坑东侧修建台阶式混凝土护坡（图版7-1）。该方法工期较长，成本偏高[①]。

（四）起重机吊运

起重机吊运，包括起重机吊装和平板车运输两个环节。第一步，先用起重机把保护、加固、包装好的沉船慢慢吊起。为确保平稳、安全，可以采用两台机器从两个不同的方向同时起吊，起吊到沉船的底部略高于运输平板车的平板时，缓慢将沉船平稳地平移到平板车上，调整位置后，将沉船安放在平板车上。用起重机吊运，工期短、成本低、便于操作，安全性较高。

最终经过专家综合论证，最终确定采用起重机吊装、搬迁、运输的方案。

第三节　古沉船的吊装与搬迁

一　修整吊装平台和坡道

洛阳运河古沉船出土的周围都是沙土、淤泥，承载力很差，而加固、包装好的洛阳运河古沉船体量较大，经现场地形、地貌等环境勘察，必须做好以下前期准备工作。

① 莫杰富：《小型气垫搬运车设计》，“大学生论文联合比对库”，2020年6月4日。

（一）扩方

在洛阳运河古沉船考古发掘现场，周围都是村民的土地，地里种着农作物，而沉船的吊装、运输工作要求现有场地要为两台100吨的起重机和一辆平板运输提供停放和操作的空间。为了给吊装搬迁工作提供充足的场地，我们使用推土机、挖掘机等工程机械，对沉船周边进行了大规模的扩方。

（二）修建停放起重机和运输车的平台

吊装搬迁工作的平台基础不但在面积上要满足两台100吨起重机和一辆平板车的停放和操作空间，而且在承重上必须要满足承载机械自身重量和操作过程中的最大承载力。发掘工地现场为河滩沙土地，承载力太小，不能满足直接吊装和运输的要求，因此需要修建承重平台基础。

经吊运专业人员、考古和文物保护专业人员等现场勘察，确定分别在船的首部、尾部3米外，各停放一辆起重机，两辆起重机正面相对，东边起重机平台比西边高出0.2米。将一辆改装过的平板车停放在沉船的北边、平行于船体的位置，与船箱间距为2.5米。先用挖掘机把场地向下挖1米深（低于船体底托），开挖要距离沉船周围1.5米外，以防止沉船底托在下挖过程中下陷。基础挖好、平整后，先将底部夯实，再将黄土和沙石（其中石块直径为7～16厘米）混合物铺于其上，沙石和土按照1∶3的比例配比（黄土含水量20%～23%），每层填充厚度30～40厘米，最后用压路机滚动压实，基础总厚度在1米左右。

（三）坡道修整

由于吊装平台平面在现有地面以下4米左右的探方内，为使运输车辆平稳、安全地运至现有地面，需在运输车辆平台的正东修建平台与地面连接的坡道。这是连接沉船所处探方与现有地表的一条必经道路。在进行扩方时，我们就把坡度不大于15°的坡路基础挖好。在其上铺垫路基，路基技术要求与平台基础相同，路基厚1米左右。

二　古沉船安放基础及临时库房的建设

根据搬迁方案，洛阳运河古沉船将整体搬迁到回洛仓考古遗址公园内。我们选择在回洛仓遗址46号、47号仓窖保护展示棚北部，对场地进行了平整，为沉船安放和临时库房的建设创造好了条件。

（一）一号古沉船安放基础的设计与施工

一号古沉船安放基础设计为长方形混凝土预制框架，框架内均分设置5条横基，总长21.1、宽4.24米。放线后挖大小为宽0.24、深0.6米的条基坑，将高1.1米的钢筋网笼（钢筋规格ф16）放入，浇筑混凝土，混凝土标准参照建筑行业技术标准。预制好的混凝土基础高出现有地表0.5米，并预留出4个凹槽供加固包装箱的四根吊轴嵌入（图7-1），沉船安放于混凝土基础之上，高出地表，以便为后期二次吊运提供方便。

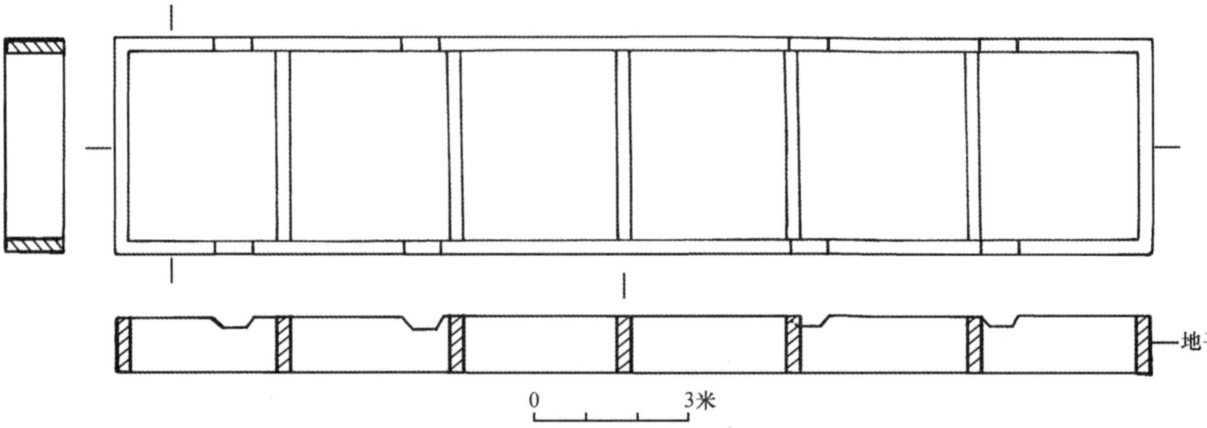

图7-1　一号古沉船放置基础平、剖面图

（二）二号古沉船放置基础的设计与施工

二号古沉船放置基础设计与一号古沉船的船框架基础基本相同，其长方形混凝土预制框架大小为：长12.8、宽4.07、高1.3米，其框架内侧均分设置4条横基，条基宽0.24米。其不同之处为：框架短边与框架内横基中部断开0.7米左右，预制好的混凝土基础高出现有地表0.7米。原因是二号古沉船保存现状是侧翻，船体底部扭曲变形较重，在古沉船搬迁加固时底托无法校正，因此制作了部分临时支垫，需要在后期保护时予以拆除。为了使船体底平稳放置在底托之上，在后期保护前对船底进行校形，在构筑二号古沉船安放基础时，预留出人员出入和操作空间。

（三）临时库房的设计与施工

考虑到洛阳运河古沉船是临时存放于此，我们建设了活动板房来作为临时库房。库房设计有门、窗及排风设施，室内安装有空调、加湿器等温湿度调节设备，并安排有24小时环境数据人工看护监测，以便随时调节库房环境，使室内的温湿度符合木质文物存放环境标准（图版7-2）。

三　吊装方案和实施

（一）一号古沉船包装箱体底部吊轴制作和安装

吊装的第一步是吊轴和吊耳的制作。

1. 吊耳和吊轴

通常吊装物体使用如图7-2所示的几种常见的吊耳和吊轴。

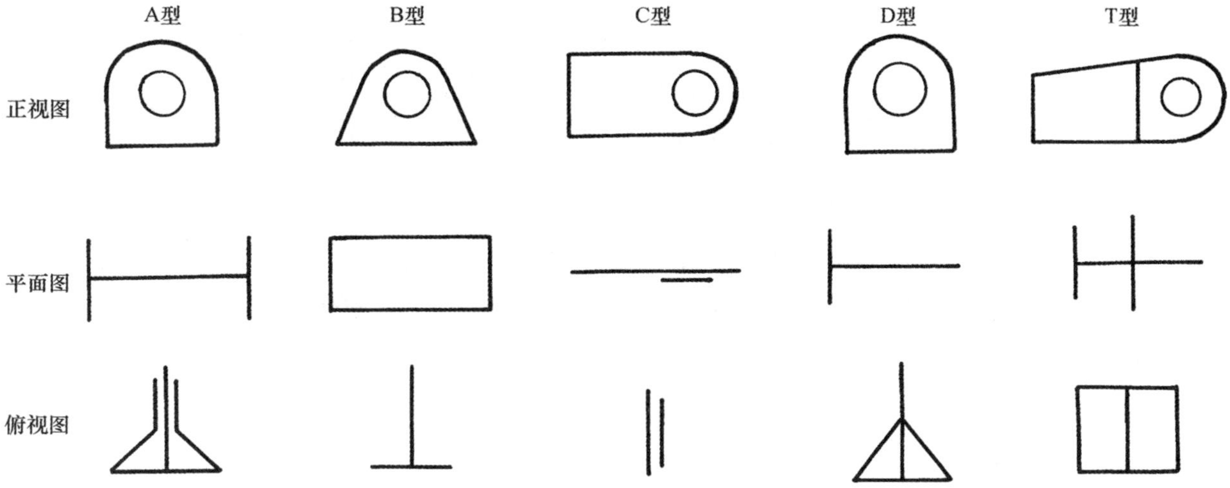

图7-2　吊耳和吊轴结构图

2. 吊轴位置的选择

一号古沉船经过包装的箱体底托在船体下面。保护加固好的一号古沉船箱体底面总长20.3米，为了避免吊装时箱体变形，我们将吊装点选在底托下方，同时缩小各力点之间的长度。我们在底托上根据长度选择四个力点，每个力点横穿一根吊轴，两个力点为一组，力点平均分布于底托分割线上。

二号古沉船的吊轴是利用其船体底托平面的钢构架。吊轴就是船体底托长方形长边上的槽钢；吊点在船体底托平面钢构架的长方形边上，基本为四等分长边。

3. 吊耳、吊轴的制作和固定

一号古沉船的吊耳和吊轴选择B型并稍作改装，如图7-3所示。

吊轴的位置确定后，接下来就是吊耳、吊轴的制作和固定。

吊轴用直径0.1、长4.4米的国标圆钢，其两端各预留出0.15米长，为了便于穿置吊装绳索，在圆钢上焊接吊耳。用厚0.02米的国标钢板做吊轴两端的吊耳。先用钢板切割出直径0.16

米的圆盘，两个圆盘为一组，在一块圆盘心部挖一直径0.1米的孔，将其穿入轴内距端点0.13米处，和轴接缝处固定焊接；将另一圆盘紧贴焊接在吊轴的端面，于是，两圆盘之间形成间距0.13米的限槽，以控制穿过吊轴的绳索。

吊轴放入底托的吊装力点后，对吊轴进行焊接固定。截取长0.6、宽0.15米的方钢，切割的剖面呈等腰梯形状，等腰梯形的下底0.3米，上底0.6米，做8个。在每个等腰梯形短边的1/2处，挖一个直径0.1米的半圆形缺口，作为轴窝，再把船体底托工字钢对应的力点与等腰梯形的长底边焊接，最后把制作好的吊轴安插在轴窝内，把吊轴两端索限内侧圆盘密切贴敷于工字钢上，把轴与轴窝、索限和工字钢的接缝处焊接牢固，至此，吊轴制作和安装工作结束（图版7-3）。

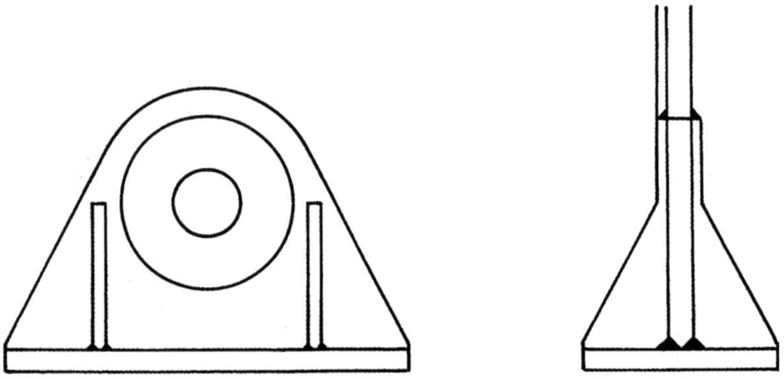

图7-3　B型吊耳正视、俯视图

（二）古沉船吊装的绳结、吊索和绑扎方法

为确保沉船平稳吊装，在吊装前，根据古沉船的重量、精密程度、外形特点、吊装方案、安装要求等，选择合理的绑扎方法和吊索。

1. 绳结

古沉船吊装的绑扎方法：一般使用的绑扎方法不少，但对于沉船吊装工作来说，必须选择规范化的绑扎方法。钢丝绳的绑扎方法主要有如下几种。

（1）双套结（又称锁圈结）：结绳牢固可靠，结绳迅速，解开方便（图7-4-1）。

（2）梯形结（又称八字扣、猪蹄扣、环扣）：在人字及三角桅杆拴拖拉绳，可在绳中打结，也可抬吊重物。绳圈易扩大和缩小。绳结牢靠又易解（图7-4-2）。

（3）单套结（又称十字结）：用于钢丝绳的两端，也可用于绳端固定（图7-4-3）。

（4）双十字结：用于拴绑起吊圆柱形杆件，特点是愈拉愈紧（图7-4-4）。

（5）死结（又称死圈扣）：用于重物吊装捆绑，方便牢固安全（图7-4-5）。

根据实际情况，一号古沉船选用梯形结（图7-4-2）和双十字结（图7-4-4），二号古沉船选用梯形结的绑扎方法。

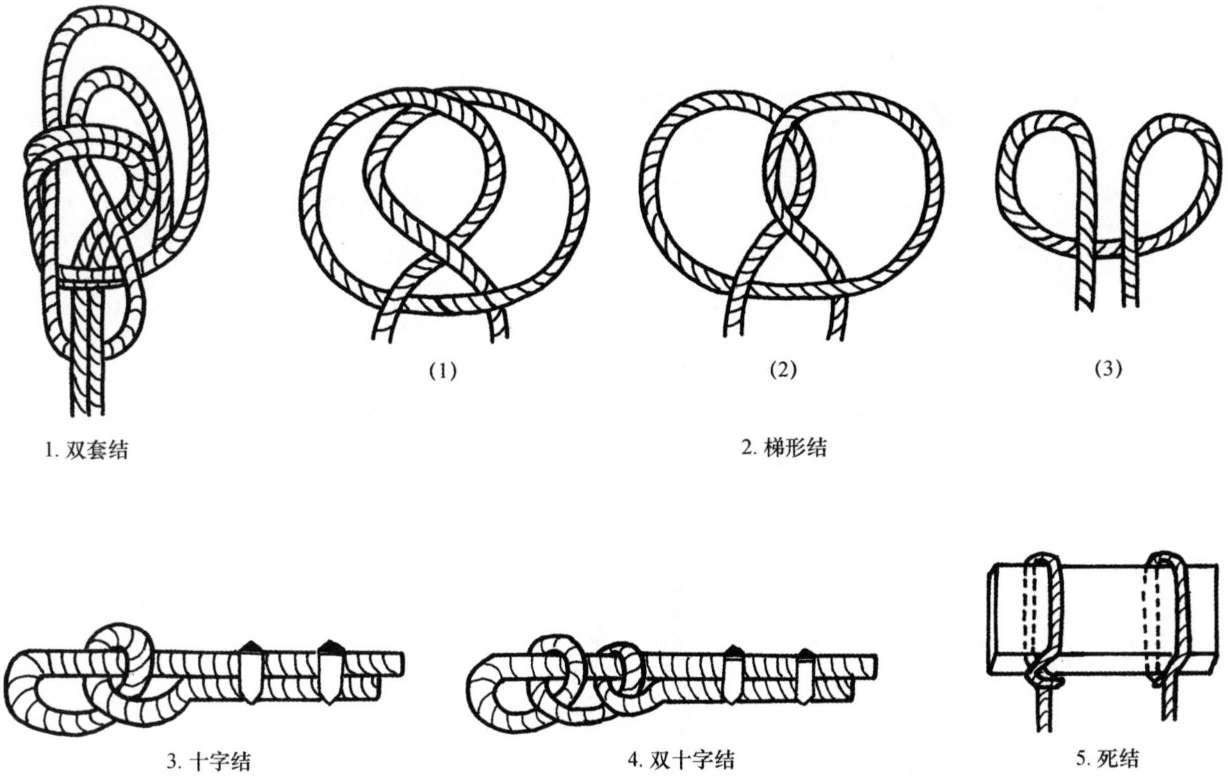

图7-4　各种绳结示意图

2. 吊索

加固包装好的一号古沉船总重50吨左右，设计两台吊车（起重机），每台吊车设置一组吊索，共需准备两组吊索。每组吊索由三根钢索（直径3.5厘米）和一根活动吊轴组成。每根钢索两端用双十字结结于吊耳内，正中用梯形结。钢索与吊轴的连接方法为：顶端有一钢索，吊车的吊钩钩于钢索正中梯形结扣中，钢索两端与活动吊轴吊耳连接，另两根钢索正中分别结于活动吊轴两端吊耳内，其每根钢索的两端再分别结于包装箱体底托各侧两个力点吊轴的吊耳内（图7-5）。

3. 绑扎工作的安全要求

（1）选用穿套结索法时，为了保证挡套处角度小于120°，应选用足够长的吊索，同时在挡套处，禁止施加向下的压紧力，损害吊索。

（2）绑扎用的钢丝绳，禁止打结、插接或绳卡固定连接的方法加长或缩短，绑扎时，锐角处需要加防护衬垫，以避免损坏钢丝绳。

（3）吊索绕过吊重的曲率半径应大于该绳径的2倍。

（4）应密切关注风载荷引起的受力变化。

（5）绑扎吊运时，应采取相应的加固保护措施。

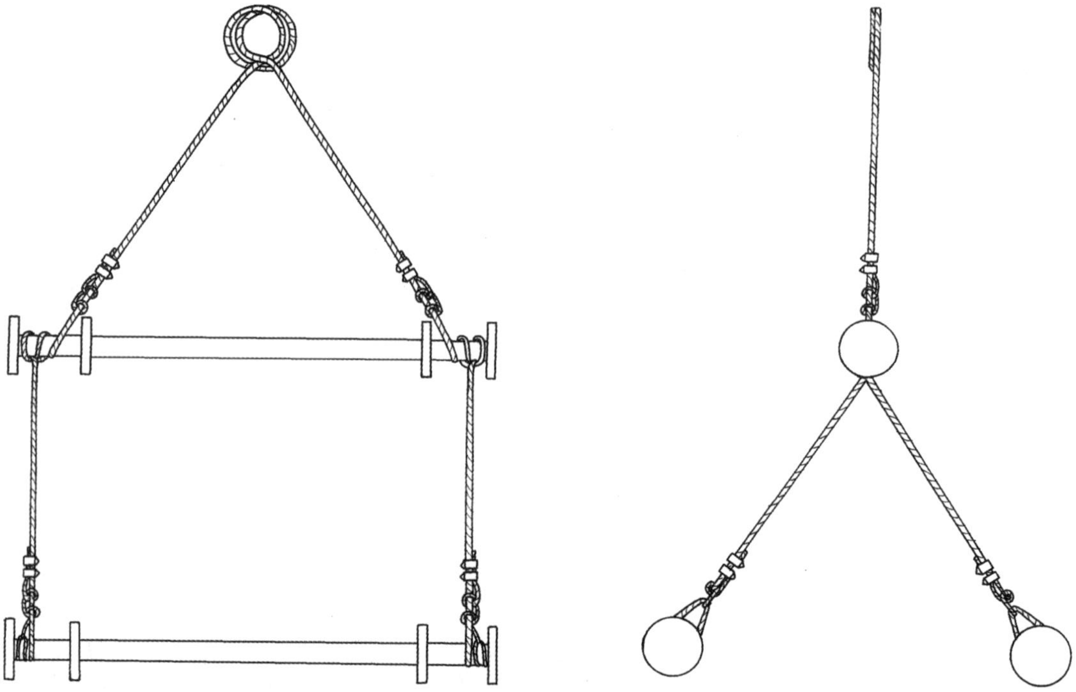

图7-5　吊索结构示意图

（三）洛阳运河古沉船吊装

1. 吊装前的准备工作

1）技术准备

制定好吊装方案后，要依照相关程序到有关部门进行审批，得到相关行政机构的批复后才能进行；必须经过专业培训，所有参加吊装的工作人员才能上岗；安全责任人员负责安全教育培训；吊装责任人员进行吊装说明和技术培训；土建专业提供完整的交工资料（基础沉降观测原始数据齐全，验收合格）；各种工具、仪器规范放置，吊装的安全保证人员全部到场。

2）现场准备

清除吊装附近的障碍物，做到吊车自由转动机身，行驶区场地按要求规范合格，平板车行驶道路如河堤、坡道等畅通、平整。在吊装前，对吊装机索具多次、多人按照吊装要求检查，记录齐全。不得使用报废的钢丝绳和铸铁绳卡。

3）其他准备

提前了解吊装时的天气情况，确认对吊装无影响或影响微小；吊装现场配备医务人员，制定必要的应急救护设施。严格安全规定，落实各项安全措施。

4）施工机具、材料和劳动力

吊装的古沉船体型和重量均较大，现场条件复杂，必须认真组织吊装工作人员，计划施工机具和材料。

劳动力用量如表7-1所示。

表7-1　劳动力用量表

序号	劳动力分工	用量（人）	备注
1	施工队长	1	
2	起重工	2	
3	工程师	2	
4	焊工	3	
5	钳工	1	
6	力工	6	
7	安全员	2	

吊装机具、材料计划如表7-2所示。

表7-2　吊装机具、材料计划表

序号	名称	规格	单位	数量	备注
1	吊车	100t	台	2	
2	棕绳	φ15	米	150	
3	钢丝绳	φ36.5—6×37+1—170	米	32	
		φ52—6×37+1—170	米	3.6	
4	钢板	6000×1600×30	块	4	
5	卸扣	20t	个	4	
6	木方	500×50×25	根	20	
7	道木	2500×200×200	根	40	
8	铁丝	8#	千克	50	
9	黄干油		千克	5	
10	旗帜		面	6	
11	哨子		只	3	

5）安全技术要求

（1）所有参加吊装工作的人员，须经医务部门检查身体，健康者方能上岗。吊装现场应配备必要的灭火器材和医务人员，防止突然事故发生。

（2）在正式吊装施工操作前，由吊装工程师、安全人员向全体施工人员进行安全培训和现场技术演练。全体施工人员做到熟悉吊装方案和有关操作规范，掌握必要的安全起重知识。

（3）认真检查各种机、索具与材料，提前消除各种安全隐患。

（4）在吊装作业区设置明显警戒标志，进行吊装时无关人员严禁进入或通过，任何人员不得在吊装件下面、受力索具附近及其他危险地方逗留。

（5）吊装前应考虑天气情况，适逢风力大于5级或雨天时，不得进行吊装操作。

（6）正式吊装前，必须先进行试吊。试吊过程中，应全面观察机索具等受力点的情况，若发现问题应先向吊装指挥长报告，将沉船放回原地，待完全排除故障后进行重新试吊，确认一切正常后才能正式吊装。

（7）所有吊装环节要听从统一指挥，启停动作要平衡一致；起钩、回钩、转杆时应缓慢，避免吊装物摇摆、振动，就位后应及时找平、找正，固定好之前不得松开吊装索具。

（8）现场施工人员须全部佩戴安全帽，高空作业者必须使用安全带。禁止高空抛扔材料、工具，上下传递物品需用绳索进行。

（9）正式吊装过程中，如果因故暂停或发生意外情况，施工人员应在施工队长的统一指挥下及时采取安全措施，现场加强警戒，立即排除故障，禁止让吊装物长时间处于悬吊状态。倘若一旦发生安全事故，应立即照相或录像记录事故现场原状，不得扰乱事故现场，如果事故安全有扩大的趋势，经总工程师与安全责任工程师批准，可及时采取临时加固等补救措施，施工队长应及时组织补救，以免事故扩大。

2. 古沉船吊装

古沉船的吊装包括考古工地吊装和回洛仓遗址卸吊。

1）发掘现场吊装

一号古沉船需用的两台100吨吊车、经改装的平板车按吊装现场示意图（图7-6）停放到位，各种专业技术人员就位，各项安全技术要求检查无误。

一号古沉船包装后总重约50吨，外形尺寸20.3米×1.85米×4.1米（长×高×宽）。二号古沉船包装后总重约26吨，外形尺寸12.64米×2.36米×3.91米（长×高×宽）（图版7-4）。

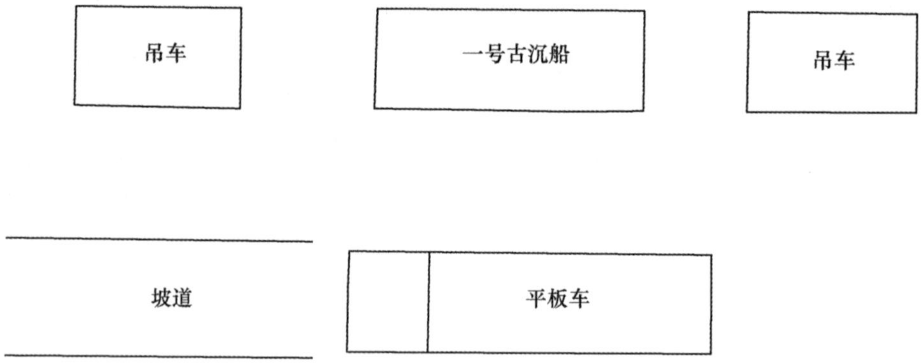

图7-6　吊装现场示意图

吊装步骤如下所述。

（1）现场使用两台吊车同时起吊，古沉船吊离地面后，配重调整古沉船箱体平衡；调整完平衡后，观察30分钟，检查确认是否有绳索松脱或沉船转动情况。在古沉船下部确认安全后，以小于10米/分的速度将古沉船竖直吊起至距基坑底3.7米高，必须保证沉船箱体两端水平高差不大于±0.2米（图版7-5）。

（2）两台吊车同时以小于10米/分的速度将沉船箱体向北移动至距平板车车厢板0.2米高

处，然后以小于1米/分的速度将沉船水平放置于平板车（图版7-6）。由于二号古沉船体积较一号古沉船小、重量轻等特点，我们采用一辆吊车就将其吊起（图版7-7、图版7-8、图版7-9）。

（3）固定与捆扎。用4道竖直钢索、4道斜拉索将古沉船和车厢板捆扎固定（图7-7）。捆扎工具见表7-3。

表7-3　捆扎工具选用表

序号	名称	规格	数量	用途
1	钢丝绳	直径24.5毫米，6×19绳，允许抗拉10吨	8×10	用于钢索捆绑拉紧、调整包装物在平板车的位置
2	手拉葫芦、张紧器、吊环	10吨级		

3. 回洛仓保护遗址吊卸与安放

与吊装时相似，一号古沉船吊卸时使用2台100吨吊车，与平板车平行停放，两车间距25米，吊车回转中心距离平板车上古沉船中心5.5米（图版7-10）。

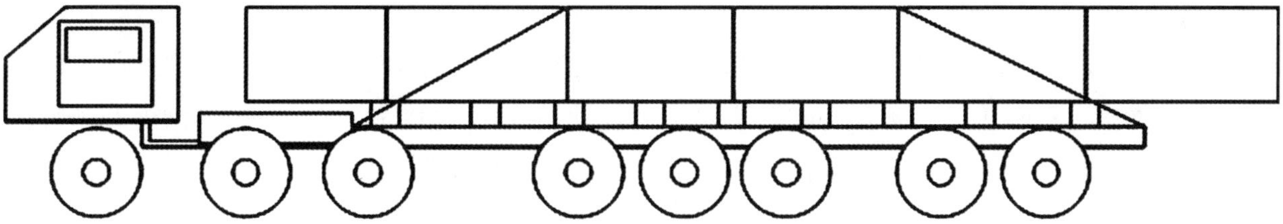

图7-7　车和古沉船的固定与捆扎示意图

四　搬迁运输

针对运输过程中所有可能遇到的情况制定预案，包括装卸场地、进出路线、货物捆扎、路面状况和意外情况等，设计一个完善的运输方案。

（一）古沉船运输车辆的改装

使用17.6米×3米×1.2米（车厢长×车厢宽×车底板高）平板车运输。由于一号古沉船包装后，它的宽度和长度都超过了平板车的尺寸，因此我们对运输的平板车进行了加工、改装，使用钢材进行焊接加宽、加长，尺寸为19.1米×3.2米×1.4米（车厢长×车厢宽×车底板高），以满足运输需要（图版7-11）。

（二）运输

1. 运输车辆的性能和相关要求

改装后的运输平板车辆自重20吨，载重60吨。运输要保证路面直行有效路宽≥5米，弯道有效路宽≥7米，最小内转弯半径14米，最小外转弯半径16米，最大爬坡度15°。

2. 运输路线

先沿工地现场以东坡道行驶到河堤，再顺着河堤路向东行至207国道，再沿207国道向北行至310国道，之后沿310国道一直向西行驶至回洛仓考古遗址公园，总里程约19.6千米，其中国道（二级公路）17.6千米，其余为土路。运输路线见图版7-12。

3. 路面整修

由于平板车和古沉船的体量和质量都较大，因此对路面的坚硬度、平整度、宽度都有较高要求，必须满足平板车的正常通行和转弯要求。行驶路线中，207和310两条国道的道路条件较好，可满足直接通行，河堤路等路段则由于路面较窄、硬度不够、坑洼不平等原因需要进行整修，主要工作内容有以下几点。

（1）上堤道路需要设置移动指示牌、混凝土搅拌站，下切河堤，满足平板车转弯（图版7-13）。

（2）河堤上207国道坡道处，有路桩临时移动、转角处需要补填坑（图版7-14）。

（3）河堤道路局部需要用甲级配毛石垫填坑洼处。

（4）睦邻大道转向回洛仓考古遗址公园的道路转弯处需扩宽填垫。

4. 技术保障措施

为保证车辆在运输时状况良好，必须在运输前对车辆进行全面的检查保养。检查保养的主要内容有以下几点。

1）牵引车检查保养

包括全面检查、维护发动机；润滑各活动关节；确保灵活有效；更换燃油和空气滤清器；调整各种皮带的松紧度；检查各种油面水面，检查各驱动桥、变扭器、方向器等的油面，予以补充更换；检查轮胎是否达到规定气压，更换有缺陷的轮胎；检查牵引钩的连接情况。

2）挂车的检查保养

全面检查螺栓、连接销、牵引杆等挂车的牵引系统，对关键的主销及螺栓进行磁粉探伤，配齐牵引销和螺栓的防松设施；检查挂车的液压支承装置，启动安全阀；检查更换缺陷油管，进行三点支承密封性能试验，以确保密封可靠；检查制动系统，保证三管路制动系统的各种制动有效，特别是断气制动和紧急制动，使车辆有足够避免意外事故的能力；检查调整刹车间隙，对所有气路中继阀进行清洗；检查转向系统，确保每一个关节活动自如、黄油量充满；更换转向回路的液压油。

3）不同道路状况及设施的通过措施

为确保运输安全、顺利，协调偃师、洛龙交警部门警车前导，安排其他车辆全程护送；因车辆超宽、超长，运输时在四角设置警示标志，并向路政、交通管理部门提前报备；车辆在河堤土路行车速度不大于5千米/小时，通行普通公路时，行车速度不大于25千米/小时，弯道处不大于3千米/小时；临时停车时后方20米处设停车警示牌和相关标志；车辆通过桥梁时，应居中行驶，避免加减速、换挡或制动；通过立交桥孔前要提前派专人对桥孔净空高度进行再确认，通过时要控制好车速，慢速通过，安排专人携带手电、对讲机等观察货物净空高度；行驶过程严禁急刹车。

第四节　古沉船搬迁方案风险分析

一　风险分析

（一）识别风险源

本次整体搬迁工作对象是两艘木质古沉船，体型大，材质朽脆，损坏的表现形式主要有变形、开裂、破损、虫蛀和污染等。在整体搬迁实施过程中可能会存在下列风险因素。

1. 包装过程

船体内注入硬质聚氨酯泡沫，发泡过程中产生的压力可能会造成船体破损、变形甚至开裂；安装支撑和去除支撑沙袋过程中，造成船体变形、开裂；安装支撑高度不一致，造成船体倾斜运动；加固包装过程中，造成木质古沉船损伤和污染。

2. 吊装过程

吊装过程中，坠落造成古沉船破损；绳索捆扎不牢造成古沉船破损；吊钩脱钩，造成古沉船破损。

3. 运输过程

运输过程中，预紧力固定钢索受力不均或滑脱，造成包装与平板车运动，古沉船破损；出现车祸等意外情况，造成古沉船破损。

（二）风险源清单

整体搬迁过程的风险源、发生原因及可能导致的结果见表7-4。

表7-4　风险源清单

序号	风险源	风险发生的原因	风险可能导致的结果	备注
1	船体内注入硬质聚氨酯泡沫	工艺安排不当	船体变形甚至开裂	
2	安装支撑和去除支撑沙袋过程	调整不到位	船体变形甚至开裂	
3	安装支撑高度不一致	缺乏基准，调整不到位	船体倾斜运动，船体发生碰撞损坏	
4	包装加固过程中产生火花、污染物	设计、工艺不合理，施工不按操作规程	船体燃烧、破损和污染	
5	吊装过程中脱钩	设计不合理、检查不到位	船体变形、开裂、破损	
6	8根预紧力固定钢索受力不均或滑脱	设计不合理	船体变形、开裂、破损	
7	出现车祸等意外	运输车辆保养检查不到位，违规驾驶	船体变形、开裂、破损	

（三）风险发生可能性和后果严重性分析（表7-5）

表7-5　风险可能性和后果严重性分析表

序号	风险源	危险严重性等级	危险可能性指数	风险接受准则
1	船体内注入硬质聚氨酯泡沫	严重	1	D类
2	安装支撑和去除支撑沙袋过程	严重	1	D类
3	安装支撑高度不一致	轻度	1	E类
4	包装制作过程中产生火花、污染物	轻度	2	E类
5	吊装过程中脱钩	严重	1	E类
6	8根预紧力固定钢索受力不均或滑脱	轻度	2	E类
7	出现车祸意外	严重	1	E类

危险可能性指数1级为不易发生，但有极小可能性发生；2级为不易发生，但有理由预期可能会发生。风险接受准则E类为最小风险，不经评审即可接受；D类，低风险，经评审后可接受。

二　解决措施

（1）针对船体内注入硬质聚氨酯泡沫，易造成船体变形的问题，可将船舱用木隔板分割成小舱室，然后注入硬质聚氨酯泡沫。通过工艺试验算出合理的小舱室尺寸。控制聚氨酯灌入量，灌入空腔内不全部封闭，将上口敞开，同时分段灌装，使聚氨酯在发泡时的膨胀力可向敞开一面扩散，减少对船体压力，使船体保持稳定。

（2）考虑到支撑和去除支撑沙袋过程，易造成船体变形、开裂的情况，可使用激光水准仪提供安装支撑的基准线，提高支撑高度的调节精度；使用船体变形在线监测系统，实时监测船体变形情况，及时调整支撑高度，把沉船从支撑沙袋平稳地置换到支撑平台上。

（3）预制钢结构焊接过程中，严格按操作规程，防止焊花掉落到船体，引发木质船体燃烧；严格检查焊点，确保焊接牢固，在沉船吊装运输过程中不出现断焊、变形，对沉船造成损伤。

三　风险结论

通过对以上风险源、风险发生的可能等级、后果严重性等过程的分析，古沉船整体搬迁技术方案的风险极小。在项目的具体实施时，还可以通过采取合理措施，严格控制每一项操作环节，全程监控风险过程，杜绝风险增大因素，将风险值降到最低。

第五节　小　　结

在洛阳运河古沉船的保护搬迁中，洛阳市文物考古研究院相关工作人员全力以赴，集思广益，广泛吸取国内成熟先进经验，科学设计制定保护加固搬迁方案，精心组织，科学施工。历经一年多的工作，一号、二号古沉船分别于2014年8月2日、12月31日整体安全搬迁至回洛仓考古遗址公园进行安放，保护搬迁工作暂告一段落。

一　古沉船保护搬迁的工作内容

（一）古沉船考古发掘现场的文物科技保护

文物在地下埋藏了许多年后，已与周围的地下环境达到了一种平衡，地下环境对它不会造成很大的破坏。一旦其离开自身所处的地下埋藏环境，暴露于地面环境时，周围的温湿度、光照、紫外线等都对文物产生很大的破坏作用，考古发掘现场的文物科技保护显得尤其重要。因此，当文物刚从地下发掘出以后，通过模拟地下环境或进行人为的干预，使文物尽量达到出土前的环境状态，即使达不到原有的环境状态，也要通过人为干预，使用物理或化学方法，使环境对文物的损害降到最低。在考古发掘现场我们搭建了临时防护棚，尽量控制发掘现场的温湿度、光照、紫外线等外界的条件。在发掘的过程中，我们还通过人为干预的方式，如使用化学材料对文物进行一些必要的保护；使用高分子材料对古沉船的船体进行防霉、防腐、杀菌处理，使用高分子化学材料PEG对沉船木质船体进行防脱水保护，防止其在发掘过程中因脱水而变形。采用物理方法对出土文物进行必要的处理，如使用木板、沙袋对沉船船体进行支撑。

（二）古沉船发掘现场的临时加固

在古沉船的考古发掘现场，我们对古沉船船体的加固分为化学加固和物理加固。化学加固主要采用目前国内使用的高分子材料，物理加固则采用沙袋、木板和现场加工制作的特制钢木结构进行临时加固，以防止古沉船在发掘过程中开裂、变形、发霉、生虫等现象。

（三）古沉船整体搬迁前的包装施工工程

为了对古沉船进行整体搬迁，我们必须对两艘船体进行包装，防止在搬迁的过程中，对船体造成人为损害。该包装施工工程主要包括5个关键环节。

（1）在沉船体表面粘贴隔离层：用白色、杂色无纺布对船体表面进行封护隔离，避免加固包装时对船体造成损害。

（2）对船体进行校形加固：用角钢、方木、木板，随船体内外形状制作构件，对船体内外进行校形加固。

（3）制作古沉船搬迁箱体底托：挖基桩坑，下基桩支撑底梁、穿架，在底梁上用钢木结构置换古沉船周围临时支撑沙袋和船底泥沙，使沉船整体离开地面，平稳放在底梁木板钢材制作的底托上。

（4）船体周围制作稳定层：在箱体底托与箱体之间的缝隙处灌注石膏稳定层，船体周围底托上用钢材和木材制作护罩。护罩与船体之间用聚氨酯发泡剂进行填充。

（5）制作沉船搬迁箱体及包装：在底托上用钢材制作箱体，防止吊装运输过程中损坏船体。

二　保护搬迁中的关键技术问题及解决方法

（一）古沉船的保护、加固、搬迁方案的制定

洛阳运河古沉船发现、发掘后，我们广泛邀请国内文物保护、造船史、林学方面专家，亲临现场考察，先后两次组织召开保护搬迁专题咨询会。我们综合各方意见，结合古沉船的实际情况，集思广益，积极探索，科学、独立地完成了保护、加固、搬迁等一系列实施方案。并制作古沉船模型，模拟加固包装工序，现场根据古沉船形制制作非标准的钢木结构支撑体、船体底托、箱体、缓冲层等加固包装构件。

（二）实际工作中的关键问题和解决措施

1. 关键问题

1）大型脆朽船体的整体包装固定

船体体积大，船体木质保存状况差，船体倾斜、扭曲，部分构件开裂变形，木质基本糟朽、酥软、无强度，给保护工作带来了很大困难。船体整体包装加固方案的科学合理关系着整体搬迁工作的成败。

2）吊装的平衡

沉船出土的现场情况是倾斜的（南低北高），整体包装固定后，使用4个吊点进行吊装，如何保证吊绳受力均衡、吊装物在空中的平衡等问题是关系到吊装安全的关键点。

3）野外恶劣环境的基础处理

现场地质条件恶劣，基坑内部为细河沙，无承载力，且不断有河水渗出。如何在这样恶劣的地质条件下，解决古沉船现场加固、包装、吊装、运输的安全性，是关系整个搬迁工作成败的关键。在具体的施工过程中，主要难点有三。①现河道地质为淤泥细沙，不利于搬迁操作，船体底部离地平面7米多高，搬迁操作空间狭小，条件艰苦。古沉船的船体材质朽脆，支撑座制作复杂，尺寸超长超大，只能现场制作组装。古沉船出土现场环境条件不具备大型机器设备的停放与操作，必须进行平板车改装，吊车、平板车停放平台、坡道的施工等完成后，才能现场实施吊装，保证古沉船吊装转运过程中的安全。②由于河水水位较高，与船体底部持平，下挖基坑和基槽施工时，河水不停地从地下渗出，导致地表泥泞，边排水边工作。③二号古沉船在加固、包装时，洛阳正是汛期，河水水位上涨，导致操作平台积水，因此在施工时必须先解决积水问题。

4）古沉船状态整体搬迁过程实时监测

古沉船整体搬迁工作没有先例可循，技术方案具有实验性质，具有较高风险，如何实时监测古沉船的“健康”状态，施工时需随时对技术方案进行微调，大幅度提高整体搬迁的可靠性和安全性。

2. 解决措施

1）大型脆朽船体的整体包装固定的解决措施

为了避免包装加固的硬质构件直接接触船体并造成损伤，专门选用软质的纤维材料作为隔离层，同时根据船体的线形构造制作内外支撑体，将船体在箱体内位置固定，限制其移动。同时在船体隔离层外制作稳定缓冲层，防止在搬迁运输过程中的振动对船体造成损伤和变形。

2）吊装的平衡解决措施

吊梁预制反变形，做到吊绳长度可以调整；设计合理的吊索结构，优化吊点位置及数量。

3）野外恶劣环境基础处理的解决措施

清理船体周围及船体下部垫层被扰动的流沙；合理布置基础下部的排水装置（导流管、抽水机）；吊车、平板车承载平台和起运坡道按规范用鹅卵石、河沙压实。

古沉船保护、整体搬迁工作经历了一年多的时间，已经圆满结束。这种大型的古沉船保护、加固、整体搬迁工程不但在洛阳地区前所未有，而且在内陆地区难度也很大，主要在于古沉船的自身性能和周边环境很差：古沉船表面木质酥解粉化严重，力学强度低，许多构件或开裂或残缺；一号古沉船船体达20余米，船身庞大，长期的倾斜放置、受力不均导致船体构件变形；保护现场环境恶劣。为了充分地保护、加固和搬迁好古沉船，最大程度地降低损害，我们一方面学习国内其他地方的成功经验，另一方面根据实际情况，在多次勘查、测绘、分析、研究、讨论的基础上，制订了古沉船的防霉、防腐、校形复位、保护、加固多位一体的大型文物保护搬迁工程方案。

古沉船现场保护、加固、整体搬迁工作的成功实施，为我们积累了丰富的木质文物现场保护、大型文物加固包装及整体搬迁成功经验，也为后期的保护修复、陈列展示和综合研究奠定了坚实的基础。

附

一号古沉船考古发掘与保护第二次专家咨询会会议纪要

会议时间：2014年9月13日

会议地点：洛阳市航空城酒店会议室

参加人员：中国文化遗产研究院院长刘曙光，中国社科院考古研究所副所长陈星灿研究员，中国文物报社主任编辑李政，山东省文物考古研究所所长郑同修研究员、技术资料室主任吴双成副研究员，江苏省文物考古研究所杭涛副研究员，广东省文物考古研究所水下考古中心主任崔勇研究员，安徽省文物考古研究所副所长宫希成研究员，江苏太仓博物馆馆长朱巍，武汉理工大学造船史研究中心研究员席龙飞、何国卫，福建泉州海外交通史博物馆研究员李国清，河南省文物局副局长孙英民、文物保护与考古处副调研员何军锋，洛阳市文物管理局局长刘德胜、副局长余杰等。

内容纪要：

与会专家首先听取了考古发掘单位关于一号古沉船考古发掘与汉唐漕运水系调查、现场保护、整体搬迁的汇报。专家们对前一阶段考古发掘单位所做的发掘调查、现场保护及整体搬迁工作给予积极评价和肯定，并讨论了下一步的工作思路，形成了以下意见。

一、洛阳市长期以来开展的汉唐漕运水系调查取得了阶段性成果：该船是洛阳地区首次发现的古代沉船，它的发现对于研究中国大运河的发展演变和自汉唐以来的漕运变化具有重要的意义；古沉船的考古发掘组织严谨，技术保护手段和整体搬迁成功，目前的保护措施合理有效。

二、对于古沉船的年代应从结构、制作工艺、功能等方面，结合现代测年技术进一步进行深入研究。

三、抓紧制定古船保护方案，尽快实施古船本体文物保护。

四、作为运河中的重要遗存，在保护工作过程中，应尽快编制展示利用方案。

第八章　一号古沉船测绘

为进一步做好一号古沉船的保护、研究、复原、陈列展示工作，2014年4月，洛阳市文物考古研究院会同武汉理工大学造船史研究中心，对一号古沉船进行现场考察，详细测绘了船体的尺度、型线、结构和制造工艺，绘制了一批船体测绘图样，为复原古沉船和研究洛河水域船型、船舶性能、造船工艺和船舶特点等，奠定了良好的技术基础。

第一节　船体概述

一号古沉船出土时保持了船舶沉没时的姿态。由于船体为内河平底船，所以基本处于正置坐底的姿态（图版8-1）。

一号古沉船为木质内河客货船。船体共设12道舱壁，连同首尾封板，将船体分隔为13个空间，其中有9道水密舱壁。舱壁板主要部分保持完好，能够看出完整的结构形式，反映其结构功能（图版8-2）。

船底、舷侧外板基本保持完整。尾部结构完整，首部封板残损。首（首至10号舱壁）尾（尾至1号舱壁）船底板为横向列板（图版8-3）；中部船底板为纵向列板（图版8-4）。这种结构对提高船体纵向强度和局部强度都十分合理。

船体甲板部分保留尚好。其中，右舷从2号舱壁直至首部全保存下来；左舷从7号舱壁保留至首部。甲板最宽处由三列板拼接而成，甲板板材较薄，用材不很规范，系就地取材、因材取舍（图版8-5）。

一号古沉船是一艘客货混载的洛河运输船。尾部和首部各有两个居住舱。其中，首居住舱保留有部分完好的极低矮的顶篷，结构坚实，形式特别，与古代黄河流域客货船很相似，建筑顶篷上还能够搭载部分货物（图版8-6）。

一号古沉船在航年代距今不太久远，考古工作者初断为明清时期。一号古沉船的结构基本完好，这有利于测绘工作的开展。

第二节　船体尺度与型线测绘

古船测绘的主要内容包括船体型线测绘和船体结构测绘。第一，船体型线测绘。船体型线图是复原古船的基本图样，是保证船舶其他测绘工作得以继续的基础。第二，船体结构测绘。据此能够绘出表示船体结构形式和工艺的图样。这也是研究古船的关键内容①。

一　船体主尺度测绘

遗址发掘现场是测绘工作的主场所。由于沉船在古自然环境中的部分破损，以及河水长期冲击和加之泥沙沉积压力造成的变形，使测绘准确性受到一定程度的影响。为确保测绘出船体未变形前的合理结构精度，经论证后确定：船体总长采用分段测量，将分段数值叠加校对残长（图8-1）。分段测量虽然会产生累积误差，但每一段相对变形小，较为准确，足以核准总体测量的误差。并将测量结果与考古测量长度进行比对，以求得最终残长为：L=20.14米。

船宽的测绘是依据各舱壁甲板处宽度的测量，然后连接各舱壁甲板边线处的顶点得到光顺的甲板边线。最后，量取甲板边线对应点最大宽度即为型宽。

对于完整舱壁，只要直接量取宽度即可，如图8-2-a所示；面对于残损舱壁，可量取半宽，如图8-2-b所示。对残损比较严重的部分，宽度值可能会产生误差，这有待光顺甲板边线时加以调整。图8-3是按此方法测绘并光顺了的甲板边线，最终量得船舶型宽为：B=3.48米。

测绘甲板边线的同时，可将舱口的沿口线和船底线一并测绘（图8-4）。

船体型深的确定，主要参考依据是考古现场测绘图。因为保护文物的需要，船体四周作了支撑，高度基准无法确定。测绘船体型深现场只能通过相对高度的测量，进行数据转换，然后与考古测绘图进行比较，得出型深。具体方法是：在船中处，在舱内量取船底与甲板边线的相对高度差（图8-5）。然后，分别加上船舯船底板板厚和甲板厚即船体型深。

由于船底无法测量，甲板风化变形严重，所以，船底板厚参考考古测绘图。各板适当考虑裕量，最终确定古船型深：D=0.74 米。

① 龚昌奇、张启龙、席龙飞：《山东菏泽元代古船的测绘与研究》，《航海——文明之迹》，上海古籍出版社，2011年；龚昌奇、张治国：《华光礁一号宋代古船技术复原初探》，《国家航海》2018年第1期，第71～88页。

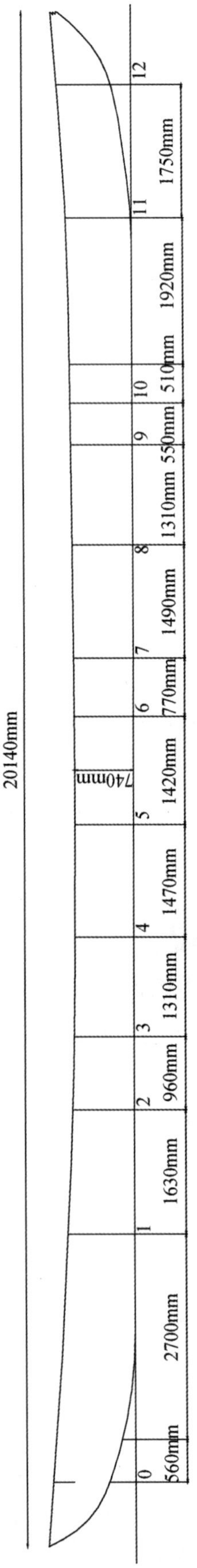

图8-1　一号古沉船总长测绘图

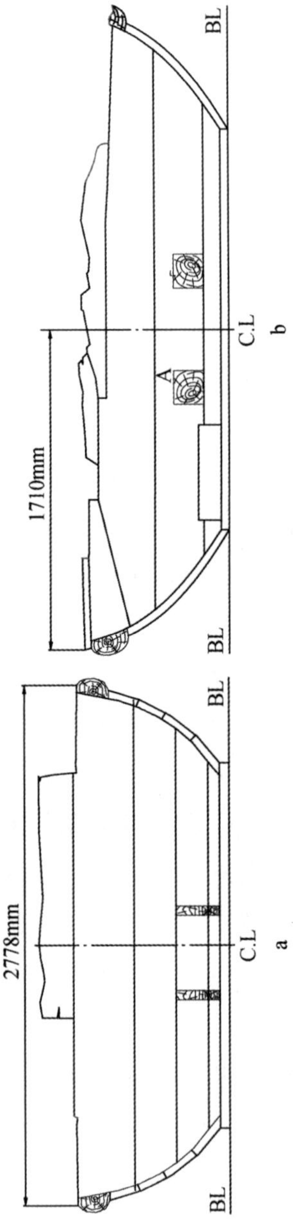

图8-2　一号古沉船甲板宽度测绘图

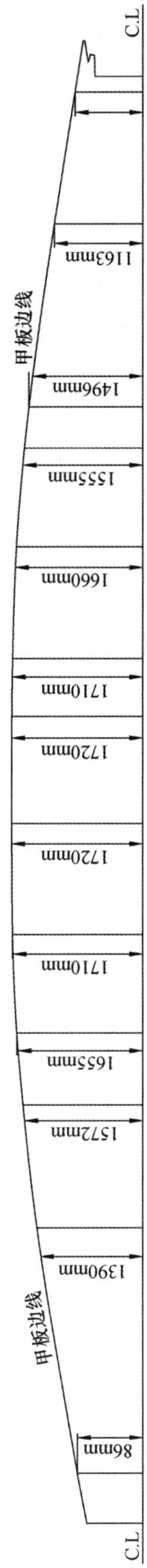

图8-3　一号古沉船甲板边线测绘图

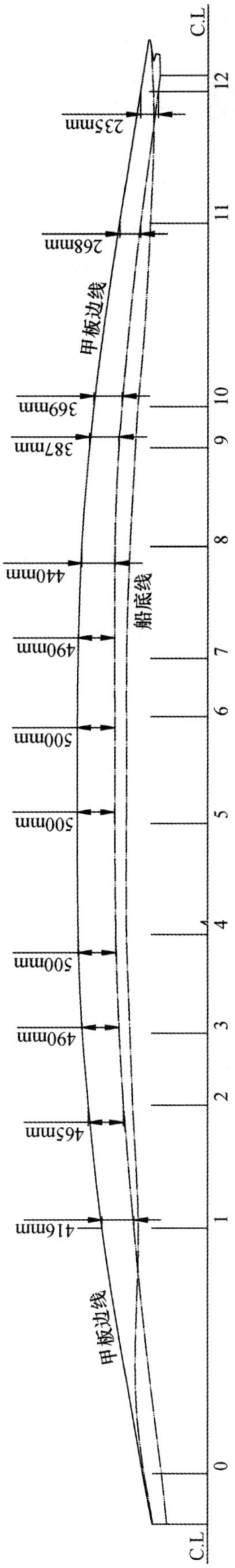

图8-4　一号古沉船舱口线测绘图

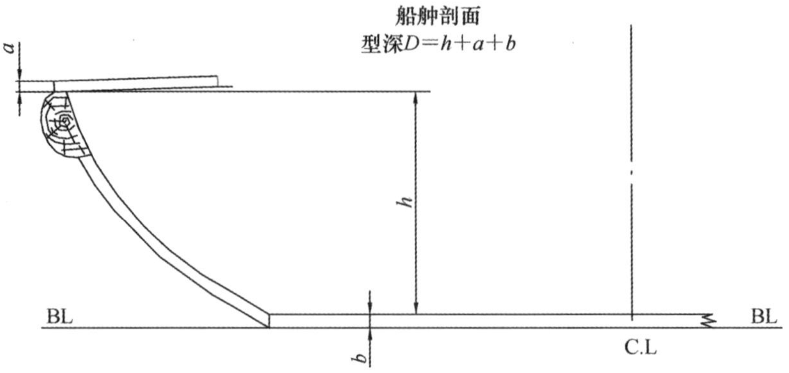

图8-5　一号古沉船型深测绘图

二　型线测绘

测绘古船型线，首先测量各舱壁板或舱壁残板的外轮廓线，在此基础上，加上板厚形成各舱壁处的横剖线；然后，确定船体中纵轮廓线（中纵剖线），再将横剖线定位于轮廓线相对应的位置处，形成横剖线图。由此，便能绘出古船型线图的其他视图。所以，中纵轮廓线的测绘是基准，横剖线的测绘是关键。

1. 中纵轮廓线测绘

因为现场条件限制和文物保护措施的影响，中纵轮廓线无法在这一次测绘中量取。所以，轮廓线是以考古出土时的测绘图为基础（图8-6），考虑船体变形的影响，同时，参照黄河船型的舷弧高度，综合、调整绘制的。

因为船身的扭曲，左右舷测得的轮廓不一致。测量时，以船中部平底处为基线，取两舷的均值。同时，校正尾部中纵剖线向下折转时产生的误差。另外，黄河流域的船舷弧高在0.8%～1.2%之间，洛阳运河一号古沉船型深很小，取其平均值，首舷弧取1%左右。最终得到中纵轮廓线（图8-7）。

2. 横剖线测绘

因为古沉船外板已开裂和坏朽，横剖线的测绘不能在外板上完成。而舱壁板相对完整且变形较小。所以，横剖线的测绘正是利用了舱壁板的结构特点，测量舱壁轮廓，加上外板厚度，从而绘出横剖线。对于完整、变形很少的舱壁，很容易确定坐标，得到间接型值（图8-8）。

而残损严重的舱壁，只能利用残存舱壁板，测量每一壁板不同高度上的半宽值，依次相连逐点，按曲线的变化趋势顺势延伸，并考虑与前后横剖线的协调关系，遂能绘出残部真实确切的型线（图8-9）。

将所测量的舱壁，置于中纵轮廓上对应的位置处，投影在正立投影面上，便形成了横剖线

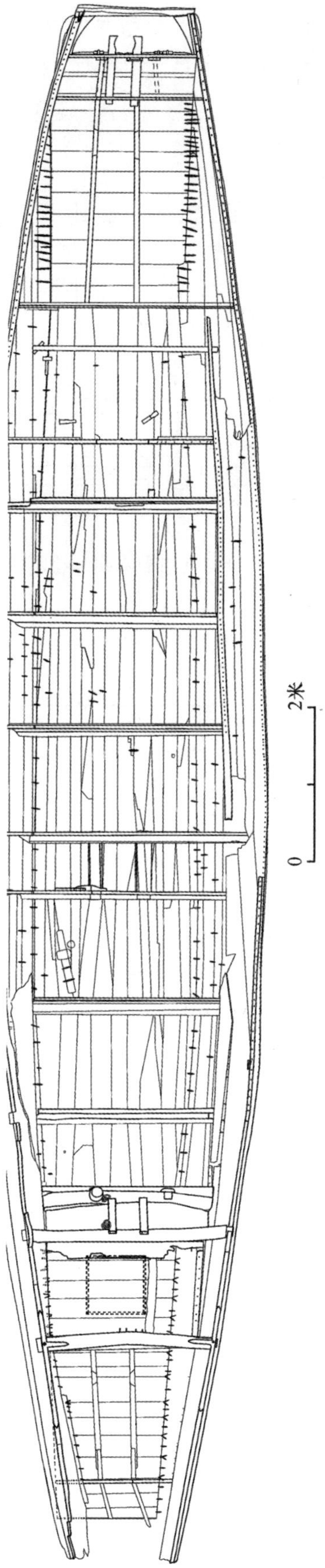

图8-6　一号古沉船考古测绘图

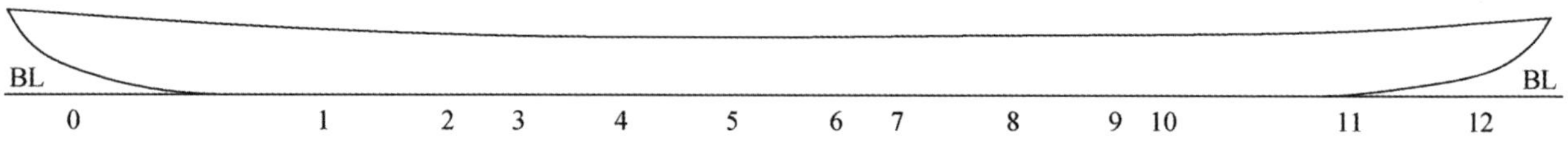

图8-7　一号古沉船中纵轮廓线测绘图

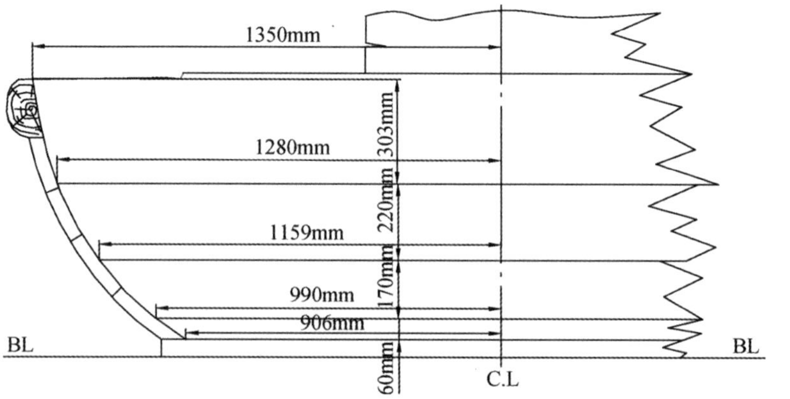

图8-8　一号古沉船横剖线测绘图

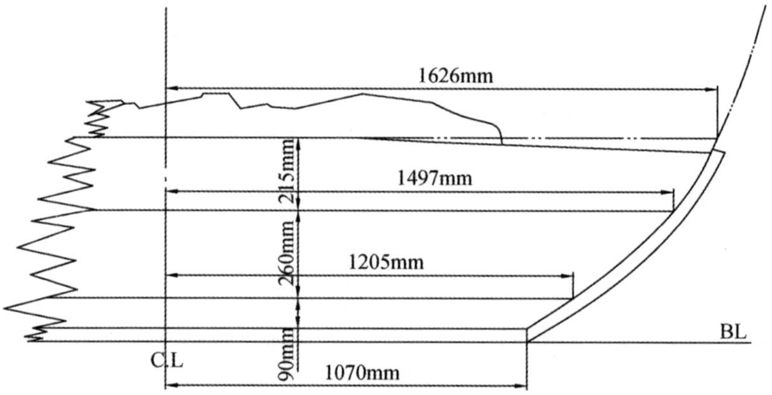

图8-9　一号古沉船残舱壁横剖线测绘图

的正面（积聚）投影（图8-10）。从图中可见，如果以舱壁横剖线作为理论站，则该船型线图为不等间距站位的图形。这种型线图对于后续的计算不会产生不良影响，而对于舱壁的绘图和制造却是十分有利的。

按舱壁正面投影定出各站横剖线的位置，即可在侧投影面上作出各站横剖线，图8-11所表达的便是用此方法所绘古沉船的横剖线图：

利用横剖线图和纵剖线图，按需划分水线，根据投影关系，可绘出半宽水线图，经过光顺得到一号古沉船的型线图（图8-12）。

船体形线复原后，经过静水力计算，得到最终的船舶主要尺度及船型要素，见表8-1。

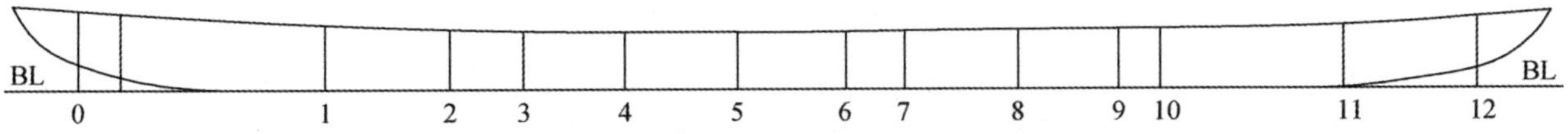

图8-10　一号古沉船横剖线正面投影图

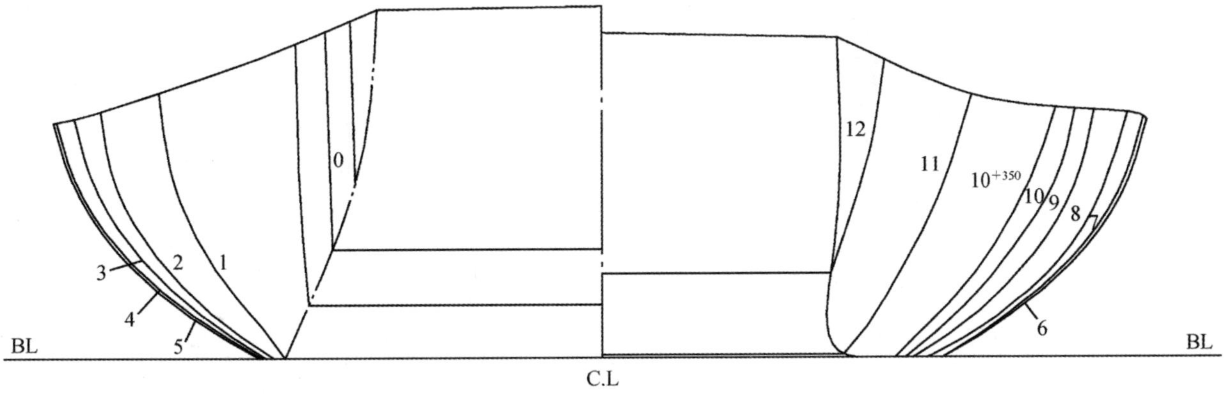

图8-11　一号古沉船横剖线图

表8-1　一号古沉船主要尺度及船型要素

项目	单位	数值	项目	单位	数值
总长*L*oa	m	20.80	型排水体积*V*	m^3	21.30
水线长*L*wl	m	19.20	方形系数*C*b		0.6381
型宽*B*	m	3.48	水线面系数*C*w		0.7704
总宽*B*max	m	3.52	菱形系数*C*p		0.7515
型深*D*	m	0.74	中剖面系数*C*m		0.8062
设计吃水*d*	m	0.50	浮心纵向位置（中后）*x*b	m	−0.017

从型线图不难看出，一号古沉船是平底、纵流船型，方首方尾，长宽比L/B=5.517，宽深比B/D=4.7，为宽扁型内河船，该船型为典型的黄河支流船。

第三节　船体结构测绘

一号古沉船的结构特点之一是船舶的板材规格不规范，就地取材，板材大小长短不一致，形状也很随意。仅凭借船工高超的手工工艺和密集的钉口连接，使各种规格的材料和谐地运用于该船；另一结构特点是船板较薄，即使在关键的船底部、舭部和首尾等强力部位，板厚亦不过50毫米。

因为上述特点，一号古沉船的结构连接没有过多地采用较复杂的榫卯及同口工艺，多是利用各种钉口连接，故结构工艺相对简单。所以，结构测绘的重点是结构本身，而不是工艺方法。结构测绘包括船体外板结构、舱壁结构、甲板结构、首尾结构和顶篷建筑结构。

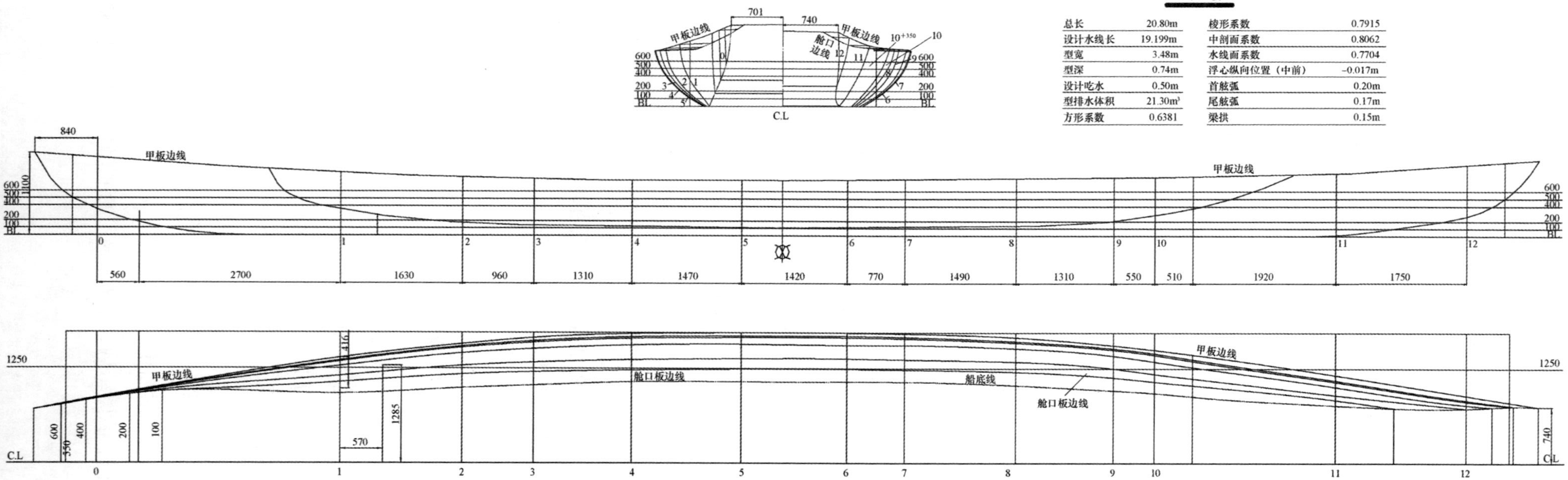

主 尺 度

总长	20.80m	棱形系数	0.7915
设计水线长	19.199m	中剖面系数	0.8062
型宽	3.48m	水线面系数	0.7704
型深	0.74m	浮心纵向位置（中前）	-0.017m
设计吃水	0.50m	首舷弧	0.20m
型排水体积	21.30m³	尾舷弧	0.17m
方形系数	0.6381	梁拱	0.15m

图8-12　一号古沉船型线图

一　外板结构测绘

1. 船底结构

经测量，船底板分为首、尾和中部三部分。其中，首、尾部分为横向列板，中部为纵向列板。这种结构方式既有利于保证强度，又方便施工，结构与工艺十分合理。中部纵向列板总体上为9列，局部和首尾处稍有变化。列板的端接缝都设计在舱壁以下，既有利强度，又美观整齐（图版8-7）。

各列板之间采用对接方式相连，边缝除用枣核钉钉接外，还从外向内采用了锔钉连接。船中纵列板2～3路，板厚为50毫米左右，板宽为200～300毫米。两边船底板板厚约为40毫米。

中部从船底向舭部至舷侧均为对接形式，光滑过渡，顺畅、美观。

首、尾船底采用了横向布板的结构形式，板厚为50毫米。舭部与舷侧外板采用了角接形式的连接，同时用密集的穿板锔钉钉接，钉距80～150毫米不等。

为了保证横向船底处的纵向强度，分别在首尾横向底板处，加装了两道底纵桁（图版8-3）。船尾部纵桁间距590毫米，至尾部缩为43.5毫米，桁材截面尺寸为230毫米×50毫米；首部底桁间距500毫米，至首部时，渐缩为360毫米，桁材截面尺寸为120毫米×50毫米。

首横向船底板与前封头自然过渡，顺势而上，因此看不出明显的首封板。

2. 舷侧结构

舷侧列板板厚也是40毫米。端部连接形式有勾子同口、滑肩同口等。因为板厚度较小，所以舷侧列板边缝采用的是对接方式连接。对接工艺相对简单，但有利于捻缝和水密。钉口方式与船底板相同，采用枣核钉固定和连接，另用锔钉加固。

舷侧顶列板（大擸）厚80～100毫米，中部宽约200毫米，至首尾处宽度减小至100毫米。大擸选用两节拼接而成，端接头为勾子同口连接（图版8-8）。

在船舶的首尾处，外板和底板角接，为增加角接的连接强度，同时提升外观的视觉效果，在外侧加装了护腮装置（图版8-9），护腮与大擸顺势相接，即美观又协调。

二　舱壁结构

水密舱壁既能提高船舶抗沉性、保证船舶安全，横舱壁还具有加固船体，增加船体整体刚性的作用。一号古沉船共设有12道舱壁板及首、尾封板，构成不同功能的船体舱室。舱壁板较完整地或局部都有所保留。首封板（船首底板）已基本无存；尾封板包括舵托架及其支承结构，都完好地保留下来（图版8-10）。

12道舱壁板将船体分隔成13个空间。其中，2号、11号、12号舱壁上开有人员通行的豁口，为非水密舱壁，其余舱壁均为水密舱壁。与其他船不同的是，水密舱壁底部没有开设流水孔，各水密舱舱底污水不能互通，各舱排水只能分别进行。

各舱壁板板厚均为40毫米，舱壁板宽窄不一；个别舱壁板甚至是拼接或插板构成，似有修补过的痕迹（图版8-11）。

在古沉船中部的舱壁下方，装有单面（近首尾处）或双面（船中部）的舱壁底骨（图版8-12）。底骨高80～100毫米，厚40～85毫米，用锔钉分别与船底和舱壁相连。舱壁板与舷侧外板之间采用方头钉加双面锔钉固定（图版8-13）。

图8-13是按现场测量数据所绘的部分舱壁结构图。

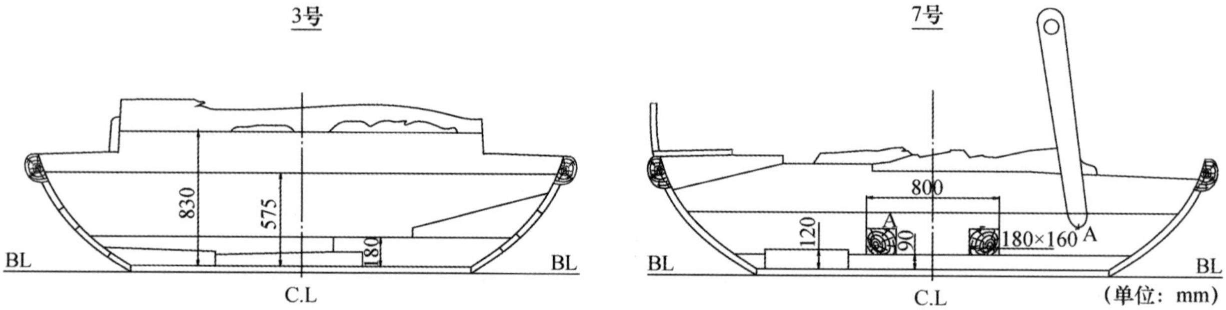

图8-13　一号古沉船舱壁结构测绘图

三　甲板结构测绘

洛阳运河一号古沉船仅保留了甲板部分（图版8-5）。右舷从2号舱壁保留至首部，左舷从7号舱壁保留至首部。但根据舱壁上端两侧的切口，可以测得甲板板宽，并了解甲板板材的布置和走向。

利用残板可测得甲板板厚为40毫米。甲板直接用方钉固定在舱壁上，并加锔钉固定。甲板最宽处由三列板拼接而成，延至首尾减为两列板。

四　舱面建筑结构测绘

1. 舱口围板

一号古沉船左舷2～6号舱壁保留有尺度为200毫米×50毫米的舱口围板，即货舱部分的围板（图版8-14）。围板上表面还留有明显的钉孔，说明围板上部还有一截已丢失。这一推断，也能从第4号舱壁板超出甲板300毫米这一实际情况得到佐证。从沉船舱壁高出甲板的高度差可以看出：中部舱口围板高度为300毫米，然后高度逐渐减小，到首尾部，围板高度减至200毫米。

从10号舱壁到首部为船员工作舱，开口部分也保留有部分围板，围板尺度为200毫米×50毫米，破损较严重（图版8-15）。

2. 舷墙结构

一号古沉船左舷从6号舱壁向首部一端540毫米、右侧从6号舱壁向首部一端200毫米左右开始至首部两舷设有尺度为300毫米×50毫米的舷墙，由一列整板构成，舷墙内倾约70°。未变形部分基本与水平呈90°角（图版8-16）。舷墙利用铲钉与甲板相连（图版8-17）。

3. 舱室结构

从保留的船体结构（图版8-15）可以看出，一号古沉船为洛河客货船。与其他内河船不同的地方是，其首部设有4米长的居住舱室，舱室顶篷破坏较严重。由残存的部分可以看出：9号、10号、11号三个舱壁的两舷墙之间，装有粗大的横梁。其中9号舱壁处横梁已失，但舷墙上留有安装大梁的榫孔。三根大梁之下，有两道纵桁支撑舱室顶篷结构。首居住舱室（No.1船员舱）顶篷甲板厚40毫米，用各种钉口与围板、纵桁和大梁相固定，结构之强，为一般内河小船所少见。下图为1号船员舱舱室结构测绘俯视图（图8-14）。

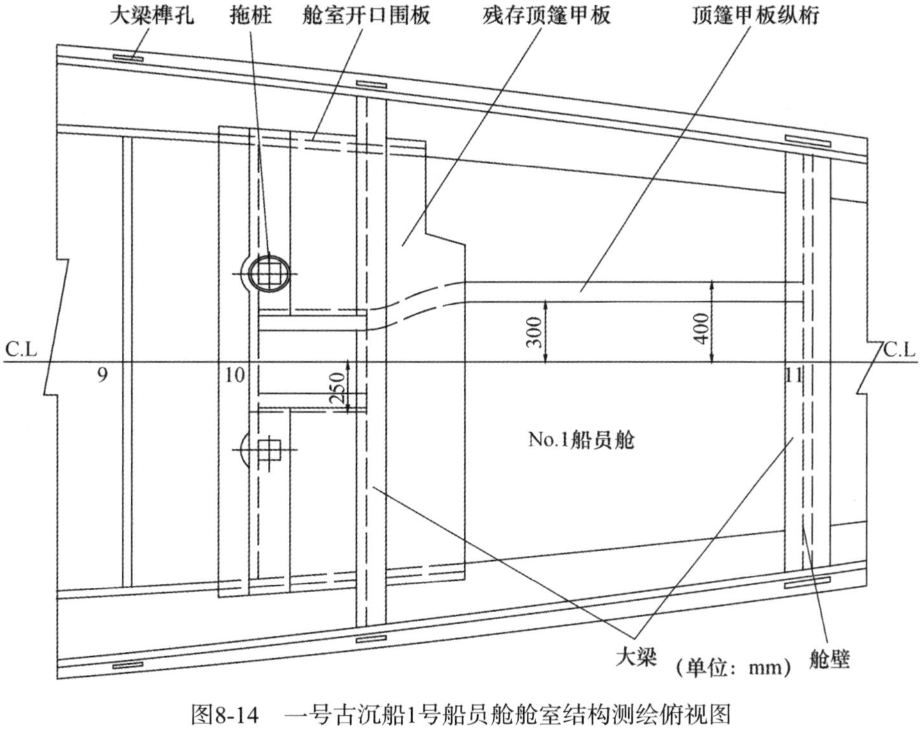

图8-14　一号古沉船1号船员舱舱室结构测绘俯视图

第四节　舾装结构测绘

一号古沉船甲板以上部分残破较严重，舱面舾装结构如舱口盖板、系泊设备、锚泊设备、推进装置均已无存。

一　舵承结构

一号古沉船舵及舵装置不存，仅保留有支承舵的结构部分（舵钳）（图版8-18）。舵承架（舵钳）由两根间距220毫米的方木构成。舵钳伸出尾封板以外230毫米，舵钳穿过尾封板，与1号船员舱舱内的悬空隔板榫接，悬空隔板与尾封板中心间距560毫米，以保证其强度。

尾封板外侧，装有三个钢环，可能是用于限制舵杆摆动的限制环（图版8-19）。

二　拖　　桩

一号古沉船的第10号舱壁向船首一侧，装有一对桩柱（右舷一个已失）（图8-15）。据分析，此桩柱疑似拖桩，用来拖带其他船只，最细处桩径120毫米，拖桩有效高度260毫米。拖桩穿过顶甲板，中部有铁箍固定于舱壁。甲板以下固定长度770毫米。配合拖桩，7号舱壁处装有两个眼板（图版8-20）。拖索穿过（靠近船长中点偏前处的）眼板，能防止拖带时产生过大的转船力矩。

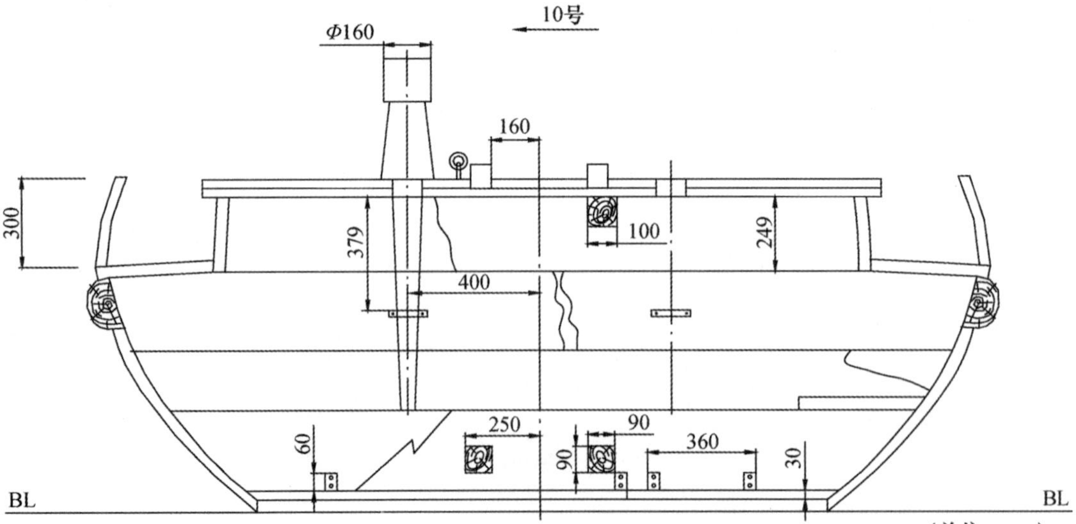

图8-15　一号古沉船拖桩结构和布置图

三　桅座结构

一号古沉船未见桅杆，仅存二处疑似桅座的结构（图版8-21、图版8-22），即在舱壁下端装有两根180毫米×180毫米、开档440毫米（7号舱壁）和90毫米×90毫米、开档320毫米（10号舱壁）的短桁，其功能似用以固定桅夹板。

一号古沉船主体结构相对保存完整，外板、舱壁、内部结构均能较好地进行测绘，甲板和舱室结构也保留了可供复原的主要残体结构和构件（图8-16）。

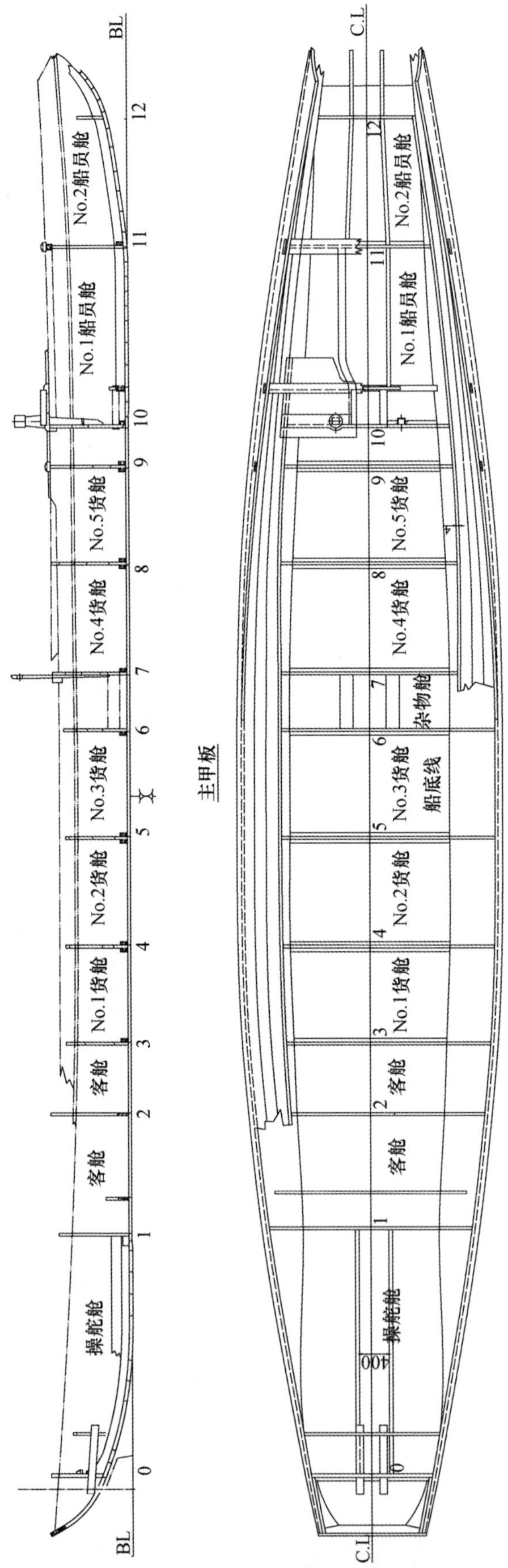

图8-16　一号古沉船结构测绘图

第九章　一号古沉船复原研究报告

2014年4～8月，洛阳市文物考古研究院工作人员会同武汉理工大学船史研究中心的造船专家，对一号古沉船进行了多次实地考察，在绘制船体测绘图样的基础上，对洛阳运河一号古沉船的船型、性能、工艺和船舶特点进行了复原研究。

第一节　概　　述

经现场测绘，一号古沉船船长20.14、宽3.48米左右，较完好地保存了船体的主要结构。

舱壁：整个沉船保存较好，共设12道舱壁，连同首尾封板，将船体共分隔为13个空间，有9道水密舱壁。舱壁板主要部分保持完好，反映各种功能的结构完整，结构形式清晰。因之可以判断出该船是一艘客货兼运的洛河运输船。

居住舱：沉船首部和尾部各有两个居住舱。首部居住舱保留有部分低矮而坚实的建筑结构。首部居住舱顶篷上还能够搭载部分货物（图版9-1）。据研究认为：首部居住舱为船员舱；条件稍好的尾部居住舱则是乘客或船货货主的客舱。

甲板：船体甲板部分保留了下来。其中，右舷从2号舱壁保留至首部（图版9-2），左舷从7号舱壁保留至首部，甲板最宽处由三列板拼接而成。甲板板材较薄，用材不很规范，系就地取材、因材取舍。

舱口围板：一号古沉船左舷2～6号舱壁保留有尺度为200毫米×50毫米的舱口围板，即货舱部分的围板（图版9-3）。围板上表面还留有明显的钉孔，说明围板上部还有一截已丢失。这一推断也能从第四号舱壁板超出甲板300毫米这一实际情况得到佐证。从沉船舱壁高出甲板的高度差可以看出：中部舱口围板高度为300毫米，然后高度逐渐减小，到首尾部，围板高度减至200毫米。

舷墙：一号古沉船从6号舱壁到首部两舷设有尺度为300毫米×50毫米的舷墙，由一列整板构成，舷墙内倾约70°（图版9-4）。

从沉船的型线图（详见第九章）可以看出，一号古沉船是平底、方首、方尾纵流船型。这种船型型线简单、制造方便；水流沿船底纵向流动，阻力性能良好，比较适合于内河波浪小、水流急的水域。该船型载量大、停靠便利，经济性能良好。一号古沉船长宽比L/B=5.517，宽深比B/D=4.7，为宽扁型内河船，是典型的黄河流域支流船。

第二节　船体布置复原研究

一号古沉船主体保存较好，甚至舱口围板、舷墙这些单板结构件都有较多的留存。首部居住舱室虽然获得基本留存，然而尾部居住舱舱棚已荡然无存，但根据主体舱室的划分以及残留部分舱棚，仍能够进行总布置的复原。

一　主体舱室划分

一号古沉船共设12道横舱壁，连同首、尾封板，将主体划分为13个实体空间。其中2、11、12号三个舱壁为非水密舱壁（舱壁开有人员通道，见图版9-5）。这样，主体内共有9个水密空间。尾封板到1号舱壁之间设工作舱（操帆、操舵），1号到3号设客舱，2号舱壁上开的人员通道供两客舱之间人员的往来（图9-1）。

3～10号设五个主货舱（3～4号、4～5号、5～6号、7～8号、8～9号）和两个小功能舱（6～7号、9～10号）（图9-2）。

10号舱壁到首部共设有三个单元，却是一个统舱，为船员休息与工作的舱室，图版显示

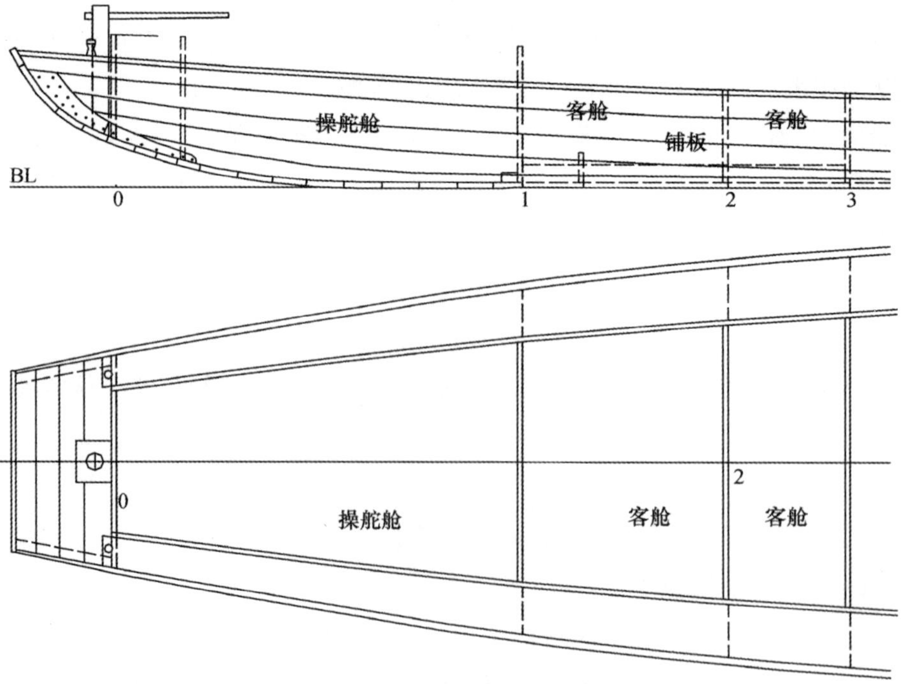

图9-1　一号古沉船尾部工作舱、客舱平、剖面图

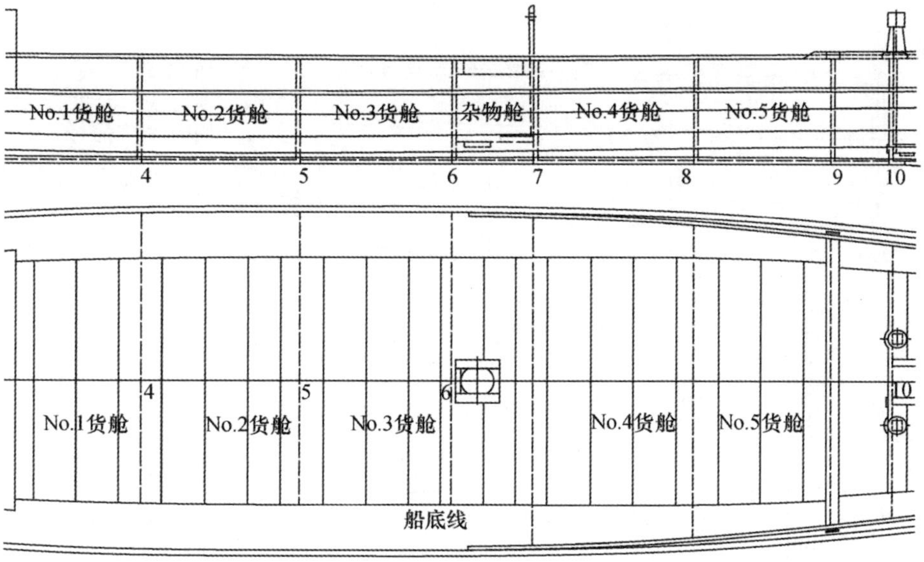

图9-2　一号古沉船货舱段平、剖面图

了船员休息舱出土时的全景（图版9-6）。其中11、12号为两道非水密并开有通道的舱壁。其中，10～11号之间最为长阔，可用于活动处所，并开有通向甲板的人孔；11～12号之间的舱室为船员休息区；12号舱壁到首部相对狭小，用于堆放生活用具和杂物。

首部船员居住舱顶部设有木质的顶篷，结构较强，顶篷上甚至可以堆放其他包装货。这种载运方式与宋代《清明上河图》中的汴河客船十分相似（图版9-7）。客舱顶篷上开的人员舱口，并载了部分轻质货物。在这一部分的舷墙上，还装有铁环，便是用来紧固货物的零件。图9-3是船员舱的复原布置图。

二　甲板与上层建筑复原

一号古沉船为单甲板内河船，出土时只留有部分甲板板。右舷从2号舱壁保留至首部；左舷从7号保留至首部。尾部甲板虽然已失，但连接方钉仍然保留（图版9-8）。甲板一直从尾延伸至首部，最宽处由三列板拼接而成，其余部分通过拼板、插板逐渐变窄。主甲板首尾列板为横向布置，其余为纵向布置，甲板条中部宽450、端部宽250毫米。甲板在航行中，主要用作船工撑篙的通道。图9-4为甲板复原图。

居住舱顶篷建筑除首部留存一部分外，其余部分均已残失。按分区，舱棚对应设有尾部乌篷、中部舱口结构和首部低甲板室。甲板上开口部分，还应有舱口围板。残体虽然仅断续地保存了2～11号之间部分舱口围板，但从保留的钉眼可以发现，一号古沉船从首至尾都有舱口围板。中部舱口围板高度为300毫米，然后高度逐渐减小，到首、尾部，围板高度减至200毫米（图9-5）。

尾部工作舱设乌篷以避风雨（图9-6）。证船工可以通过乌篷前面的通透处观察船首，实

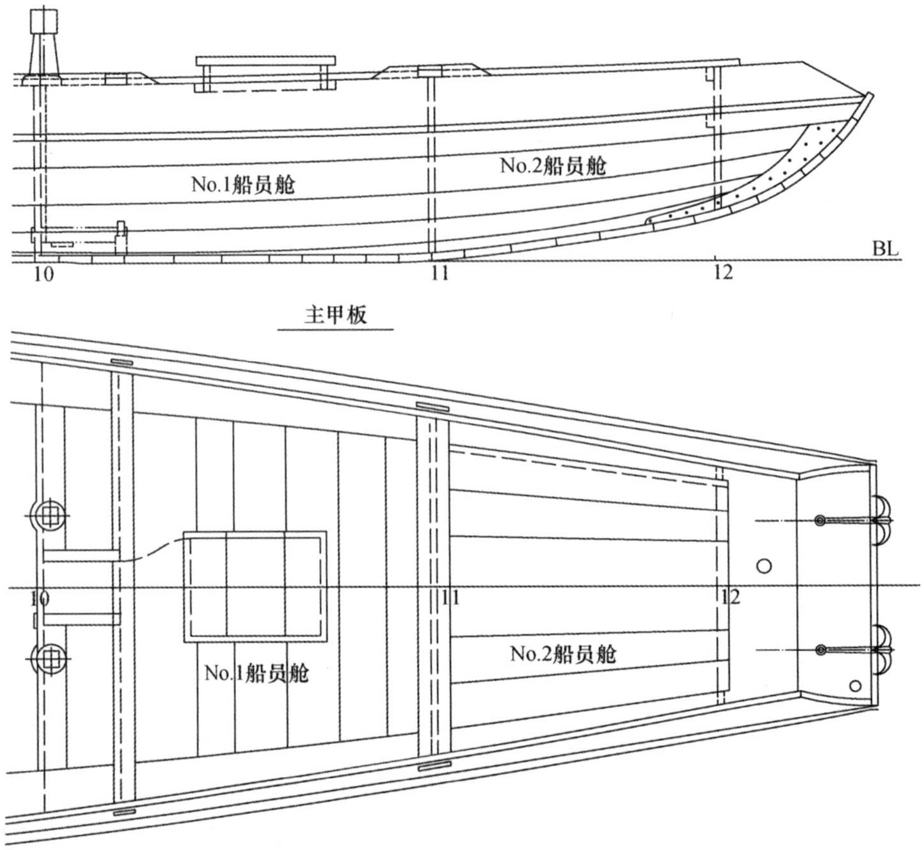

图9-3　一号古沉船船员居住舱复原布置图

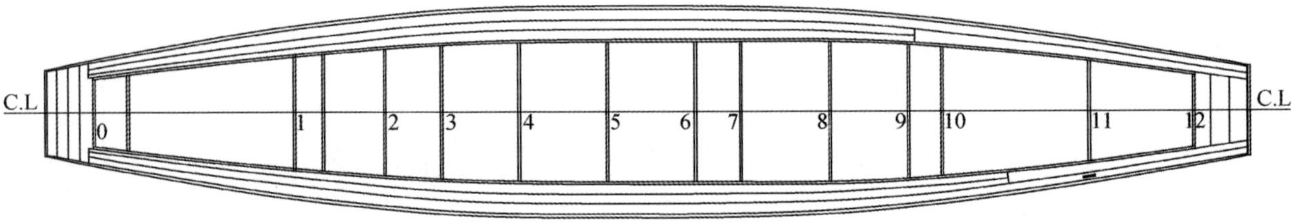

图9-4　一号古沉船甲板复原图

施操控。图中A-A剖面显示了这种情况。

中段围板上，覆有舱口盖板，图9-7表示了围板与盖板的关系。

首部船员居住舱顶采用了固定式低甲板室。甲板室高出甲板仅300毫米左右，舱内距甲板室顶篷平均高度1米左右，只能供船员休息和遮风避雨，通过人孔采光通风。

甲板室残留有主要结构件（图版9-9）。甲板室顶篷上有三道强梁，开有桅座孔和供本舱人员进出的人孔，人孔有效开孔尺寸约700毫米 × 600毫米。虽然进出不算便利，但也保证了此项功能。此顶篷结构之强，为一般内河小船所罕见。根据保存的结构件分析，顶篷可以用来载运部分包装货物，以加强船舶的功能并提高经济效益。这一功能从桅座孔、两舷舷墙板上留存的铁环上，可以得到证明。这些铁环是用来绑扎篷顶货物所用。图9-8是首部船舱顶篷复原图。

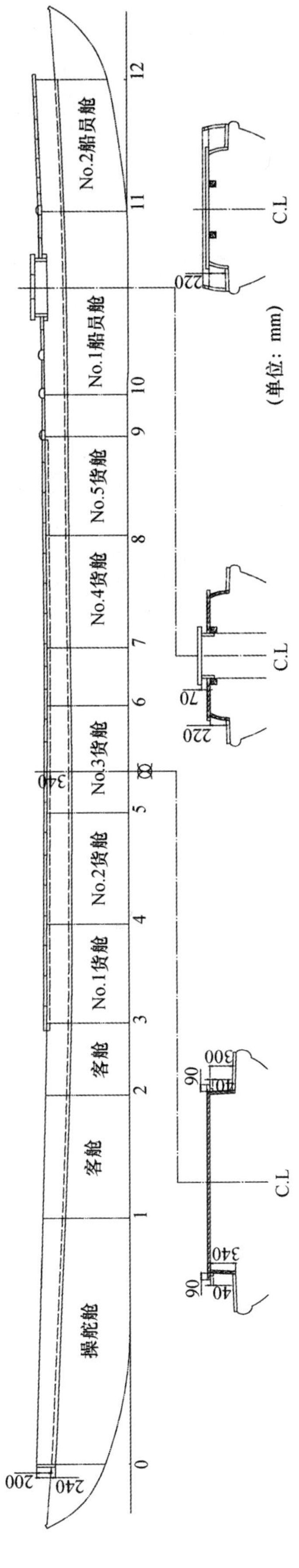

图9-5　一号古船舱口围板复原图

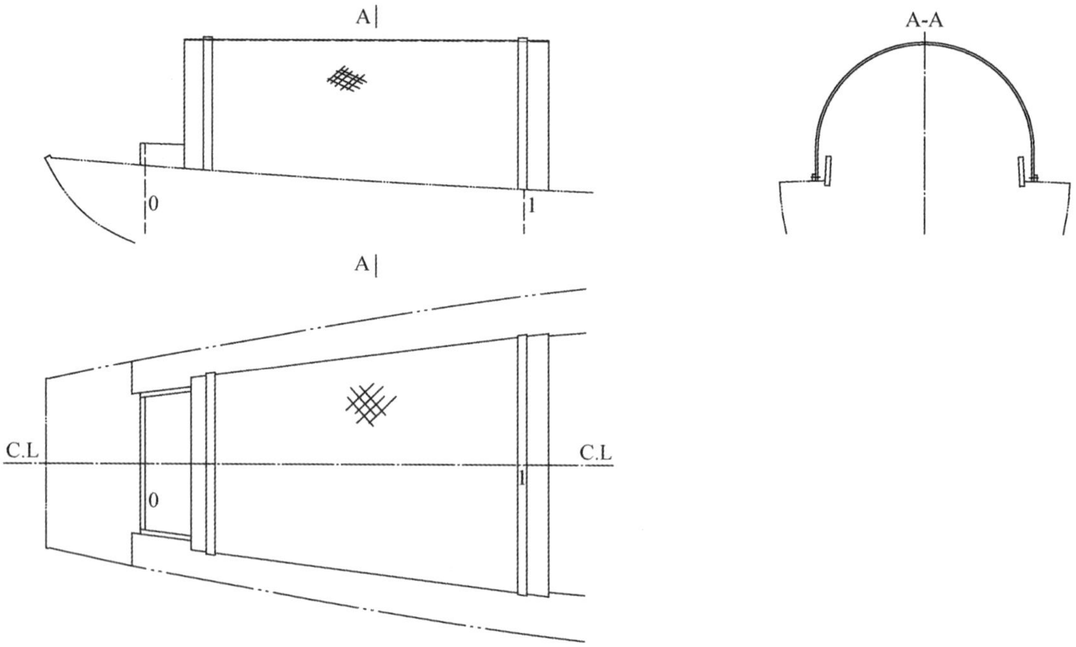

图9-6　一号古沉船工作舱上设的防风雨乌篷图

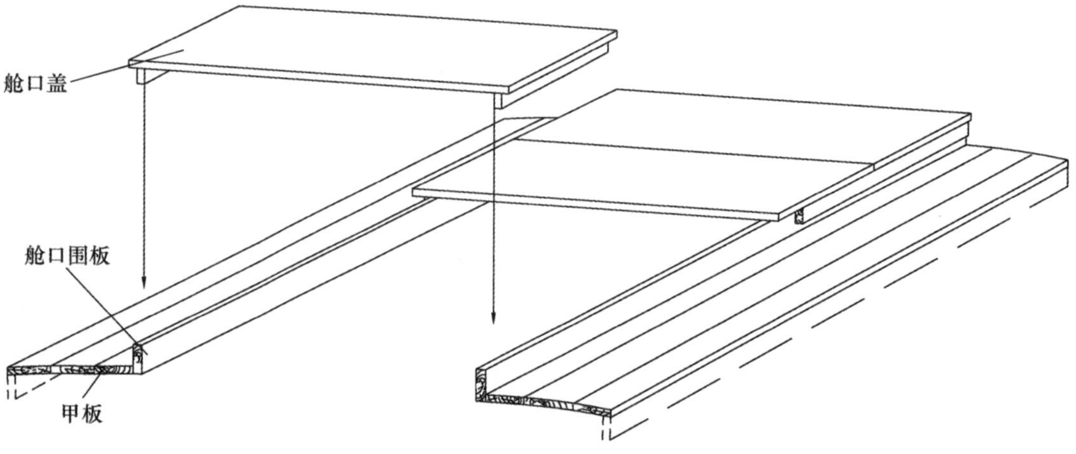

图9-7　一号古沉船货舱舱口围板与舱盖板图

三　舾装结构及设备复原

为保证船舶航行及各种性能，洛阳运河一号古沉船配备了各种舾装设备。这些设备很多已不复存在，复原的依据主要是部分残留的设备零件、设备安装痕迹、舾装原理和航行对设备的要求等。

舷墙：一号古沉船保留有局部舷墙（图版9-10）。从6号至7号舱壁之间到首部两舷设有尺度为300毫米×50毫米的舷墙，由一块整板构成，舷墙内倾约70°。6号壁向尾，没有见到安装舷墙的方钉和锔钉孔，所以可以断定只有首部分设有舷墙。图9-9为舷墙复原图。

舵：舵叶置于船尾绕舵轴旋转，用以对船体产生横向力，使船舶回转、变向或保持船舶

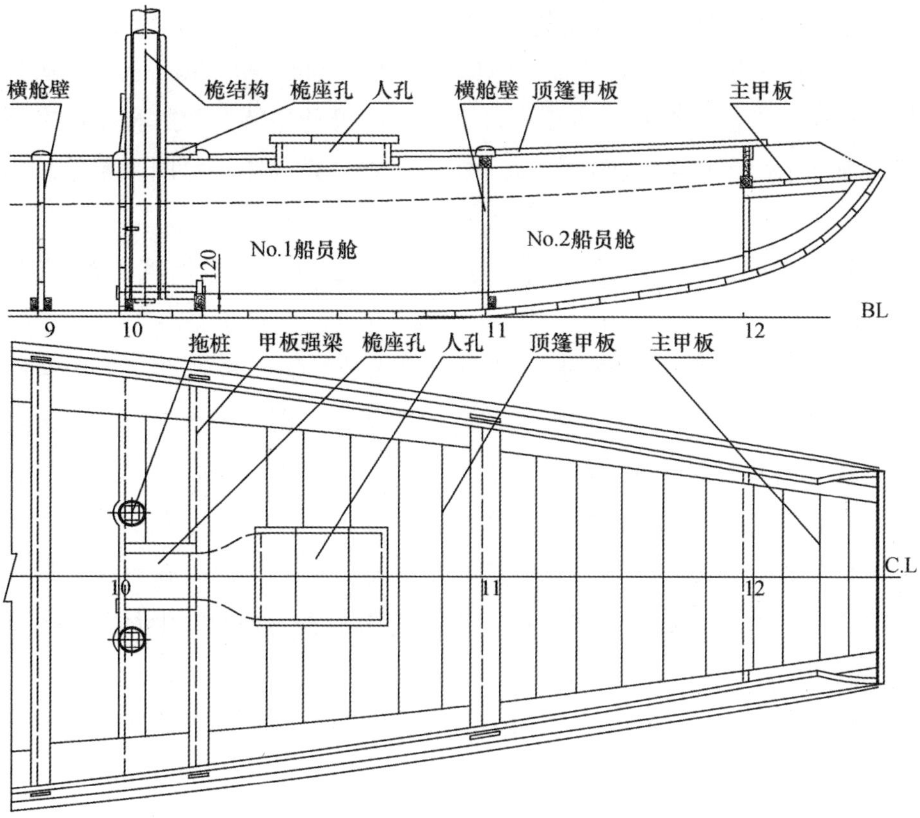

图9-8　一号古沉船首部船舱顶篷复原图

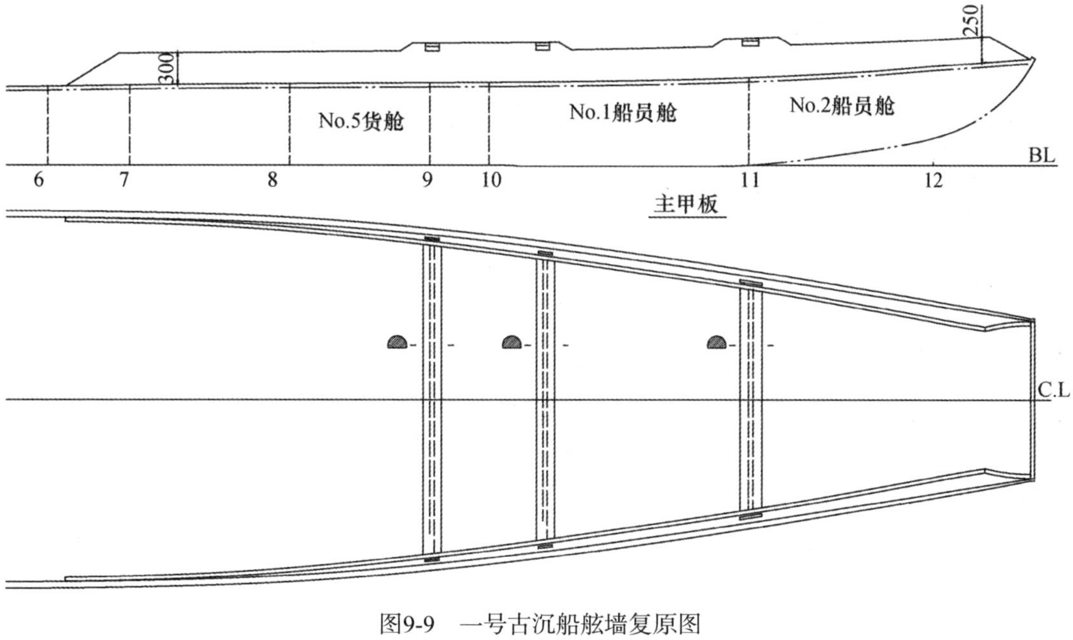

图9-9　一号古沉船舷墙复原图

航向稳定。洛阳运河一号古沉船的尾封板自主体内伸出两根方木（图版9-11），在前距尾封板560毫米处，还加装了一道悬空横向壁板，以固定方木，同时兼作舵工座椅。从方木端磨损的情况看，这是一对舵杆限位下承座。由于中国木船舵的可升降特性，舵杆一般在甲板上开孔、限制向下位移；而下承座主要限制舵杆摆动。封板上有三只铁环，可用来系结软索，以限制舵杆外摆。

根据舵承可知，洛阳运河一号古沉船采用的是垂直舵杆，经过估算，舵杆直径约在200毫米左右。

洛河为黄河支流，其船取0.5米吃水，参照黄河流域船舵，考虑洛河沙质河底的特点，部分舵叶面积置于基线以下，并利用船底线型的几何特点，采用了平衡舵，以增大舵叶面积，并使转动轻捷。为减小人力舵的回舵力矩，平衡系数也不宜过大。综合这几个因素，最终确定其舵叶面积为0.78平方米，舵面积系数8%。舵系复原图如图9-10所示。

桅：一号古沉船体量虽然不算很大，但在洛河上靠划桨是不足以持久推进船舶的。虽然甲板上留有撑篙的通道，但限于洛河水深条件，也只能用于靠泊和浅滩上运动。所以，古船的航行，主要应是拉纤或驶帆。

拉纤的船舶一般只会有一根桅，多数具有可倒放功能。这种动力方式更多用在较狭窄河

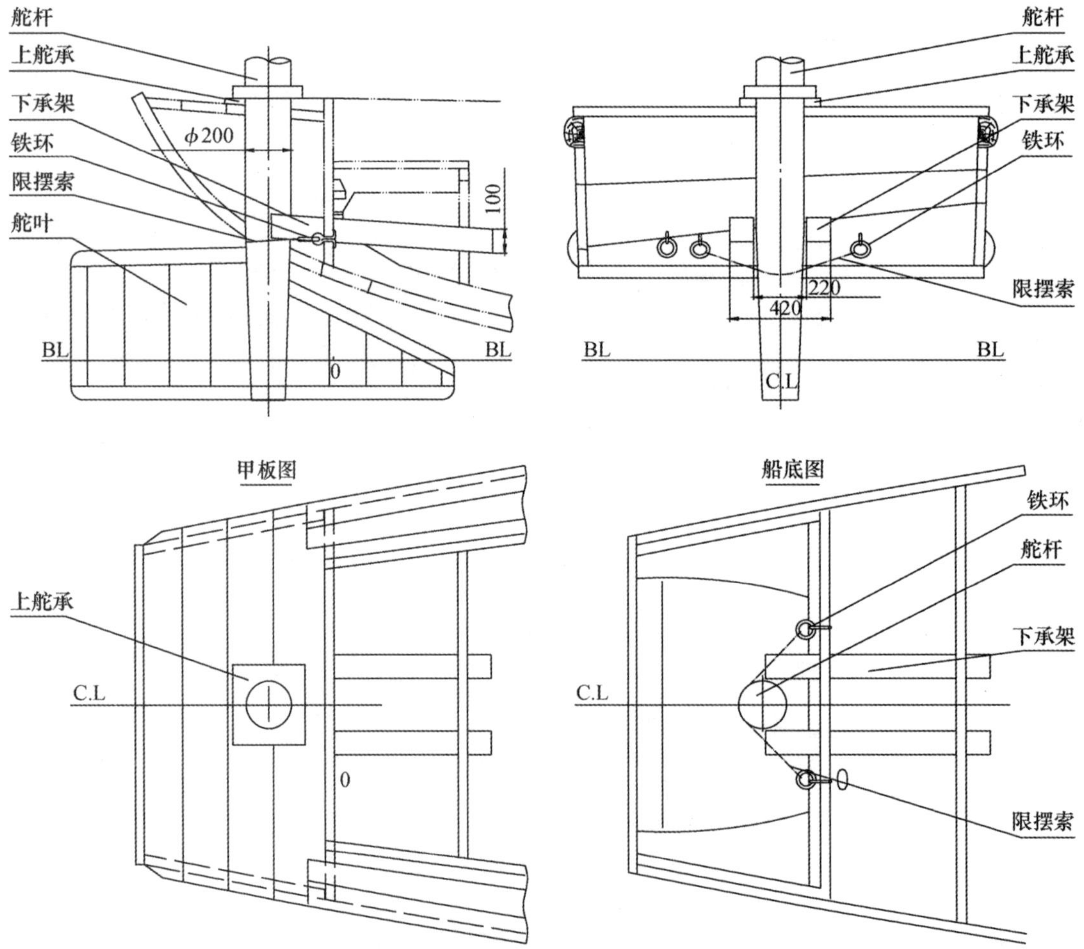

图9-10　一号古沉船舵系复原图

道或短距离推进。一号古沉船6～7号舱壁之间和10号舱壁之前还保留有疑似桅座的结构（图版9-12）。所以，一号古船更可能是采用风帆作为动力。6～7号舱壁处因为舱口盖板已不存留，看不到桅结构上端的固定形式。

另外，一号古沉船的桅结构与一般船舶情况不同。没有桅座，代之以上、下各一对短桁。底短桁并没有落到船底，距船底90毫米。图9-11显示了桅构件和布置情况。桅座从底桁下面的空间插进；然后安装桅及桅夹，通过下端的凸榫，插入活动桅座对应的榫孔中。图9-12为桅的布置复原图。

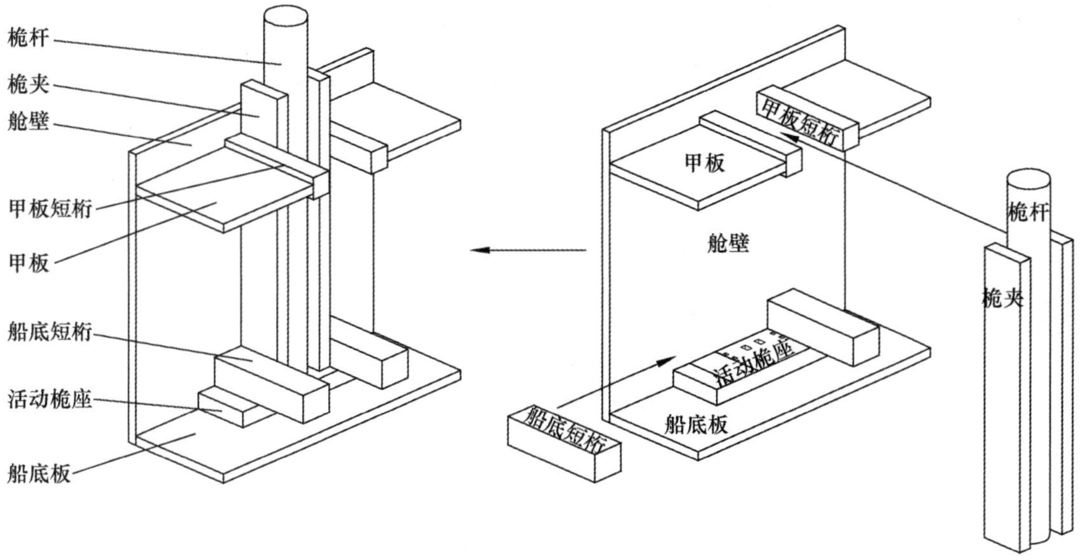

图9-11　一号古沉船桅的组成图

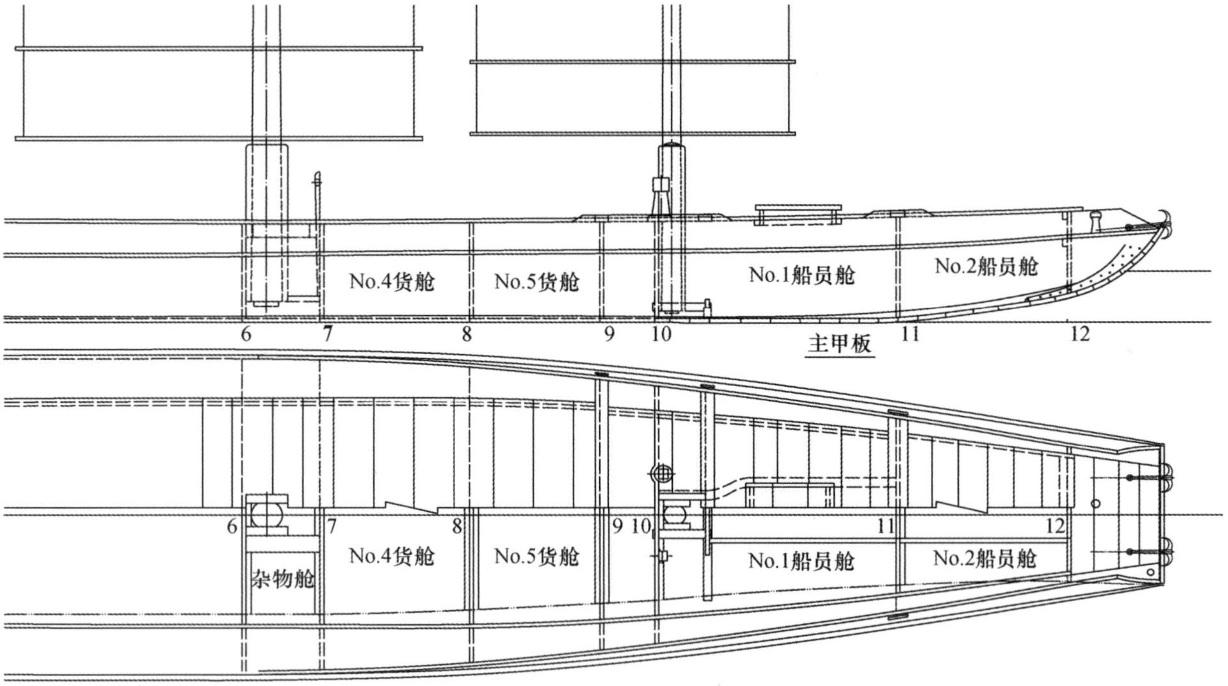

图9-12　一号古沉船桅的布置复原图

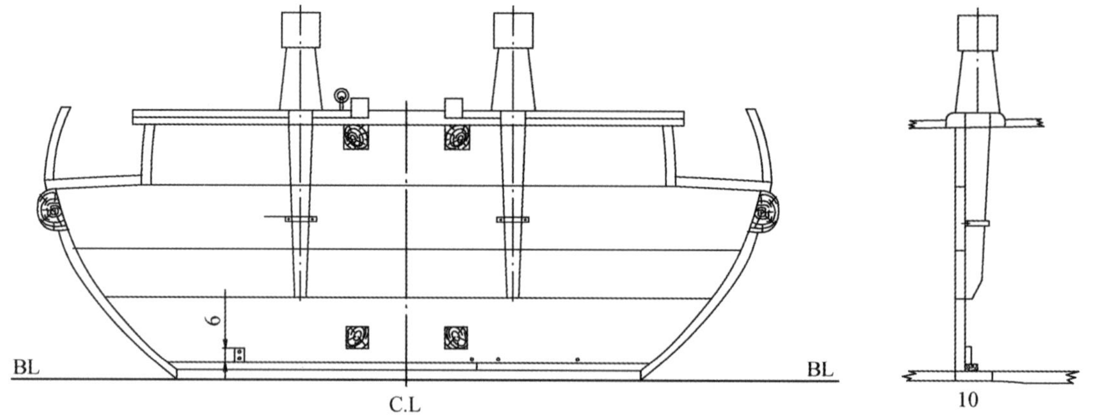

图9-13　一号古沉船10号舱壁处的拖桩结构图

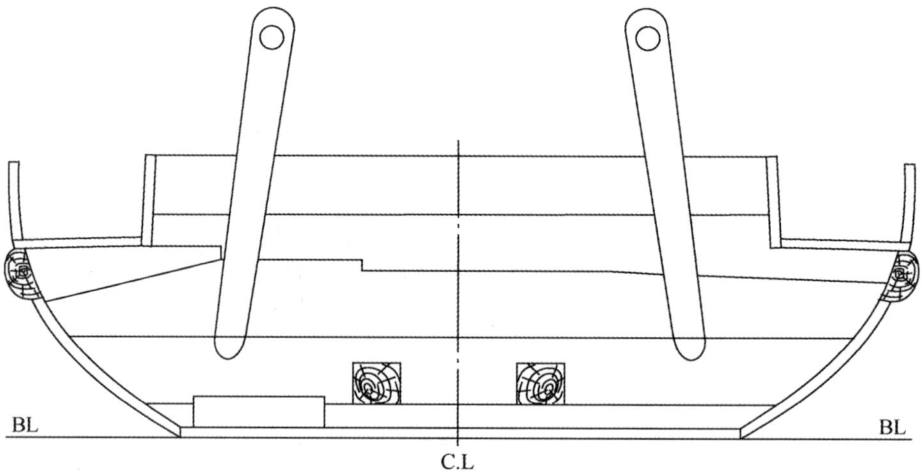

图9-14　一号古沉船7号舱壁处的导缆眼板剖视图

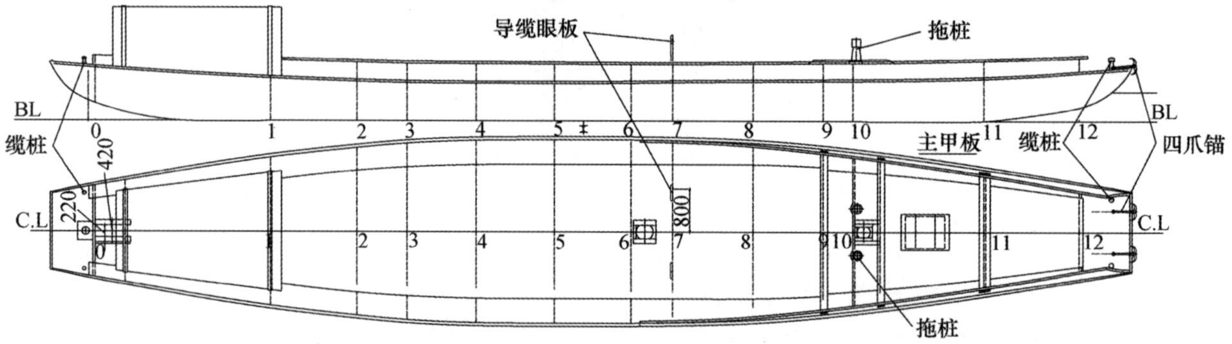

图9-15　一号古沉船舾装布置图

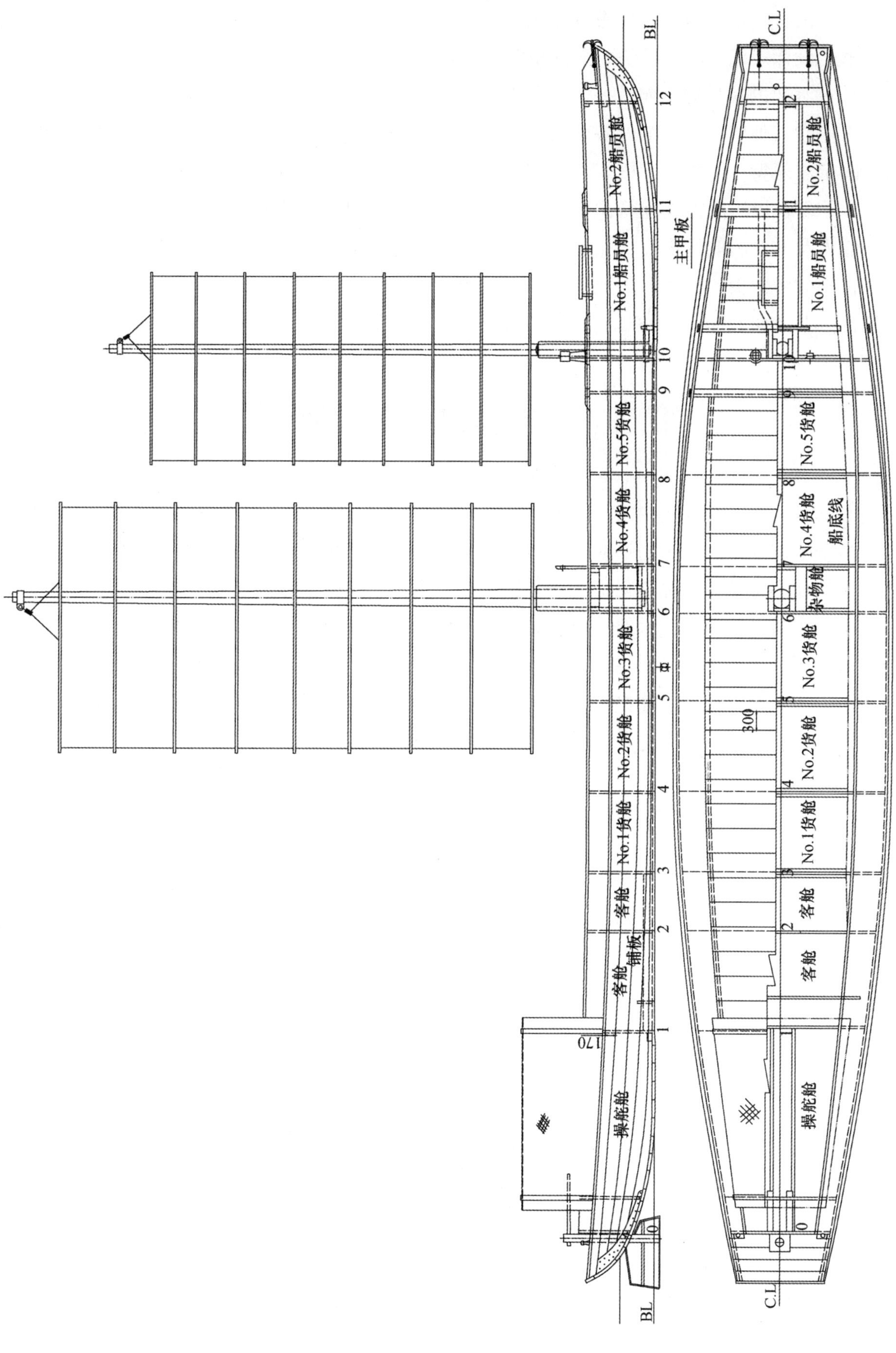

图9-16　一号古沉船总布置复原图

锚、系泊、拖带设备：一号古沉船舱面设备基本都不存在了。锚及缆桩等设备的复原工作是按照木船设计规范，确定设备数量及布置要求。

一号古沉船的10号舱壁向首一侧，装有一对桩柱（右舷一个已失），即拖桩（图9-13）。拖桩用来拖带其他船只，最细处桩径120毫米，拖桩有效高度260毫米。拖桩穿过顶甲板，中部有铁箍固定于舱壁，甲板以下固定长度770毫米。配合拖桩，7号舱壁处装有两个导缆眼板（图9-14）。导缆眼板的位置接近船长中点且稍微偏前，离船舶重心较近。当拖索受到拉力时，不会影响舵力及舵对船舶的操控。如果导缆眼板过于超前，则势必引起船舶偏航。

拖桩与导缆眼板的设置，表现了一号古沉船的设计者具有成熟的航行及驾驶经验。

根据本节的研究结果，一号古沉船的舾装布置图如图9-15，总布置复原图如图9-16。

第三节　船体结构复原研究

洛阳运河一号古沉船是古洛河水域的内河木船，与其他已出土的内河古船相比较，结构上具有与众不同的特点。①船板薄。全船除了局部结构外，主要板材厚度均在40～50毫米。其中强力构件如平板龙骨、舷顶列板、甲板边板的厚度都不过50毫米。与同尺度的古船相比较，是迄今所见用材最薄的古代木船。船板系就地取材，板材大小长短不一致，形状也很随意，仅凭借船工高超的手工工艺和密集的钉口连接，使各种规格的材料和谐地运用于该船。②锔钉密布。洛阳运河一号古沉船的连接工艺简单，除个别结构外，几乎全部采用了锔钉连接的工艺。配合少量方钉和榫卯方式，使全船合理地固结为一个整体，保证了强度，节约了制造时间。

一　外板结构

1. 船底外板

船底外板分为首、尾和中部三部分。其中，首、尾部分为横向列板，中部设纵向列板（图版9-13）。这种结构方式既有利于保证强度，又方便施工，结构与工艺十分合理。中部纵向列板总体上为9列，局部和首尾处稍有变化。列板的端接缝都设计在舱壁以下，既有利强度，又美观整齐。

列板之间采用了对接配合钉口连接（图9-17），中部各纵向列板之间采用对接方式相连，边缝除用枣核钉钉接外，还从外向内采用了锔钉连接。船中纵列板2～3路，板厚为50毫米左右，板宽为200～300毫米。两边船底板板厚约为40毫米。

纵向列板端接缝设计在舱壁以下，同时，采用锔钉将船底板与舱壁底骨钉接（图版9-14）。因为板材的规格不统一，所以锔钉的排列和间距没有什么规律，都是按需钉接，密密麻麻。船底板与舷侧外板之间，也是采用锔钉连接。

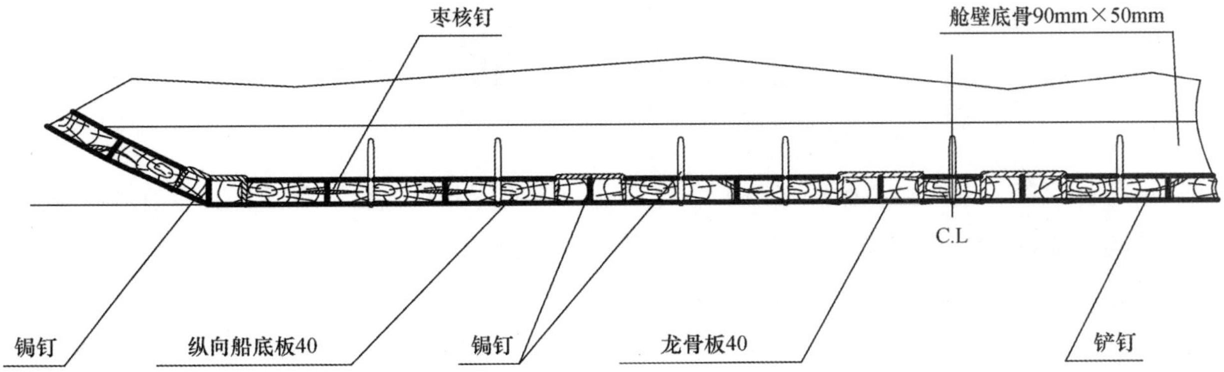

图9-17　一号古沉船底钉口连接结构图

首、尾船底采用了横向布板的结构形式，板厚为50毫米。舭部与舷侧外板采用了角接形式的连接，同时用密集的穿板锔钉钉接，钉距80～150毫米不等。

为了保证横向船底处的强度，分别在首尾横向底板处，加装了两道底纵桁。尾部底桁间距平均约450毫米，桁材截面尺寸为230毫米×50毫米；首部底桁间距500毫米，至首部时，渐缩为360毫米。桁材截面尺寸为120毫米×50毫米，首横向船底板与前封头自然过渡，顺势而上。

2. 舷侧外板

舷侧列板板厚也是40毫米。端部连接形式有钩子同口、滑肩同口等。由于板厚度较小，所以舷侧列板边缝采用的是对接方式连接，对接工艺相对简单，但有利于捻缝。钉口方式与船底板相同，采用枣核钉固定和连接，另用锔钉加固（图9-18）。

舷侧顶列板（大欟）宽80～100毫米，中部宽约200毫米，至首、尾处宽度减小至140毫米。大欟选用三节拼接而成，端接头为钩子同口连接（图版9-15）。

外板和底板在船舶的首、尾处角接汇交。为加强首、尾的局部强度，同时提高外观的美观程度，在首、尾外板与船底交接处，加装了护腮板（图版9-16），护腮与大欟顺势相接，美观、协调。

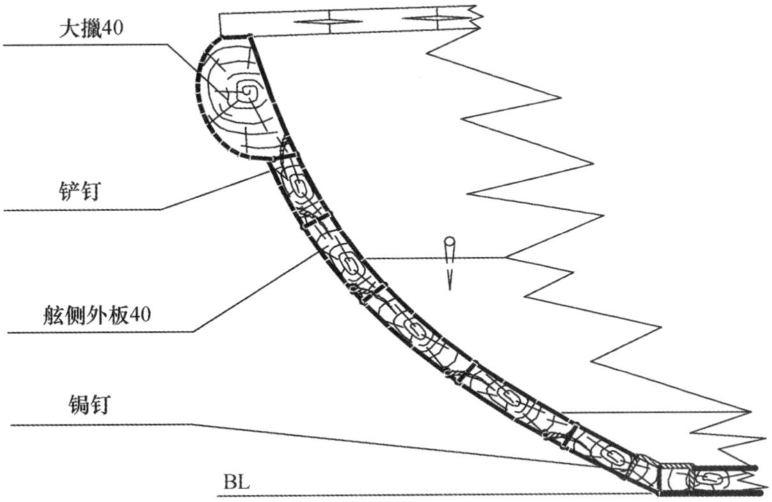

图9-18　一号古沉船外板的连接结构图

二　舱壁结构

一号古沉船共设有12道舱壁板及首、尾封板，将船体分隔为13个空间，其中有9道水密舱壁，共同构成古船各种功能的舱室。各舱壁板板厚均为40毫米，舱壁板宽窄不一。

在古船中部的舱壁下方，装有单面（近首、尾处）或双面（船中部）的舱壁底骨（图9-19，图版9-17）。底骨尺寸高80～100毫米，厚40～85毫米，用锔钉分别与船底和舱壁相连。舱壁板与舷侧外板之间采用方头钉加双面锔钉固定（图版9-18）。

图9-20是沉船中部典型舱壁的结构图。舱壁板横向布置，列板之间采用铲钉和锔钉交替钉接。舱壁与船底板通过锔钉连接，同时还在两边加了舱壁底骨，底骨与船底板也用密集的锔钉钉接。舷侧外板与舱壁板利用方钉和锔钉同时钉接。

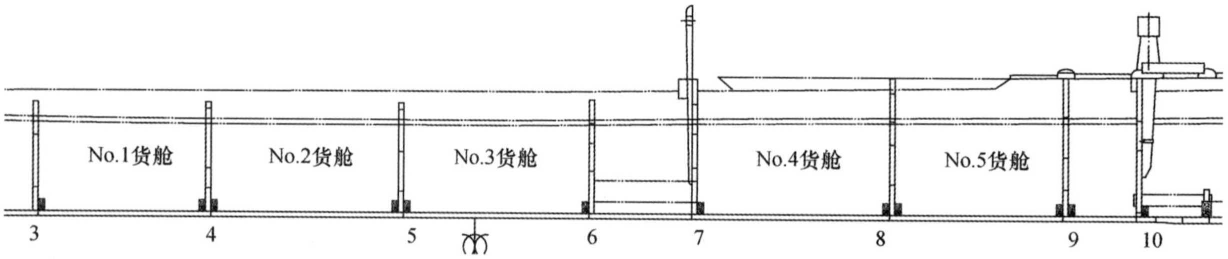

图9-19　一号古沉船舱壁底骨剖视图

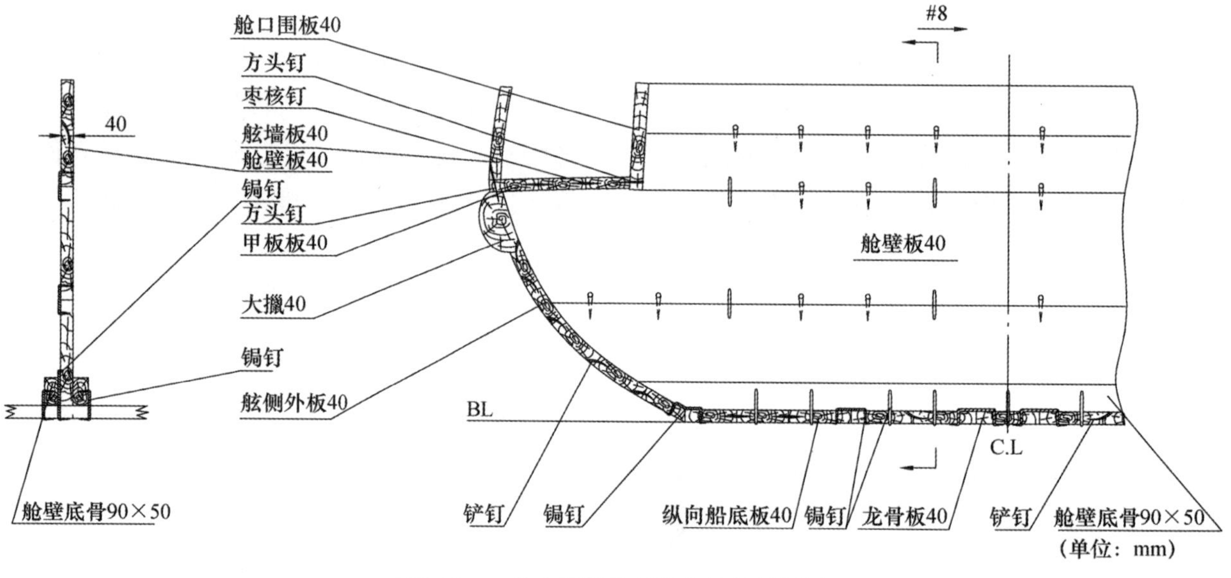

图9-20　一号古沉船典型舱壁结构剖视图

三　甲板结构

根据测绘结果，甲板板厚为40毫米。甲板直接用方钉钉在舱壁上，并加锔钉固定。甲板最宽处由三列板拼接而成，延至首尾减为两列板。图9-21表示了甲板板与舱壁板、舱口围板以及舷侧外板（大攔）之间的结构连接方式。

一号古沉船是洛阳地区出土的唯一一条较完整的洛水古船。通过分析现有的文献和考古资料，完成了测绘和初步的复原工作（图9-22），但还有不少尚待讨论和探索的问题，比如一号古沉船的年代问题等，尚需进行多学科、全方位的研究。

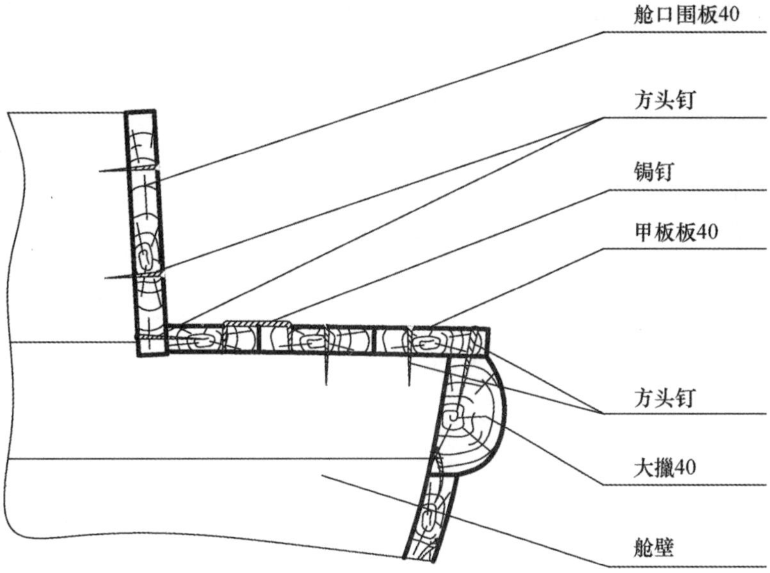

图9-21　甲板与舱壁、舱口围板以及舷侧外板的连接方式剖面图

第四节　一号古沉船年代的推断

从前述各项复原研究，下述三项值得重视。

第一，船板薄。全船除了局部结构外，主要板材厚度均在40～50毫米。其中强力构件如平板龙骨、舷顶列板、甲板边板的厚度都不过50毫米。与同尺度的古船相比较，是迄今所见用材最薄的古代木船。而且古船多处出现用形状尺度不很规格的船板拼裁连接，反映该船系民间船匠所造，船匠的高超技艺非同一般。

第二，舱壁板列板之间采用铲钉和锔钉交替钉接。舱壁与船底板通过锔钉连接，同时还在两边加了舱壁底骨，底骨与船底板也用密集的锔钉钉接。舷侧外板与舱壁板利用方钉和锔钉同时钉接。从锔钉技术十分成熟、锔钉都十分轻巧等特征考察，为宋代、明代所罕见。洛阳船铁钉、锔钉的密集使用表明铁质零件及其工艺在当时早已不是稀罕之物了。

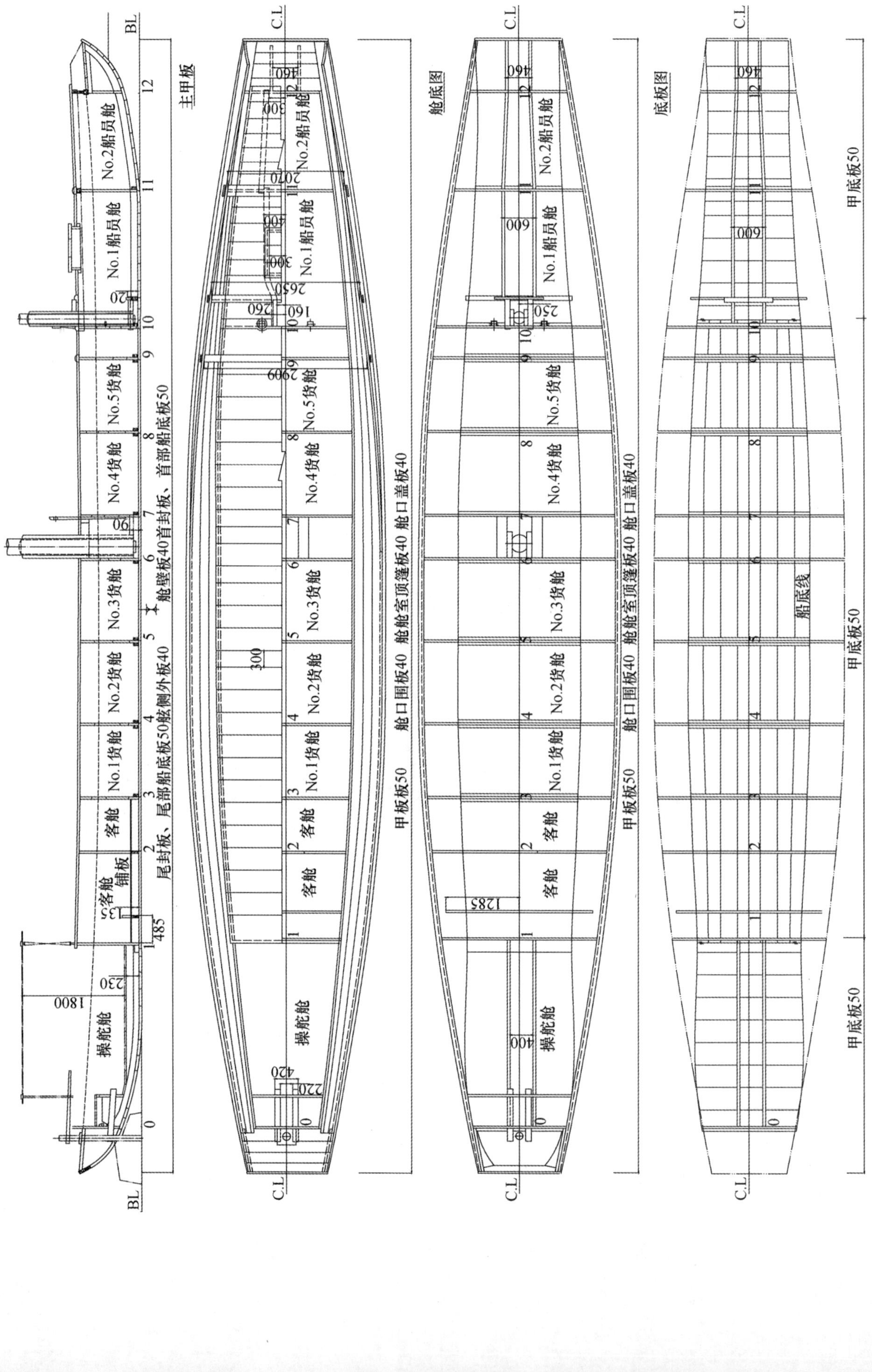

图9-22　一号古沉船基本结构图

第三，在第10号舱壁装有一对拖桩桩柱，用来拖带其他船只。在第7号舱壁处装有两个导缆眼板。导缆眼板的位置接近船长中点且稍微偏前，离船舶重心较近。当拖索受到拉力时，不会影响舵力及舵对船舶的操控。如果导缆眼板过于超前，则势必引起船舶偏航。拖桩桩柱与导缆眼板的设置，表现了一号古沉船的设计者具有成熟的航行及驾驶经验。

依据以上三点，一号古沉船当为清代遗留的船舶。

第十章　一号古沉船所用木材鉴定

第一节　工 作 报 告

一　工作背景和鉴定目的

（一）沉船发掘背景

2013年9月，在洛阳偃师207国道洛河桥北附近的洛河滩里，一艘木头制作的古沉船被发现，船长20.14米、宽3.48米。河南科技大学林业学院的专家、学者亲临现场勘察，和现场的考古工作者进行了密切的交流得知：这是在洛阳市偃师区洛河滩第一次发现的保存较好的清朝沉船。沉船发掘出土后，距河滩地表深约4米，北距河床约50米，距洛河北堤约70米。古沉船内外都沉积有淤沙和淤泥层。据考古工作者分析，淤泥层是青膏泥，青膏泥的形成与沉船所处的周围环境有关，它在非常平稳的水环境中才能形成；因为水中含有丰富的有机物微粒，它们在水中慢慢地沉积，形成细泥层，呈青色；河中有机物的主要来源为河道上繁忙的人类活动。这说明古沉船所在曾经是古运输河道。

据考古专家研究分析，一号古沉船不是被故意废弃的旧船，而应是运输货物的过程中，突遭洪水袭击，船体受到损坏而沉入水底，根据古沉船内的遗物特征、沉船所处的地层情况、船体结构和科技仪器分析结果，判定其为清代沉船。

（二）古船体木质鉴定目的

木材鉴定主要是在宏观和微观的基础上，对木材进行观察的科学行为，是依据木材的解剖特征（即木材的细胞和组织的形态）进行检测、分析，做出初步判断，继而与科学定名的木材切片和标本进行比对，如果相符合，便可将该种木材鉴定到所属、类或树种。其中要用到木材解剖学。木材解剖学是一门独立学科，是植物学科的分支之一。木材鉴定的主要方法便是木材解剖学。依据木材的解剖特征来鉴定木材，初次只能精确到所属或亚属（组/类别），不能精确到种，特殊情况下，该树种是属于某地区的特有树种，也能直接确定树种。木材鉴定的方法主要分为宏观和微观两种[①]。

宏观鉴定，指用肉眼（包括放大镜）观察木材的解剖构造、特征，从而区分或判定树种。该方法操作便捷，在生产实践上普遍使用，但其精确性不高。

微观鉴定，是指用光学显微镜或电子显微镜，来观察木材的微观解剖构造、特征，从而来区分和判定树种。虽操作较繁琐，但具有较高精确度。

在实际工作中，以保证木材鉴定的准确性和科学性，一般多采用宏观鉴定和微观鉴定两种相结合的方法。要提高木材鉴定的准确性，木材必须具备良好的“软件”和“硬件”条件。所谓的“软件”是指有经验的专业人员，能熟练地掌握与运用木材识别的专业术语，准确观察和描述木材的宏观与微观特征，会使用辅助的识别卡片和计算机软件，熟练地查找相关书籍与资料，得出准确无误的鉴定结果。“硬件”还包括辅助识别的工具如放大镜、光学显微镜、对分检索表、检索穿孔卡和计算机等；各国有关木材识别的书籍、资料等。由于木材是生物材料，变异性较大，所以木材标本与切片的种类与号数越多越好，可提供更多有用的信息。还应有制备切片的滑走切片机与相应的玻璃器皿和常用的化学试剂及生物染料等[②]。

木材标本一般应来自相关的研究所与高等院校的标本室或自己采制，且须经植物学家或树木分类学家正确定名，并附上拉丁学名。木材标本一般还应配有对应的树木腊叶标本，同时在实验室切制好永久光学切片，每张切片须包括木材的横、径和弦三个切面。木材标本与切片是木材鉴定中进行直接比对的参考材料。

二　主要做法及完成情况

根据木材鉴定基本规则，自沉船开始发掘以来，河南科技大学林学院合理安排繁重艰巨的教学和科研工作任务，院领导统筹部署，将古沉船的木材宏观鉴定、木材标本及土层标本采样、木材微观鉴定和船木保护方案的制订工作与学院科研工作相结合，确保古沉船木材鉴定工作顺利完成。

（一）宏观鉴定

A. 船木的初步鉴定

2014年4月13日，在接到考古发掘单位领导关于古沉船木材鉴定的邀请后，河南科技大学林学院领导立即动员木材解剖实验室科研人员，收集相关资料，设计鉴定方案，并为后期的木

① “中国林科院木材标本馆”，http://www.criwi.org。

② 姜笑梅：《浅谈如何正确识别木材》，《人造板通讯》2002年第1期。

材微观鉴定工作打好基础。4月16日，林学院长林晓民教授和赵西平博士在考古发掘单位领导专家的陪同下到沉船发掘现场实地进行船木的初步鉴定工作。此时，在保护现场看到，一艘大船在河滩上，沉船靠北半侧露出地面部分约17米，南半侧还未清理出来，露出地面的沉船最宽处3.2米。沉船呈东西向放置，船身有倾斜。沉船的船舷外包有铁皮，船体上露出多个木桩和木板，船体内分多个小舱，部分船体有残缺（图版10-1）。

从部分船木的纹理及腐朽程度来看，该木船不是近期才沉入河底的，但是其造船年代应也不会久远。对沉船的用材进行初步鉴定，发现其所使用的木材不是同一树种，而多个树种混用，最先挖掘出来的云车轴初步确定为榆木；隔舱板大部分为槐木，部分修补处为松木或栎类树种；纵桁的纹理通直、年轮清晰，应为松木，但具体是哪种松木，尚需要通过采样进行微观鉴定。

船体大部分尚埋于河沙中，所以此次调研，只是对沉船露出部分进行了初步鉴定，对不能立即确定的部分拍摄了照片以便与河南科技大学木材标本室的标本进行比对鉴定，同时对关键部分拟定采样进行微观鉴定。

B. 整体船木的宏观鉴定

林晓民院长和赵西平博士在对沉船的木材进行了初步鉴定后，将获取的树种信息和资料照片带回河南科技大学。一方面召开木材解剖实验室项目组成员研讨会，广泛征求关于船木鉴定中存在的问题及建议，具体落实了标本对比工作，另一方面及时制定新的鉴定步骤，拟定在沉船整体发掘出来后对船木进行二次宏观鉴定，获得全面可靠的数据。

2014年6月9日，在考古发掘单位主管领导的陪同下，林晓民院长和赵西平博士对整体发掘的沉船进行了第二次木材宏观鉴定（图版10-2）。

对沉船的用材进一步宏观鉴定，可以十分肯定的是船木是多个树种混用。云车轴确定为榆木（图版10-3）；隔舱板大部分为槐木，部分修补处为松木或栎类树种；纵桁、龙骨及底板绝大部分为松木（图版10-4）。特别强调的是，此次发现船头的两侧有护腮，根据其纹理和松软程度判断，可能是柳木（图版10-5）。

此项工作不仅进一步核实了前期的宏观鉴定工作，同时对下一步微观鉴定的部分进行了确定。考古发掘单位也提供了珍贵的船体结构布局图资料，这为明确船体各部位的详细材质提供了参考。

（二）取样工作

为了对船木的用材进行更为精确的分析和鉴定，同时对沉船处土层的性质进行分析，为古沉船的考古发掘、保护搬迁、复原工作提供科学依据。2014年7月9日，鉴定团队在考古发掘现场进行了船木样品采集。依据文物保护的原则，截取的大多数样品均选自船体脱落小裂片或碎片部分（图版10-6），分别取样于船体的6个不同位置，样品用保鲜袋密封后带回实验室。由于取样时船体基本挖掘出，船体周围土质破坏，仅船体下面支撑土层保存完好。因此，仅对该位置的土质进行测定（图版10-7）。

（三）微观鉴定

由于发掘保护的需要，在发掘现场我们对古沉船（包括散落部分）进行了药物保护处理，所用药物为聚乙烯二醇。所以在微观观察前，我们将切片进行了热水处理，这也是木材样品排气的重要举措。对于较硬样品，可以在室温下软化约48小时，所用软化剂为5%的乙二胺，软化后再进行切片；经过热水处理且基本能成型的样品采用聚乙二醇包埋进行切片；处理后严重腐烂，经手捏就松散的用石腊包埋法进行切片。切片机采用轮转式机型，切出的切片厚度为15μm。拍照采用Mshot（MD50）数字成像系统进行，同时进行显微结构的观察（图版11-8）。

（四）土层分析

进行现场采样和实验室开启样土试验时，描述土样状态，依照下列规范：通俗名称；潮湿状态下土的颜色；土颗粒粒径；有机质检测（根据土中未完全分解的动植物残骸和无定形物质判定）；土的湿度（干、湿、很湿或饱和）；土的比重。

土的比重是组成土的矿物颗粒密度的平均值（即土中各种矿物比重的平均值），其值的大小是土的实测指标之一，与组成土矿物的种类及其含量有关。土粒比重是土粒质量和同体积40℃纯水的质量之比。实验室测定土粒比重时，土的固体部分质量可以用精密天平测定，相应之固体体积采用排除同体积的液体方法测得（表10-1，图版10-9）。

表10-1　主要完成人员情况

姓名	林晓民	赵西平	冯琦	余建基	郑彩霞	艾培炎
职称	教授	副教授	讲师	研究生	研究生	研究生
职责	宏观鉴定	木材鉴定	木材切片	土质分析	土质分析	木材切片

第二节　技术报告

一　鉴定依据

为了提高鉴定的科学性和准确性，古沉船木材鉴定采用了微观鉴定和宏观鉴定相结合的操作方法。船木鉴定的依据是正确定名的木材标本，均来自河南科技大学木材标本室，且已经过植物和树木分类学家的正确定名，并附有拉丁学名。同时，木材标本还配有对应的树木腊叶标本以及在实验室切制的永久光学切片，每张切片包括木材的横、径和弦三个切面。木材标本与切片是木材鉴定中进行直接比对的宝贵材料 。同时木材鉴定还参考现在的木材标本图谱。

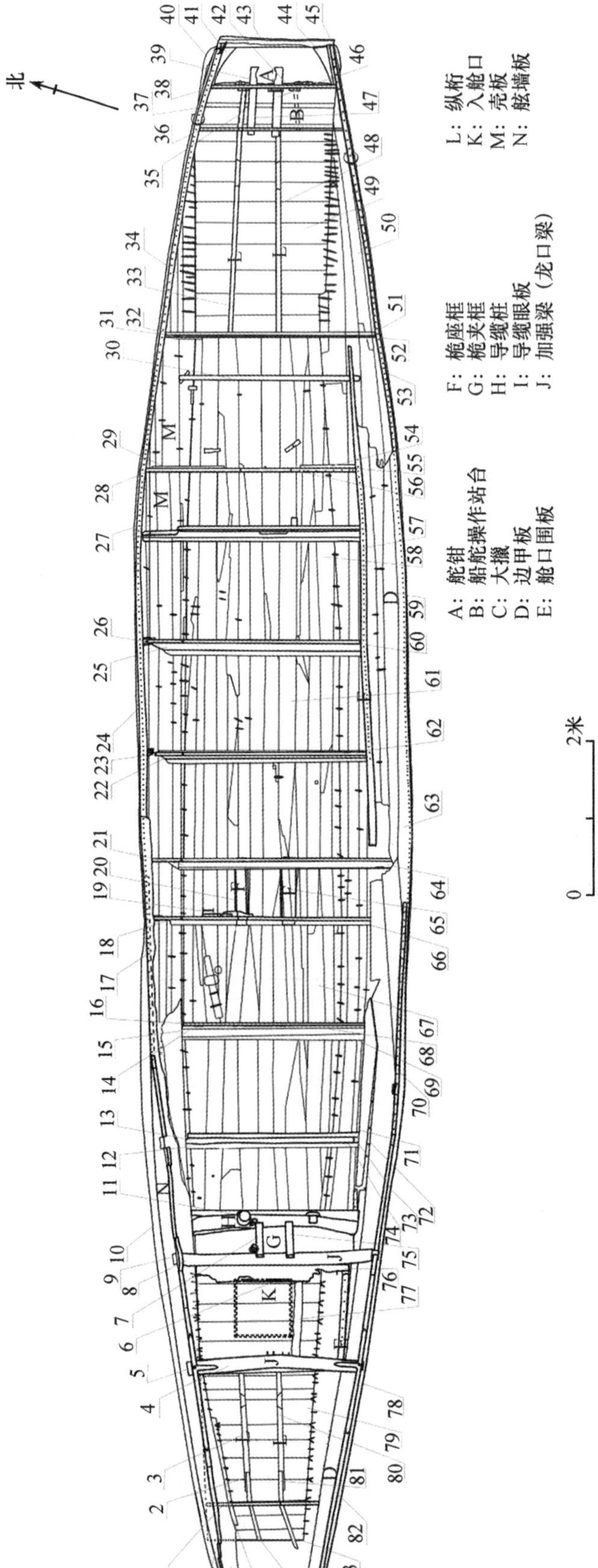

图10-1　一号古沉船各部位用材编号示意图

土质分析则是应用中华人民共和国国家标准《土工试验方法标准》（GB/T 50123—1999）进行。

二　鉴定结果

综合宏观和微观鉴定结果（见附录一），船体各部位木材树种详见图10-1和表10-2。古沉船木材由5个树种组成，以马尾松为主体，混有栓皮栎、榆木、国槐，柳木和杉木占有量很少（表10-3）。

表10-2　一号古沉船各部位用材树种

编号	部位	树种	备注
1	肋骨	马尾松	
2	纵桁	马尾松	
3	纵桁	马尾松	
4	龙口梁	马尾松	
5	肋骨	国槐	
6	甲板梁	国槐	
7	桅夹	榆木	
8	龙口梁	马尾松	
9	肋骨	马尾松	
10	大擸	马尾松	
11	缆桩	榆木	云车轴
12	肋骨	马尾松	
13	隔舱板	马尾松	北侧两块
14	隔舱板	国槐	
15	隔舱板	国槐	
16	隔舱板	杉木	南侧修补
17	边甲板	马尾松	
18	肋骨	马尾松	
19	导缆眼板	榆木	
20	桅座	马尾松	
21	肋骨	国槐	
22	肋骨	马尾松	
23	隔舱板	国槐	
24	大擸	马尾松	
25	隔舱板	国槐	
26	隔舱板	国槐	
27	大擸	马尾松	

续表

编号	部位	树种	备注
28	隔舱板	国槐	
29	隔舱板	马尾松	中间
30	肋骨	马尾松	
31	隔舱板	国槐	
32	隔舱板	国槐	
33	纵桁	马尾松	
34	壳板	马尾松	
35	肋骨	马尾松	
36	站台隔板	马尾松	
37	底板	马尾松	
38	尾封板	马尾松	
39	舵钳	榆木	
40	护腮	柳木	
41	舵室底边封	马尾松	
42	尾封板	马尾松	
43	尾封板	马尾松	
44	舵室底边封	马尾松	
45	护腮	柳木	
46	悬空纵桁	榆木	
47	悬空纵桁	榆木	
48	纵桁	马尾松	
49	底板	马尾松	
50	壳板	马尾松	
51	肋骨	马尾松	
52	隔舱板	国槐	
53	大欄	马尾松	
54	方形木条	马尾松	附于隔舱板下部
55	舱口围板	马尾松	
56	隔舱板	马尾松	
57	舱口围板	马尾松	
58	底板	马尾松	
59	边甲板	马尾松	
60	舱口围板	马尾松	
61	底板	马尾松	
62	隔舱板	国槐	
63	边甲板	马尾松	
64	肋骨	马尾松	

续表

编号	部位	树种	备注
65	桅座	国槐	
66	肋骨	国槐	
67	底板	马尾松	
68	隔舱板	杉木	南侧
69	肋骨	国槐	
70	舷墙板	栓皮栎	
71	舱口围板	国槐	
72	边甲板	马尾松	
73	隔舱板	国槐	南边上部
74	隔舱板	国槐	南边中间
75	桅夹	榆木	
76	前甲板	马尾松	
77	甲板梁	马尾松	
78	大攎	马尾松	
79	底板	马尾松	
80	纵桁	马尾松	
81	纵桁	马尾松	
82	舷墙板	栓皮栎	
83	肋骨	马尾松	
84	边甲板	马尾松	
85	纵桁	马尾松	
86	舱口围板	国槐	隔舱边板
87	边甲板	马尾松	
88	舷墙板	栓皮栎	

表10-3　树种木材造船部位

树种	部位
马尾松	肋骨、舷板、底板、边甲板、舱口围板、隔舱板、大攎、纵桁、龙口梁、桅座、尾封、尾封底板、尾封板、舵室底边封、其他结构件
国槐	肋骨、舱口、隔舱板、桅座、舱口围板
栓皮栎	舷墙板
榆木	桅夹、缆桩、导缆眼板桩
柳木	护腮
杉木	隔舱板（后期修补）

三　古沉船发掘及保护建议

从古沉船发掘处土质分析可知，该处土体贫瘠，土中有机质含量都比较低，土样较为潮湿（见附录二）。推断该土质具有很强的吸附水分的能力，很可能为冲积质泥土。该处土质对船体有一定的保护作用。

从出土沉船的木材性能指标看，其大部分木材降解程度较低，未发现细菌和真菌的存在，少部分严重降解，可能主要是由土壤的酸碱水解作用引起的降解。沉船沉没后，深埋于河道边的淤沙土中，密闭性很好。加之栓皮栎、马尾松和国槐的稳定性好，变形小，尺寸收缩，因此对该船木材可采用化学药剂进行脱水置换处理。处理时要尽量使水分缓慢排出，以防止船木开裂或变形。另外，由于沉船木质船体船木的含水率很高，要防止发生真菌霉变和腐朽等变化①。

第三节　附　　录

附录一　一号古沉船用材树种显微鉴定及材性分析报告

一、委托单位：考古发掘单位

二、采样地点：洛阳偃师古沉船发掘地

三、采样日期：2014-7-9

四、鉴定日期：2014-12-24

五、鉴定地点：河南科技大学林学院

六、实验室地址、邮编：河南省洛阳市涧西区天津路70号，471003

七、样品状态描述：

样品采集于2014年7月9日，地点在考古发掘现场。依据文物保护的原则，截取的大多数样品均选于船体脱落小裂片或碎片部分，取样于船体的各不同位置（表10-4），样品密封在保鲜袋中送达实验室。

① 赵西平、王磊、艾培炎，等：《洛阳偃师古沉船木材识别及材性分析》，《西北林学院学报》2016年第1期。

表10-4　样品编号及基本情况

编号	1	2	3	4	5	6
位置	舷板	纵桁	舱口围板	隔舱板	龙口梁	隔舱板
状况	较硬，腐烂轻	较松软，局部腐烂	松软，腐烂严重	松软，腐烂严重	较硬，腐烂轻	较硬，腐烂轻

因古沉船在地下埋藏时间较长，导致木材颜色加深，考古发掘出土后，沉船暴露于空气中，水分快速散失造成船体表面开裂，使得木材的宏观构造不甚清晰，因此鉴定工作主要是依据木材的微观构造进行。由于在发掘过程中对沉船木材（包括散落部分）用聚乙二醇进行了处理，首先要对样品的切片进行热水处理，这也是对木材样品排气的重要措施。其中，1号、5号和6号样品较硬，在室温下，对样品用5%的乙二胺软化约48小时后进行切片；2号样品，热水处理后能成型，采用聚乙二醇包埋进行切片；3号和4号样品严重腐烂，手一捏就散，用石蜡包埋法切片。切片采用轮转式切片机进行，切片厚度为15μm。采用Mshot（MD50）数字成像系统拍照并观察其显微结构。

由于1号和5号样品尺寸太小，所以仅做了切片；3号和4号样品严重腐烂，除切片外，还测定了各类抽提物、灰分、木素和纤维素的含量等化学性质。测定方法参考东北林业大学编《木材化学试验指导书》；2号和6号样品，数量多，尺寸大，故测定了木材气干密度等物理力学性质指标，测定方法参照《木材物理力学性质试验方法总则》（GB/T　1928—2009）。

八、检测内容

（一）船木解剖构造特征与材种鉴定

根据木材的显微构造进行鉴定，木材样品分别来自于三个树种（以A、B、C表示）。其中，1号和5号为树种A，2号和6号为树种B，3号和4号为树种C。

树种A：阔叶树材，环孔材，有孔材，木射线明晰且宽，木材组织结构较复杂，早材带较宽，有1～5列管孔，多数1～2列；晚材管孔明显，径列，宽1～2列管孔，通常1列，偶见3列；单管孔外形为圆形或卵圆形，浸填少或无，木纤维壁较厚，薄壁组织丰富，呈环管束状（图10-2：横切面4×）；多列射线，射线宽4～10细胞，射线细胞横断面为方形或长方形（图10-2：径切面10×）；射线细胞为圆形或近圆形，异形射线Ⅲ型，木射线鞘细胞清晰（图10-2：弦切面10×），无胞间道。

树种B：针叶树材，无孔材，木材组织均一，树脂道正常，而且树脂道大而多（图10-3：横切面4×）；早材到晚材的形式为突变；早材中的管胞大多呈六边形，弦向壁比径向壁窄，薄壁，壁腔大；晚材带宽，晚材中的管胞大多呈矩形，弦向壁比径向壁宽，厚壁，壁腔小。管胞之间具缘纹孔多成双列或单列；具缘纹孔向外突起。射线细胞交界处和轴向管胞的交叉场纹孔为松型交叉场或窗格状纹孔（图10-3：径切面40×）。有两种射线：纺锤形木射线和单列射线，纺锤形木射线高7～16个细胞，宽可达3个细胞以上，中间有时有横生树脂道；单列射线高3～13个细胞（图10-3：弦切面40×）。

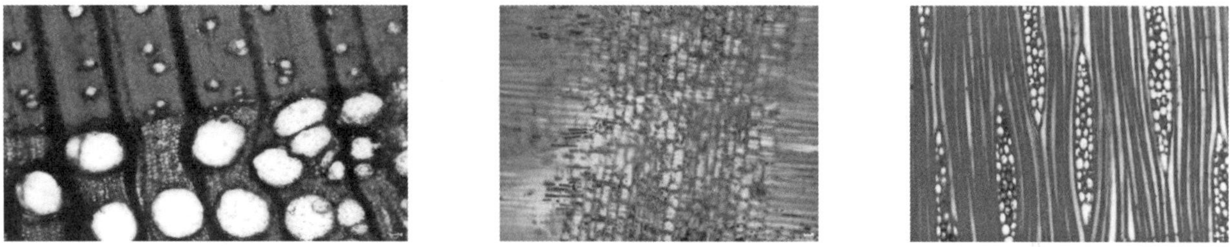

横切面4×　径切面10×　弦切面10×

图10-2　树种A的木质部解剖结构图

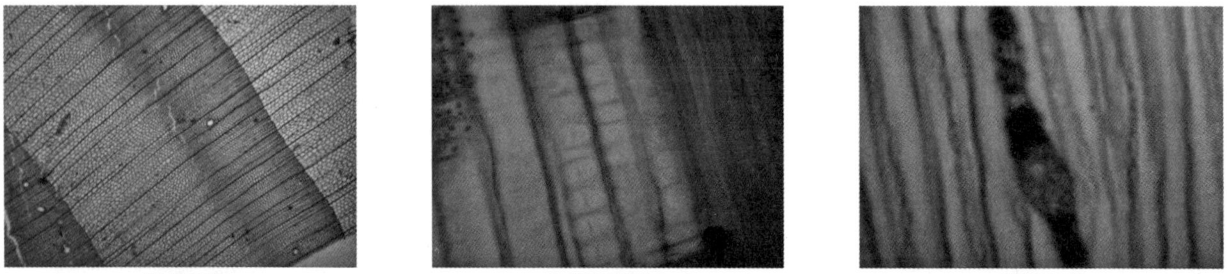

横切面4×　径切面40×　弦切面40×

图10-3　树种B的木质部解剖结构图

树种C：阔叶树材，环孔材，有孔材，木材组织结构较复杂，单管孔外形为圆形，早材管孔2～3列，薄壁组织丰富，环管束状（图10-4：横切面4×），晚材管孔或复串斜列、团列、弦列（图10-4：晚材横切面10×），可见分隔木纤维，厚的纤维壁，多列射线，射线宽4～10细胞，射线细胞方形或长方形（图10-4：径切面10×），射线细胞横断面为圆形，Ⅲ型异形射线，可见木射线鞘细胞（图10-4：弦切面10×）。

依据观察的树种A、B和C木材的构造特征，经与河南科技大学木材标本馆切片标本和标准图谱对比分析，判定树种A为壳斗科（*Fagaceae*）栎属（*Quercus*）的栓皮栎（*Quercus variabilis* Bl.），树种B为松科（*Pinoideae*）松属（*Pinus Linn*）的马尾松（*Pinus massoniana* Lamb.），树种C为豆科（*Leguminosae*）槐属（*Sophora*）的槐木（国槐）（*Sophora japonica* Linn.）。

栓皮栎和马尾松是在我国分布广泛的一种阳性树种，喜温，喜光。这两种木材坚韧耐磨，耐水湿，耐冲击，结构略粗，纹理直，是建筑、桥梁、船、车、家具等领域的重要原材料，特别是马尾松木材，有“水中千年松”之说，极耐水湿，特别适用于水下工程项目。国槐又名槐树、家槐、中国槐等，在我国黄土高原和华北平原和种植广泛。国槐，纹理清晰，木材平直，加工性能良好，握钉力强，油漆、胶粘性好，耐腐，防虫，不易老化。因此国槐也是重要的用材树种之一，广泛应用于木桩、电杆、室内装饰、房屋建筑、造船材、普通家具、车辆材和农具用材。这次发掘的古沉船，主要用材为当地常见树种，体现了造船时就地取材的原则。

（二）船木化学性质及物理力学性能

通过测定，马尾松船木的气干密度与正常材质差异较小，表明其降解程度较低（表10-

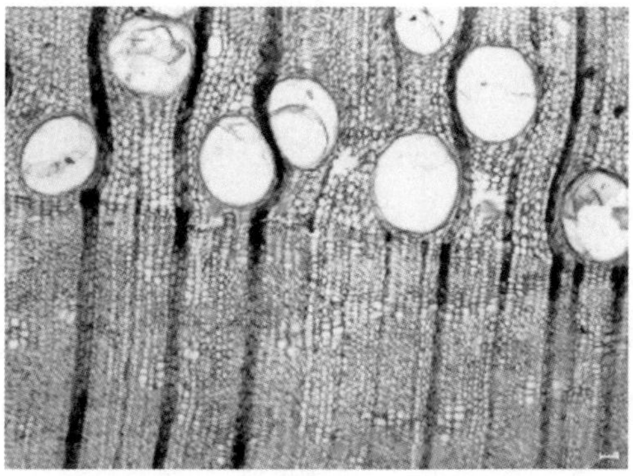

横切面4×

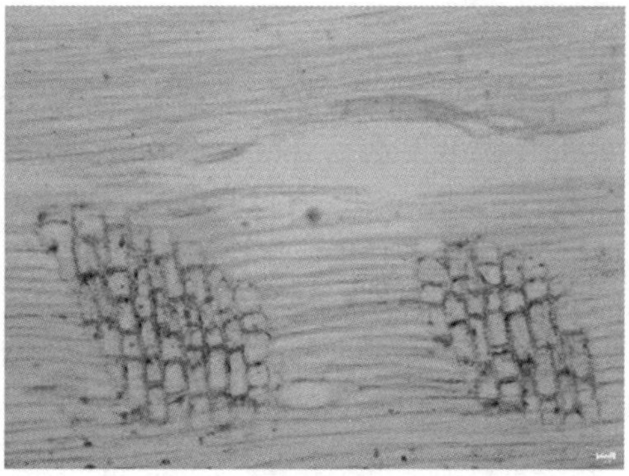

径切面10×

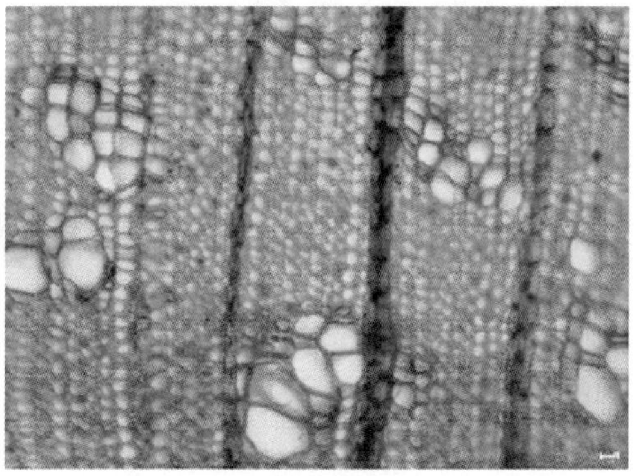

晚材横切面10×

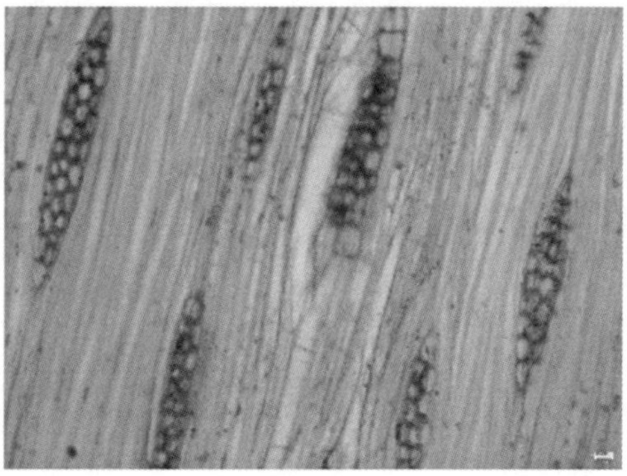

弦切面10×

图10-4　树种C的木质部解剖结构图

5）。各力学强度指标的平均值和正常木材相比较，其强度大致为正常木材的65%～70%。通过测定马尾松和槐树两个树种的沉船木质船体和正常木材的化学性能（表10-6），结果表明船体木材发生一定降解，木素和纤维素含量皆有不同程度减少。

表10-5　马尾松船木与正常木材的物理力学性能比较

类型	样本数	气干密度（kg/m^3）	顺纹抗压强度（MPa）	抗弯强度（MPa）	抗弯弹性模量（MPa）
船木	7	531 ± 67.2	65.4 ± 6.4	45.7 ± 9.8	4530 ± 1793
正常木	35	587 ± 39.9	85.9 ± 3.8	89.8 ± 5.3	12400 ± 4993

表10-6　船木与正常木材的化学性质比较

树种	类型	灰分（%）	热水抽提（%）	冷水抽提（%）	NaOH抽提（%）	乙醚抽提（%）	苯醇抽提（%）	纤维素（%）	木素（%）
国槐	船木	0.53 ± 0.13	7.90 ± 0.95	0.91 ± 0.13	26.36 ± 3.92	0.87 ± 0.06	9.30 ± 2.12	31.26 ± 2.78	22.71 ± 3.01
	正常木	0.42 ± 0.06	3.96 ± 0.33	0.63 ± 0.03	19.60 ± 2.69	0.72 ± 0.05	4.51 ± 0.92	43.20 ± 3.15	26.83 ± 2.56
马尾松	船木	0.51 ± 0.09	7.10 ± 0.79	0.93 ± 0.17	25.34 ± 3.53	0.99 ± 0.12	9.02 ± 1.37	33.21 ± 2.25	24.76 ± 2.10
	正常木	0.33 ± 0.06	4.56 ± 0.71	0.80 ± 0.11	18.66 ± 2.76	0.8 ± 0.07	5.56 ± 1.10	46.19 ± 4.91	25.93 ± 2.13

九、结论

一号古沉船用材树种除榆木外，主要为栓皮栎（*Quercus variabilis* Bl.）、马尾松（*Pinus massoniana* Lamb.）和槐木（*Sophora japonica* Linn.），这些均为当地常见树种，体现了造船就地取材的原则。从出土木材的性能参数看，其木材的降解可能是由土壤的酸碱水解作用引起。这主要是因为古沉船深埋于河道边的淤沙土中，有很好的密闭性。马尾松、栓皮栎和槐木的稳定性好，变形小，故对该批船木采用化学药剂进行脱水置换处理，在阴干的情况下，逐步置换出古沉船中的水分。但船体形制尺寸大，处理所需时间长，在此过程中，要防止船木开裂或变形，更要采取措施防止真菌霉变和腐朽等现象的发生①。

木材切片：艾培炎　　木材鉴定及性能检测：赵西平　　审核：林晓民
鉴定单位：（盖章）

签发日期：2015-1-13
河南科技大学林学院

附录二　一号古沉船发掘地土质检测报告

一、委托单位：考古发掘单位
二、采样地点：洛阳偃师古沉船发掘地
三、采样日期：2014-7-9
四、检测日期：2014-7-9
五、检测地点：河南科技大学林学院
六、实验室地址、邮编：河南省洛阳市涧西区天津路70号，471003
七、样品状态描述：

由于取样时船体基本挖掘出，船体周转土质破坏，仅船体下面支撑土层保存完好。因此，仅对该位置的土质进行测定。船体基本呈东西向。取样样品编号及含义见下表（表10-7）。进行现场采样和实验室开启试样时，按如下内容描述土的状态：通俗名称；潮湿状态下土的颜色；土颗粒粒径；土的湿度（干、湿、很湿或饱和）；有机质检测（根据土中未完全分解的动植物残骸和无定形物质判定）。结果发现，该土质基本状态为：坑土土色和土质多为黄褐、褐色或浅褐色并且颗粒度均细小，土中少量有机质且比较潮湿。

① A. 赵西平、王磊、艾培炎，等：《洛阳偃师古沉船木材识别及材性分析》，《西北林学院学报》2016年第1期。

B. 沉船的木材材质鉴定是洛阳市文物考古研究院委托河南科技大学林学院执行，以上内容为鉴定单位提供。

表10-7　样品编号及含义

编号	取样位置
东-1	船体靠东向底部取样1份
中-1	船体靠中间底部取样1份
西-1	船体靠西向底部取样1份

八、检测内容

（一）土的含水率

土的比重是组成土的矿物颗粒密度的平均值（即土中各种矿物比重的平均值），是土的实测指标之一，其值的大小与组成土矿物的种类及其含量有关。

土粒比重是同体积纯水的质量与土粒质量之比。实验室测定土粒比重时，土的固体用天平测定，相应之固体体积采用排除同体积之液体方法测得。应用中华人民共和国国家标准《土工试验方法标准》中的烘干法对土样进行分析，结果见下表（表10-8）。通过烘干法测定土的含水率可以得出：挖掘处较为潮湿。

表10-8　含水率试验记录

编号	湿重（g）	干重（g）	沙干重（g）	含水量（%）	含土量（%）
东-1	106.19	91.31	84.49	16.296	8.072
中-1	101.82	86.14	66.88	18.203	28.798
西-1	284.08	76.29	53.78	10.172	41.856

（二）土的理化性质

用电位法测定，土壤pH测定土水比为1∶2.5；用微量吸管法分析土壤颗粒组成；用重铬酸钾—硫酸消化法测定有机碳；经测定，样品的基本理化性质见下表（表10-9）。整个分析测试过程按规范要求进行质量控制，保证测试数据的准确可靠[①]。检测结果表明，挖掘处土壤偏碱性，有机质和铁含量较少，颗粒度较细小。

表10-9　理化性质记录

编号	pH	有机质（g/kg）	砂粒（g/kg）	粉粒（g/kg）	砧粒（g/kg）	全铁量（g/kg）
东-1	8.0	14.5	331.3	484.4	181.6	35.0
中-1	8.2	15.6	308.4	547.1	144.8	34.3
西-1	8.2	16.1	351.1	460.3	188.6	35.1

① 白世强、卢升高：《洛阳城区及郊区土壤中Pb的分布特征及化学形态研究》，《土壤通报》2007年第3期。

九、结论

根据对古沉船发掘处土质检测可以得到以下结论：（1）土体贫瘠，偏碱性，金属铁含量较低和有机质含量都比较低。（2）土样较为潮湿，推断该土质具有很强的吸附水分的能力，为冲击质泥土。

检测：余建基　　　　主检：赵西平　　　　审核：林晓民检测单位：（盖章）

签发日期：2015-1-13

河南科技大学林学院

第十一章　结　　语

以洛阳为中心的河洛地区是中华文明的重要发祥地之一，从距今数十万年前的旧石器时代开始，中华先民就在这块土地上繁衍生息，不断地创造着一个个的文化高峰，使洛阳长期为古代中国的政治、经济和文化中心。在伊洛河流域，矗立着中国国家形成以来的第一座王都——二里头夏都遗址和之后的十二个王朝都城，使洛阳成为了国内建都时间最久的城市。究其主要原因，离不开洛阳独特的地理环境，尤其是在冷兵器时代，国家文化和政治中心城市的形成，必须具备几个重要因素：城市水源、城市生活物资的供给和安全的地理环境。而生活物资供给又有自给和外部调运供给两种途径。自给必须有广域的农耕土地和丰富的水资源，外部调运供给必须具有作为交通枢纽的地理位置。洛阳盆地总面积约1215.4平方千米，盆地内分布着伊、洛、瀍、谷四条自然河流，在盆地中下游汇聚后流入黄河，黄河至此以下，北为华北平原，古济水穿流其北；南为黄淮大平原，黄淮水系密布沃野。丰富的生活物资通过便捷水路交通可运达洛阳盆地，因此洛阳理所当然地成为中国古代的交通枢纽。加之其三面环山，又有黄河天堑，四塞险固，为国家文化和政治中心的形成创造了有利条件。正如明代陈建所说："夫建都之要，一形势险固、二漕运便利、三居中而应四方，必三者备，而后可以言建都。……惟洛阳三善咸备。"伴随着国家中心城市的形成，对各种生产生活物资需求的大量增加，人们对水资源利用有了更高的要求，从而诞生了农业水利、都城防洪和交通水利工程。

从20世纪50年代开始，洛阳盆地的考古工作主要集中在都城城市遗址上，而五大都城遗址均分布在洛河北岸高地上，随着历史的变迁，城址位置的移动和对自然河流的改造，逐步形成了中国都城文化的设计理念，而水利工程就成为都城设计不可缺少的重要一环，因此对都城水系的考古学研究，对我们研究中国古代都城规划思想的发展和形成具有重要的意义。洛阳运河古沉船虽属清代，但它是大运河历史沧桑的一个节点，为我们寻找运河踪迹提供了线索，同时也为我们探索洛阳盆地内都城水利文化提供了良好契机。

第一节　洛阳汉唐时期的漕渠

洛阳运河古沉船的发现和出土，为我们提供了良好契机，我们以运河文化为切入点，对以往的考古资料和文献进行了梳理，发现洛阳的古洛河、古谷水与都城文化有着密切的关系。古谷水与都城生活和园林用水密切相关，在《水经注》中可以看出，从洛阳的成周城到汉魏故城，古谷水线路的改造成为这些城市规划建设不可缺少的一部分，谷水在城内循环后余水注入运河水系中。而洛水为盆地内的主河流，伊、谷、瀍三水均汇入其中，是城市交通的主要运输通道，也是城市的经济命脉。随着历史的变迁，今天的河流已非昔道。学术上对洛阳运河的位置和走向说法不一，如对于汉魏时期的阳渠、七里涧遗址，隋唐时期的通济渠遗址等，这些均需进一步的工作考证。

我们在调查中以这些问题为切入点，参考《水经注》，对西石桥南及古洛河及现代洛河沿线进行考古钻探，同时又对现代洛河南北两岸进行踏查和勘探，在鱼谷村东南发现一处汉代大型水池遗址，结合《水经注》初步判断现代洛河从洛阳汉魏故城南开始，东至现代伊洛河交汇处，此段应为汉魏时期的古谷水遗址的主道，后来又在西大郊村北侧发现了汉魏时期的堰洛大堤遗址，堤的西北、河头村东侧为堰洛通漕的引水渠，此渠在汉魏故城的青阳门东南与城南阳渠交汇，把古洛水引入城南阳渠，此渠东流为古谷水遗址的主道，也是阳渠的主道，为汉魏时期的漕运通道，而汉魏故城东墙下建春门以南的一段阳渠宽约60米，明显宽于北墙和西墙下（18～28米）渠道，此段为通向太仓的主要通道，也是太仓西侧漕运终点。古谷水遗址在汉魏故城西至东周王城一段，我们结合以前的考古成果，也做了较为系统的梳理和调查，西起东周王城西北部，沿东周王城北墙下，东穿过隋唐城宫城北部①，在宫城东北、现道南路北侧零担货场内穿玄武城北墙东部，东出曜仪城城东墙入含嘉仓城，顺含嘉仓城南墙北侧，即洛阳明清城的北墙护城壕沟向东，穿过新街185米左右，在九龙台街南50米与瀍水合，向东南至洛阳财经学校西南再向东，过夹马营街向东顺林北巷185米左右折向东北，至唐寺闲村西，顺唐寺闲东西街向东北过S238道与中州渠合，顺中州渠向东北至董村西南，再向东北过尤村西南，再向东至翟泉村入汉魏故城西墙下的阳渠。从这段古谷水遗址的走向看，基本是顺邙山走势，仅在九龙台高地南侧绕行，另外在九龙台南距古洛河较近（260米左右），此处向洛河内泄洪较为便利，所以是古千金竭的最佳位置。从以上可以看出，汉魏故城以西至东周王城这段古谷水遗址为引水渠，以供城内用水之所需，绕城之渠为城防设施。城东墙下建春门以南一段南入古谷水遗址主道，其主道东至洛口一段为汉魏时期的漕渠②。

隋唐洛阳城位于汉魏洛阳城西约10千米。据《隋书·炀帝纪上》：“辛亥，发河南诸郡男女百余万，开通济渠，自西苑引谷、洛水达于河。”2011年11月至2012年3月，我们在对隋唐城内漕渠进行调查时发现，隋唐时期漕渠从洛阳老城南“洛汭巖關”遗址西35米处，西南引洛水，东北至凤化街与洛八办之间，过贴郭巷折向东，顺明清洛阳城南护城壕一带，东至塔西新村南，东出城，向东后曲向东北至西石桥西北折向东，穿西石桥北侧高岗东合汉魏故城南阳

---

① 王炬：《谷水与洛阳诸城关系初探》，《考古》2011年第10期。

② 《水经注》卷十六：“谷水又东经广莫门北，谷水又东屈南，经建春门石桥下，桥首建两石柱，桥之《右柱铭》云，阳嘉四年乙酉壬申，诏书以城下漕渠，东通河济，南引江淮，方贡委输，所由而至。”

再东入汉魏时期的漕渠至洛口。由此可以看出，隋唐时期漕渠是在汉魏漕渠基础上，凿通了汉魏城南阳渠至隋唐城段，隋代的城内码头在九都东路北、桂圆街至华林路之间一段，此处渠宽百米左右，北对安喜门，直达洛口仓，南即隋通远市。唐代都洛阳，把粮仓置于含嘉城内，在东城南开新潭①，而东城南有承福门，入东城直至含嘉南门，而达含嘉仓。

隋唐时期的漕渠水源主要取之于洛水，在洛河河道中设立堤堰，号“蜀子堰”②。此时的洛水主要水量均输入漕渠中，只有少量的水顺洛河东下，但在西石桥西顺汉魏时期的引水渠又输入漕渠中，这样一来，漕渠就成了古洛水的主要水道，而原洛河故道常年因无水成为滩地，仅在洪涝期有少部分洪水漫于此处，使河道逐年淤积造成河床升高而断流，致使西石桥村以东洛河河道已不复存在。西石桥以西的一段漕渠线路基本开在隋唐以前洛河淤积的北侧滩地上，唐末失修，城内漕渠淤塞，洛河堤堰被冲毁，洛水顺故道而下，东北流至西石桥村西北入漕渠（图版11-1）。

第二节 关于建春门外东西向大沟的名称和性质

一 建春门外东西大沟之名简考

此沟西起洛阳汉魏故城建春门外，东至偃师东山嘴东南入于洛，全长20千米左右。另有一支在偃师商城东、南屈入鸿池陂遗址并流入现代洛河③。此沟在文献《水经注》《洛阳伽蓝记》记中有三个名称，即“洛阳沟”“七里涧”“阳渠”。《水经注》在记述谷水至汉魏洛阳城南一段走向时载：“谷水于城东南隅，枝分北注，经青阳门东……又北经东阳门东……又北经故太仓西……又北入洛阳沟。”④从地理位置看，此处正是建春门外发现的这条东西向大沟的西端。而《水经注》记述谷水故道主道时载：“谷水又东注鸿池陂，……其水又东，左合七里涧。”其地望正是建春门外的东西向大沟在商城东南入鸿池陂后汇入谷水故道主道的末端，由此可见此沟在北魏时有“洛阳沟”和“七里涧”之名。而在《洛阳伽蓝记》此沟称“阳

① A.《旧唐书·食货志下》：“大足元年六月，于东都立德坊南穿新潭，安置诸州租船。”

B.《河南志·漕渠》载：“……自斗门下枝分洛水。东北流至立德坊之南，西溢为新潭。注：长安中司农卿宗晋卿开，以通诸州租船。四面植柳，中有租场。积石其下，于上布土。潭立石柱，马吉甫为其文，锺绍京书。”

C. 2011年11月至2012年3月，在东城南调查出新潭遗址，东西长518米左右，南北残宽260～330米，总面积13万平方米。

② 《河南志·漕渠》载：“当洛水中流立堰，令水北流入此渠，有余水然始东下，时令官奴捺此堰亦号蜀子堰，亦隋炀帝以为水滩泄，多石碛，不通舟航，乃开此渠，下六十余里至偃师之西，复与洛合。”

③ 偃师市文物管理局：《汉魏洛阳城东阳渠、鸿池陂考古勘察简报》，《华夏考古》2011年第1期。

④ （北魏）郦道元著，（民国）杨守敬等疏：《水经注疏》卷十六《谷水》，江苏古籍出版社，1999年，第1400、1402、1435页。

渠”，如《洛阳伽蓝记·城东》载：“谷水周围绕城，至建春门外，东入阳渠石桥。”“龙华寺，宿卫羽林虎贲等所立也。在建春门外阳渠南。”“阳渠北有建阳里”等。而《水经注》在记述谷水故道主道“左合七里涧”以后的叙述改为“阳渠水又东流经汉广野君郦食其庙南，……阳渠水又东经亳殷南，谷水又东经偃师城南。谷水又东流注于洛水矣。”说的是谷水故道在此以下与所谓的“阳渠”合流后的走向，这说明《水经注》和《洛阳伽蓝记》的作者都把此沟称为“阳渠”。经查《后汉书》《晋书》《魏书》，仅见《后汉书》中有一处关于阳渠的记载，《后汉书·张纯传》载：“明年，上穿阳渠，引洛水为漕，百姓得其利。”由此可见“阳渠”之名最早出现于此，并且“阳渠”专指的是漕运通道，而本次我们调查确定的漕渠为汉魏洛阳城城南的谷水故道主道，所以东汉“阳渠”应专指此道。而建春门东出的东西向大沟，应称“七里涧”。“七里涧”之名在《晋书》和《魏书》中都有记载，如《晋书·武帝纪》载：“冬十一月，立城东七里涧石桥。”《陆机传》：“长沙王乂奉天子与机战于鹿苑，机军大败，赴七里涧而死者如积焉，水为之不流，将军贾棱皆死之。”《王弥传》：“会天下大乱，进逼洛阳，京邑大震，宫城门昼闭。司徒王衍等率百官距守，弥屯七里涧，王师进击，大破之。”《魏书·冯熙传》载：“柩至洛七里涧，高祖服衰往迎，叩灵悲恸而拜焉。”由此看出《水经注》和《洛阳伽蓝记》中把建春门以东的大沟称为“阳渠”可能为作者之考误。从此沟的堆积看，其在唐宋时才淤为平地。从以上文献和地层也可看出，晋和北魏时期此沟遗迹尚存，“七里涧”之名为此时之官称，“洛阳沟”为之俗称。此沟今称“尸乡沟”，在古文献中均不见此名，其首见于《偃师商城的初步勘探和发掘》一文中，曰：“尸乡沟则横贯城址中部。”此沟唐宋时已泯灭，地面已不见踪迹。今之民间更不会有“尸乡沟”之说。《汉魏洛阳城东阳渠、鸿池陂考古勘察简报》曰：“1983年春，洛阳汉魏城队在配合首阳山电厂选址时，经勘探发现了偃师尸乡沟商城遗址和穿城而过的尸乡沟（疑为阳渠）及城东南部的鸿池陂。”由此可见，此沟最早在偃师商城区域内发现，“尸乡沟”之称应出现于1983年后。《汉书》卷二十八上《地理志第八上》曰：“偃师，尸乡，殷汤所都。”因此区域为文献中所记的古“尸乡”之地，在此发现较大的东西向沟壑，故今人才撰出“尸乡沟”之名。

二　建春门外东西大沟成因和性质

此次调查在前期考古资料的基础上，勘查了西起首阳山镇南蔡庄村西侧、310国道中线以南94.9米，东至偃师城关镇潘屯南侧、310国道中线向南300米左右，东西总长2964米。经勘探，此沟开口距地表深3～4.5、上口宽60.5～80、沟深8.9米左右，底宽33米左右。其中，我们在南蔡庄西侧新修的开阳路上利用排污管沟修整了一个剖面，此剖面北端北距310国道中心点66米。剖面南北长98.5米，在开阳路规划中心向西5.6米处清理出洛阳沟的开口及沟南、北两岸的堆积，沟开口在一层红褐色黏土堆积上，南岸低于北岸0.778米，此层下为黄白色自然土层，也就是说此沟在未开凿之前为北高南低的山前平原自然堆积，开挖出的堆土均堆于沟的南岸，使南岸增高1.55米左右，此堆土被商代晚期灰坑打破。所以堆土形成应早于晚商。

在此处的沟上口宽57.75、底宽33米左右，沟深8.5米，按此计算土方量，1米长需开挖382.5立方米土量，按堆高1.55米计算，堆放宽度在246米左右，而我们在开挖的污水管沟中，测量的南北宽100米左右，南部出管沟，因此我们认为南侧的堆土部分为七里涧的南侧堤堰。开沟的堆土均堆于沟的南岸，这样就形成一条西起汉魏故城南，东至偃师商城的一条大堤。从地理上看，邙山为土山，山洪之水将山上的积土冲入洛河谷地，应形成北高南低的冲积平原，从我们调查的情况看，七里涧在未开凿之前，沿线地貌基本符合这一自然地理现象。七里涧开凿后其沟南岸堆积增高，沿沟形成东西向的一条堤堰。王学荣先生认为："从汉魏洛阳故城南部，向东到二里头遗址北部，再东至偃师商城南部，在古地理上是一条东西向隆起带，正如段鹏琦先生所认为，这里极其可能就是古文献中所指称的亳阪。"[①]而亳阪出自于《史记·殷本纪·正义》引晋《太康地记》云："尸乡，南有亳阪，东有城，太甲所放处也。"如若这一古地理隆起地带确被证实为古之"亳阪"，那么从我们调查的偃师开阳路污水管沟的剖面看，"亳阪"应为洛阳盆地中早期中国都城的防洪大堤。据《康熙字典》释义，亳："商汤所都"；阪："坡者曰阪。一曰泽障。一曰山胁也。"由此可以确定我们发现的七里涧南部堆土的作用应为"泽障"，它与文献呼应，说明商代已存。从晚商灰坑打破此堆土的这一地层现象看，"尸乡，南有亳阪"应是真实存在的。"亳阪"的存在，给我们引出了另一个问题：它位于七里涧的南岸，东西横挡在北邙的山前平原上，显然是防山之洪水危及城池。而这一地区最早有两座城址，一为偃师商城，二为二里头遗址。而偃师商城位于七里涧的东部，涧穿城池，如有山洪直入城内，危及都城，商人不会作此傻事。那么只有一种可能，即商人建城时"亳阪"存在，并且此时已无大的山洪，"亳阪"北侧的排洪沟此时已干涸。《国语·周语》记载"伯阳父曰：'昔伊、洛竭而夏亡，河竭而商亡'"。由此可见夏末至商末河洛地区的气候慢慢趋向干旱，由于雨量的减少，邙山之南已无洪水之害，偃师商城才能跨沟而置，而打破此堤堰的灰坑可以证明商人在此生活期间，阪的堤堰功能已废。那么"亳阪"和其南排洪沟的形成只能与二里头遗址有关。二里头遗址的选址南依洛河，北侧远离邙山山前坡地，"亳阪"及排洪沟在城之北，东西横贯山前，正好阻挡山洪，并将之顺利排入二里头下游洛河之中，使城址免受山洪之害。因此"亳阪"和排洪沟开凿应与二里头夏都遗址的形成有关。这一事实的确认，又为我们提供了信息，说明二里头夏都遗址形成前后，河洛地区雨水充足，水害不断，对水害的治理是当前的重中之重，而已调查的排洪沟东西长18千米左右，根据"亳阪"和排洪沟土方量计算，此项水利工程应为当时国家超大型防洪水利工程。

从历年来的工作情况看，对此沟的发掘较少，仅对沟的北岸及部分进行了解剖，沟内多为冲积土，其内的包含物多为汉魏或魏晋时期。故调查者多将此沟的开凿年代定在汉魏或魏晋时期。从此次开阳路的解剖剖面看，沟的两岸商晚及以后堆积中均未见开沟形成的堆积，更说明此沟非晚期开凿，只有沿用的可能。我们在调查汉魏漕运渠道时发现，洛阳汉魏故城建春门南

---

① 王学荣：《偃师商城与二里头遗址的几个问题》，《考古》1996年第5期，第56页。

侧的城下漕渠在建春门外东入此沟，这与文献所述是一致的。此次调查发现，张纯堰洛通漕，使洛水主流引入洛阳汉魏故城城南的阳渠中，城南东出的谷水主道为汉魏时期的漕运线路，漕渠在城之东南角北曲，顺东墙下漕渠而北流，在建春门南，太仓东为漕运终点。《水经注疏》载："《御览》一百九十引《述征记》，旧于王城之东北开渠，引洛水，名曰阳渠，东流经洛阳于城之东南，然后北回，通运至建春门，以输常满仓，即指纯通漕言。"同书另载："……其称分流东出南出之水，谷渠互见，至城东合流，同为一川，亦忽称阳渠，忽称谷水，盖以谷水兼有阳渠之名，但言谷水，则失阳渠，但言阳渠，则失谷水，故错出以见一水而二名。观此篇末惟云，谷水入洛，《洛水注》惟云，阳渠水注之，一水二名之意显然。"据此，《水经注疏》所考与我们调查所确定的汉魏时期漕运线路是一致的。至此，建春门外东西向大沟的阳渠说和九曲渎之说的可能性值得商榷。由于堰洛通漕的需求，洛河故道中立堰将洛水阻断，仅留30米左右的泄洪渠道，这远远不能满足雨季洛河河道的排洪，而沟通城下漕渠与建春门外东西向大沟的措施，正满足了雨季泄洪的需求。正因如此，再加上此沟的落差较大，沟之原貌及沟内之前的文化堆积才被洪水破坏殆尽。而偃师商城在此沟附近的设施也不会被幸免。故，此沟中存在汉魏时期的冲积土只能说明它的存在时长和排洪功能的性质，并不能证明它的开凿时间。

综合以上看，此次"亳阪"和排洪沟的发现对研究夏商时期都城规划及治水工程具有重要意义。当然，此次成果只是阶段性的研究，囿于工作的局限性，我们的认识难免会出现偏颇，有不当之处望方家指正。

后　记

《洛阳汉唐运河遗址调查与古沉船发掘报告》是一本集运河调查、沉船发掘、现场科技保护、沉船加固和整体搬迁、船体测绘和复原研究，以及所用木材鉴定于一体的考古调查和发掘报告，也是国家社会科学基金项目（16BKG018）“洛阳汉唐运河遗址调查与古沉船发掘报告”的成果汇编。

该项工作是洛阳市文物考古研究院开展的主动性考古发掘项目，发掘工作从2013年9月至2014年12月底结束，历经一年三个月，田野发掘工作是在领队史家珍、赵晓军的主持下进行的。参加报告整理：赵晓军、吕劲松、程召辉、张如意、田玉娥、赵俊卷、鲍虎欣、潘泽峰、杨勇、常永卿、齐瑞珂等同志；遗迹绘图：张如意、常永卿；器物绘图：胡瑞、高向楠、尚晓丽、李国徽；遗迹照相：张如意；器物照相：高虎。本报告文稿分上、下两篇，上篇四章，下篇七章，共十一章。其中第一、二、三、四章由赵晓军、程召辉、张如意、鲍虎欣执笔，第五、六、七章由田玉娥、陈谊执笔，第八、九章由武汉理工大学造船史研究中心席龙飞、何国卫执笔，第十章由河南科技大学林学院林晓民、赵西平执笔，第十一章由张如意执笔。校审由赵晓军、吕劲松完成。

报告上编主要叙述了洛阳汉唐古运河调查、古沉船出土的地理环境和考古发掘情况；下编详细记录了古沉船考古发掘现场的科技保护、沉船的加固、整体搬迁、测绘及一号古沉船复原研究和沉船所用木材的鉴定。

田野考古工作是报告完成的基础，发掘和现场保护的全体工作人员付出了辛勤的劳动，他们的细致工作为报告提供了基础资料，在报告整理过程中，单位相关科室给予大力支持，另外还得到编辑部同志们的帮助和指导，在此对为本报告付出心血和汗水的各位同仁表示诚挚的谢意！

图版1-1　王根生发现古沉船

图版1–2　古沉船发现时的状况及周边环境

图版1–3　古沉船发现时的状况及周边环境

图版1–4　古沉船发现时的状况及周边环境

图版1–5　古沉船发现时的状况及周边环境

图2-1　孙家岗村西古洛河北岸生土断崖远景

图2-2　孙家岗村西古洛河北岸生土断崖近景

图版2-3　孙家岗村西南古洛河南岸生土断崖

图版2-4　西大郊西古洛河向北曲的南岸及东岸

图版2-5　津阳门大街路土

图版2-6　引洛渠内探出的淤土堆积

图版2-7　引洛渠口西南角地貌

图版2-8　堰洛通漕遗址西岸散落的遗物

图版2-9　方砖（堰洛遗址采：1）

图版2-10　筒瓦（堰洛遗址采：2）

图版2-11　谷水勘探（唐寺闲西）

图版2-12　谷水勘探（董村）

图版2-13　谷水渠内淤土1

图版2-14　谷水渠内淤土2

图版2-15　寺里碑西城下漕渠地面环境

图版2-16　寺里碑西城下漕渠勘探工作照

图版2-17　铅坠（汉魏城东墙下漕渠遗址⑥：1）

图版2-18　寺里碑西城下漕渠内淤土

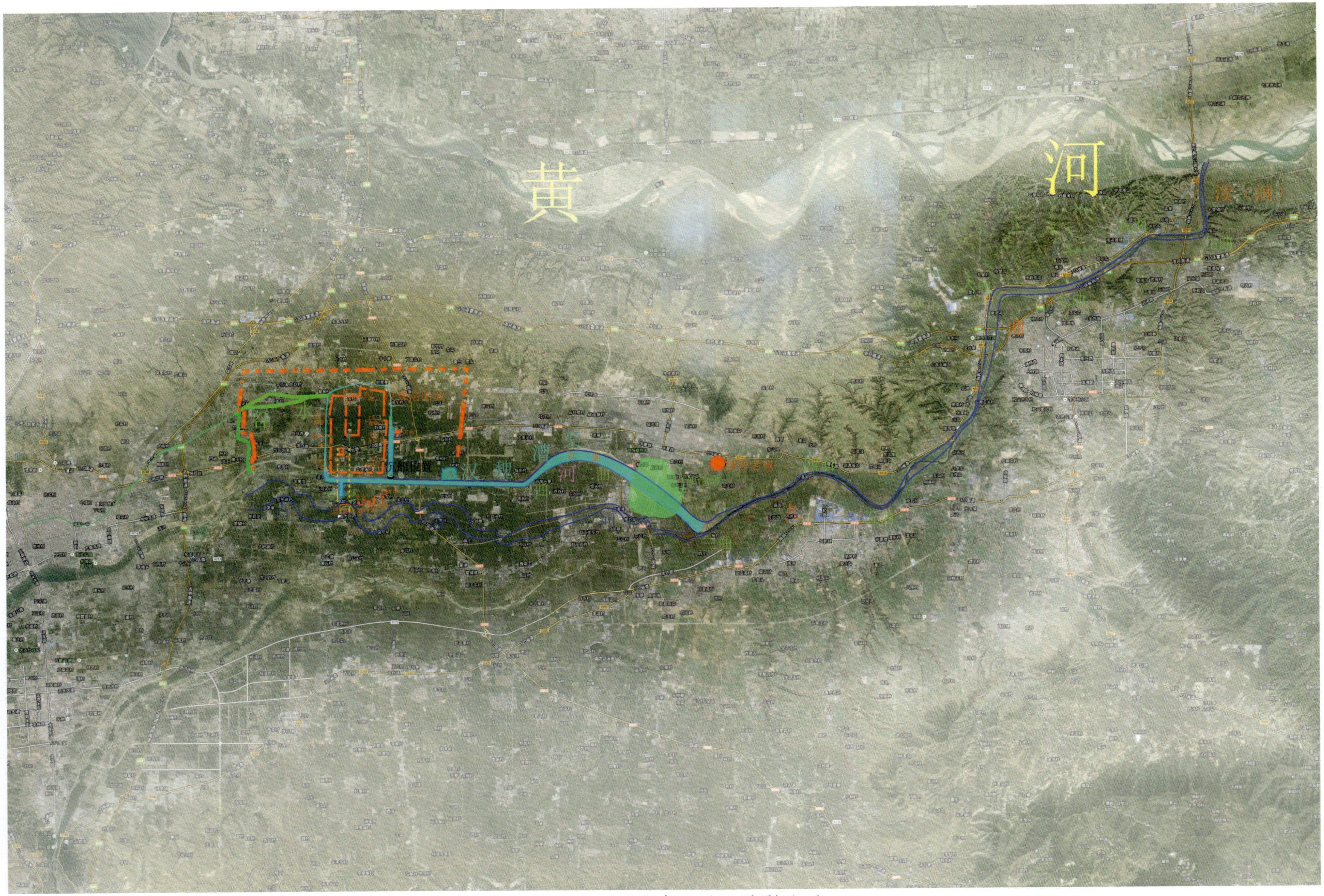

图版2-19　九曲渎位置卫星影像图

图版2-20　开阳路洛阳沟南岸商代（⑥层）灰土层堆积

图版2-21　开阳路洛阳沟遗址测绘

图版2–22　开阳路洛阳沟南岸商代灰坑H4、H5、H6及早期灰土堆积

图版2–23　绳纹筒瓦
（开阳路T1⑤：2）

图版2–24　卷云纹瓦当
（开阳路T1⑤：1）

图版2-25　A型Ⅰ式骨锥
（开阳路T1⑥H2：2）

图版2-26　A型Ⅱ式骨锥
（开阳路T1⑥H5：5）

图版2-27　B型骨锥
（开阳路T1⑥H2：3）

图版2-28　骨簪
（开阳路T1⑥H5：4）

图版2-29　蚌镰
（开阳路T1⑥H7：1）

图版2-30　蚌刀
（开阳路T1⑥H6：1）

图版2-31　蚌壳
（开阳路T1⑥H2：6）

图版2-32　磨石
（开阳路T1⑥H4：6）

图版2-33　石器
（开阳路T1⑩：1）

图版2-34　石器
（开阳路T1⑩：2）

图版2-35　砍砸器
（开阳路T1⑥H7：6）

图版2-36　铜镞
（开阳路T1⑥H4：1）

图版2-37　隋唐时期漕渠南岸生土断崖

图版2-38　隋唐时期漕渠底部南岸生土内姜石

图版2–39　隋唐时期漕渠现状

图版2–40　隋唐时期漕渠内出土的假山石碎块

图版2-41　锛斧（漕渠调查采：16）

图版2-42　铁铲（漕渠调查采：1）

图版2-43　A型Ⅰ式铁镞（漕渠调查采：2）

图版2-44　A型Ⅱ式铁镞（漕渠调查采：3）

图版2-45　A型Ⅲ式铁镞（漕渠调查采：14）

图版2-46　B型Ⅰ式铁镞（漕渠调查采：4）

图版2-47　B型Ⅱ式铁镞（漕渠调查采：15）

图版2-48　C型铁镞（漕渠调查采：11）

图版2–49　铅锭（漕渠调查采：17）

图版3-1　一号古沉船全景

图版3-2　中部底板排列

图版3-3　操作站台支撑结构

图版3-4-1　船首底板排列

图版3-4-2　船首舷墙、舷板及首封接口

图版3-5　船尾底板

图版3-6　舵钳

图版3-7　船右侧壳板

图版3-8　护鳃（正）

图版3-9　护鳃（侧）

图版3-10　舷板与舱口围板

图版3-11　舷墙板

图版3-12　#1舱

图版3-13　#2舱

图版3-14　#3舱

图版3-15　#4舱

图版3-16　#5舱

图版3-17　#6舱

图版3-18　#7舱

图版3-19　导缆眼板

图版3-21　#9舱

图版3-20　#8舱

图版3-22　#10舱

图版3-23　#11舱上部

图版3-24　#11舱底桅座框

图版3-25　#11舱桅夹框

图版3-26　#12、#13舱

图版3-27　一号古沉船首部结构

图版3-28　二号古沉船全景

图版3-29　二号古沉船
中部底板排列情况

图版3-30　二号古沉船
首部底板排列情况（正）

图版3-31　二号古沉船
首部底板排列情况（侧）

图版3-32　二号古沉船舱口围板上的功能性缺口

图版3-33　二号古沉船锚链上的铁旋

图版3-34　二号古沉船锚链在#12舱的缠绕情况

图版3-35　二号古沉船锚链在#12舱圆木上的缠绕情况

图版3-36　筒瓦（T1③a：9）

图版3-37　卷云纹瓦当（T1②a：6）

图版3-38　“穴”字纹瓦当（T1②a：7）

图版3-39　花边瓦（T1②a：8）

图版3-40　筒瓦（T1③a：10）

图版3-41　莲花纹瓦当（T1③a：12）

图版3-42　陶范（T1④a：13）

图版3-43　穿钉（T1④a：25）

图版3-44　铲钉（T1④a：17）

图版3-45　穿锔钉（T1④a：22）

图版3-46　锔钉（T1④a：31）

图版3-47　瓷坛（T2④a：5）

图版3-48　瓷罐（T2④a：15）

图版3-49　白釉碗底残块（T2②a：15）

图版3-50　酱釉瓷碗（T2④a：33）

图版3-51　高足杯外壁（T2④a：22）

图版3-52　高足杯内底（T2④a：22）

图版3-53　琉璃器（T1①采：37）

图版3–54　青花瓷碗（T2④a：32）

图版3–55　青花瓷碗内底（T2④a：32）

图版3–56　青花瓷碗外底（T2④a：32）

图版3–57　锡壶（T2④a：3）

图版3-58　提梁壶（T2④a：12）

图版3-59　铁灯（T2④a：29）

图版3-60　铁灯（T2④a：18）

图版3-61　铁瓢（T2④a：10）

图版3-62　铁箅（T2④a：8）

图版3-63　马镫（T2④a：11）

图版3-64　铃（T2④a：26）

图版3-65　铁旋（T2④a：28）

图版3-66　铁盆（T2④a：36）

图版3-67　木钻（T2④a：7）

图版3-68　铁锤（T2④a：25）

图版3-69　短柄铁斧（T1④a：29）

图版3-70　长柄铁斧（T2④a：27）

图版3-71　锛斧（T2④a：16）

图版3-72　A型铁凿（T1④a：27）

图版3-73　A型铁凿（T1④a：36）

图版3-74　B型铁凿（T1④a：28）

图版3-75　铁篙头（T1④a：30）

图版3-76　铁剪刀（T2④a：14）、
铁挂钩（T2④a：31）

图版3-77　铁镰（T2④a：30）

图版3-78　木柄铁钩（T2④a：34）

图版3-79　环钩（T2④a：13）

图版3-80　铁锚（T2④a：24）

图版3-81　铁锚（T2④a：9）

图版3-82　磨石（T2④a：35）

图版3-83　铁矛（T2④a：2）

图版5-1　中州渠与洛河交汇处垮塌状况

图版5-2　一号古沉船被发现时的残存状况

图版5-3　侧翻的二号古沉船

图版5-4　一号古沉船中的青泥

图版5-5　一号古沉船发现时和发掘初期搭建的遮阳网

图版5-6　一号古沉船发掘后的临时保护棚

图版5-7　一号古沉船加固包装时的保护棚

图版5-8　船体脱落构件的保护处理

图版5-9　一号古沉船中温湿度的监测

图版5-10　工作人员采样和记录

图版5-11　船底土样的提取

图版5-12　土样的采集

图版5-13　样品的收集、保存

图版5-14　现场察看散落沉船构件并采样

图版5-15　检测水质的含盐量

图版5-16　检测船体木材含水率和导电性

图版5-17　一号古沉船粗清理后的状况

图版5-18　工作人员在清理古沉船

图版5-19　一号古沉船船首细清理（局部）

图版5-20　船体清洗前

图版5-21　船体清洗后

图版5-22　船首清洗前

图版5-23　船首清洗后

图版5-24　船体清洗前

图版5-25　船体清洗后

图版5-26　一号古沉船发现时的状况

图版5-27　一号古沉船脱落的船体构件

图版5-28　二号古沉船残存状况

图版5-29　船体上的裂纹

图版5-30　船体上的开裂

图版5-31　船体变形

图版5-32　船体酥粉

图版5-33　船体起翘

图版5-34　船体变形

图版5-35　船体所发现的苔藓

图版5-36　一号古沉船发掘中的沙袋支撑

图版5-37　一号古沉船发掘后船体的沙袋支撑

图版5-38　船首的木质支撑

图版5-39　一号古沉船发掘中的防腐防霉保护

图版5-40　一号古沉船发掘中的喷淋保护

图版5-41　一号古沉船发掘结束后的喷淋保护

图版5-42　二号古沉船的化学保护

图版6–1　我院文物保护专家设计的一号古沉船搬迁包装模型

图版6–2　专家、领导研讨一号古沉船包装方案

图版6-3　放线

图版6-4　裁剪宣纸

图版6-5　贴敷宣纸

图版6-6　裁剪无纺布

图版6-7　贴纤维材料

图版6-8　贴完纤维材料的一号古沉船船舱内状况

图版6-9　弯曲槽钢

图版6-10　随船体形状制作好的加固支撑体

图版6-11　底部支撑体的反面

图版6-12　加固支撑体的底骨穿孔

图版6-13　安装好的加固支撑体的底部

图版6-14　加固支撑体上部的连接

图版6-15　安装单侧加固支撑体

图版6-16　加固支撑骨架的分部

图版6-17　船体内的加固支撑体结构

图版6-18　船体内侧加固结构局部

图版6-19　船体内多组加固支撑体骨架分部

图版6-20　调节船体水平的倒链分部

图版6-21　一号古沉船南侧的柱基坑

图版6-22　基座坑

图版6-23　一个完整的基座

图版6-24　焊接工字钢

图版6-25　调节底托平面

图版6-26　清理船底淤沙

图版6-27　底托局部

图版6-28　底托下部结构

图版6-29　角钢制作的加固体

图版6-30　第二次加固船体外侧的加固支撑体正面

图版6-31　第二次加固船体外侧的加固支撑体侧面

图版6-32 多组第二次加固支撑体

图版6-33 纤维材料加固的船尾

图版6-34 加固好的船尾

图版6-35　残破的船首

图版6-36　加固包装好的船首

图版6-37　浇注的石膏

图版6-38　浇注后的聚氨酯

图版6-39　工字钢上焊接的角钢

图版6-40　多组人字形钢架

图版6-41　人字形钢梁

图版6-42　底部工字钢的加固

图版6-43　人字形钢架的顶部

图版6-44　支撑板材加固

图版6-45　三合板包装船体

图版6-46　喷绘后的箱体一侧

图版6-47　侧翻的二号古沉船

图版6-48　二号古沉船船体的头部

图版6-49　船体周围的环境状况

图版6-50　扩方

图版6-51　探方周围的排水沟

图版6-52　西边的排水坑

图版6-53　东边的排水坑

图版6-54　已包装好的散落构件

图版6-55　排水坑的四周加固

图版6-56　排水设施

图版6-58　二号古沉船周围散落的木质构件

图版6-59　用无纺布贴敷散落构件

图版6-60　散落构件间用细沙

图版6-57　探方远景图

图版6-61　散落木质构件包装箱的制作

图版6-62　散落木质构件的包装

图版6-63　二号古沉船贴纸保护

图版6-64　贴敷完成的二号古沉船散落木质构件

图版6-65　二号古沉船船底支撑的铁架

图版6-66　测量调整二号古沉船底部平面

图版6-67　二号古沉船船首加固前

图版6-68　用于二号古沉船船首加固的方形钢架

图版6-69　二号古沉船船首的方形框架

图版6-70　二号古沉船船头加固侧视

图版6-71　加固好的二号古沉船船头

图版6-72　二号古沉船散落的船体构件

图版6-73　贴敷后的二号古沉船船体

图版6-74　二号古沉船下部散落构件的加固

图版6-75　清理二号古沉船下的淤土

图版6-76　将加固后的二号古沉船散落构件放入船下

图版6-77　将散落构件与二号古沉船船体固定

图版6-78　二号古沉船外支撑体

图版6-79　二号古沉船外四方形框架制作

图版6-80　二号古沉船钢架斜撑

图版6-81　二号古沉船钢架底托

图版6-82　二号古沉船支撑框架侧面

图版6-83　二号古沉船
支撑框架外立面

图版6-84　二号古沉船
加固后的外框架

图版6-85　制作二号古沉船
加固框架二层底托

图版6-86　加固后的二号古沉船底托结构

图版6-87　加固后的二号古沉船钢架结构

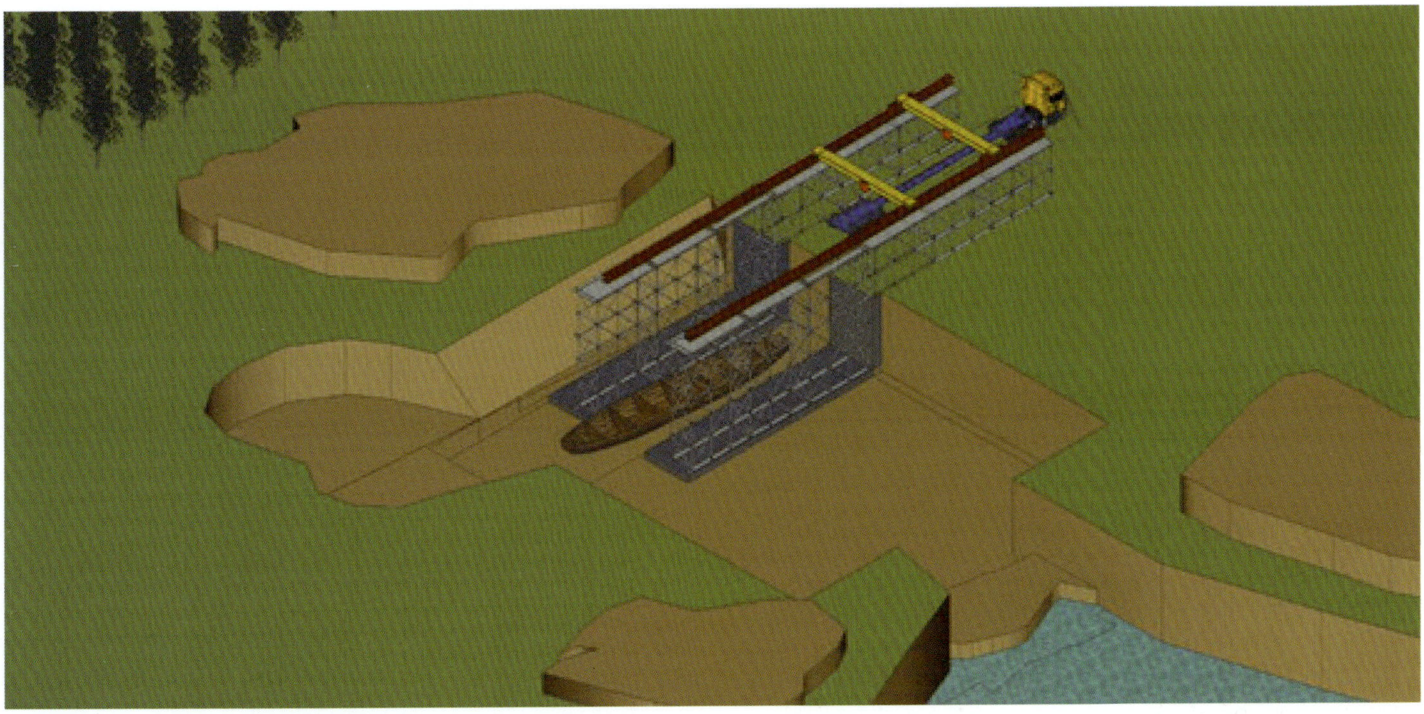

图版7-1　天车吊装模拟图

图版7-2　古沉船临时保护房

图版7-3　吊轴和吊点

图版7-4　装一号古沉船的吊车

图版7-5　两台吊车正在吊装一号古沉船

图版7-6　一号古沉船吊起后放置在运输车上

图版7-7　二号古沉船的吊装

图版7-8　二号古沉船翻转操作

图版7-9　二号古沉船放置在平板车上

图版7-10　二号古沉船安放于回洛仓遗址公园临时位置

图版7-11　改装后的运输平板车

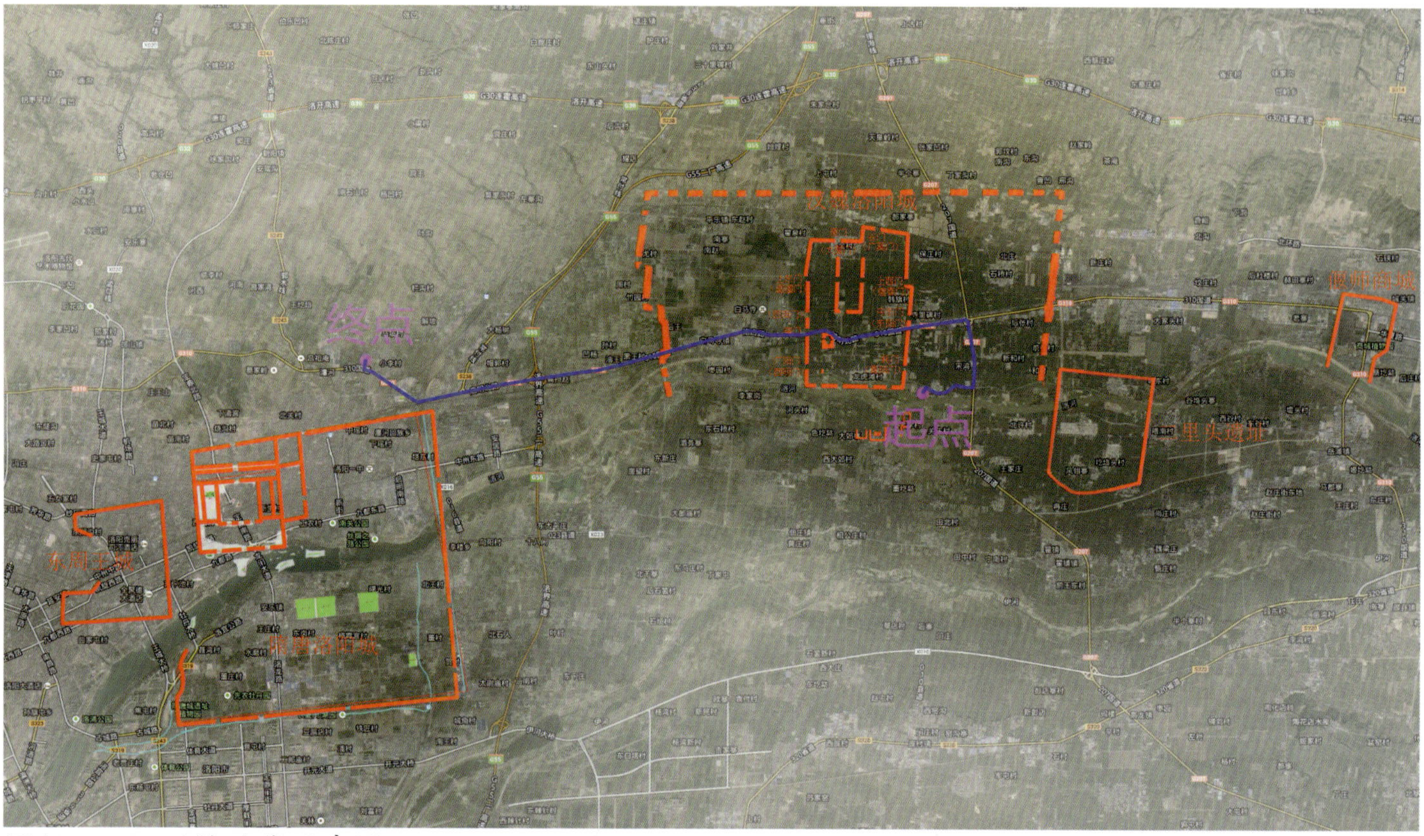

图版7-12　运输路线示意图

图版7-13　乡村道路

图版7-14　平整后的207国道

图版8-1　一号古沉船发掘现场

图版8-2　一号古沉船舱壁

图版8-3　一号古沉船尾部横向船底板

图版8-4　一号古沉船中部纵向船底板

图版8-5　一号古沉船右舷甲板

图版8-6　一号古沉船首部顶篷建筑

图版8-7　一号古沉船船底连接

图版8-8　一号古沉船大攊的接头

图版8–9　一号古沉船尾部护腮

图版8–10　一号古沉船尾部结构

图版8–11　一号古沉船舱壁结构

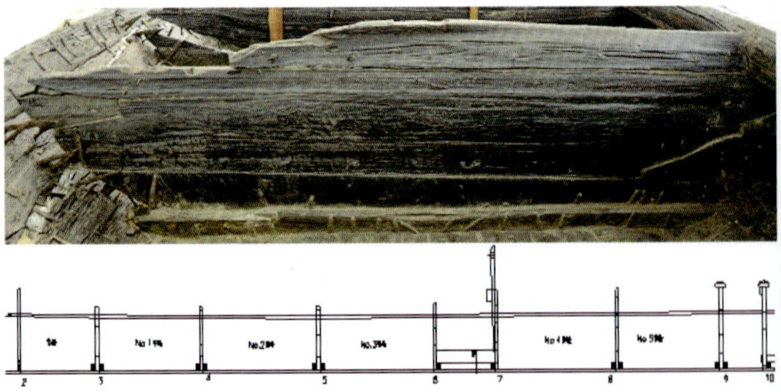

图版8–12　一号古沉船舱壁底骨

图版8-13　一号古沉船舱壁与舷侧外板连接

图版8-14　一号古沉船货舱部位舱口围板

图版8-15　一号古沉船客舱部位舱口围板

图版8-16　一号古沉船舷墙

图版8-17　一号古沉船舷墙连接

图版8-18　一号古沉船舵承架（舵钳）

图版8-20　一号古沉船导缆眼板

图版8-21　一号古沉船#6、#7舱壁间的梳座结构

图版8-19　一号古沉船舵杆限制环

图版8-22　一号古沉船#10舱壁处的桅座结构

图版9-1　一号古沉船首部顶篷

图版9-3　一号古沉船货舱部位舱口围板

图版9-4　一号古沉船舷墙

图版9-2　一号古沉船右舷甲板

图版9-5　一号古沉船非水密（人员通道）舱壁

图版9-6　一号古沉船船员居住舱实景

图版9-7　《清明上河图》中的客船

图版9-8　一号古沉船
船员舱

图版9-9　一号古沉船
货舱及船员舱

图版9-10　一号古沉船首部
残留的舷墙

图版9-11　一号古沉船尾部舵承

图版9-12　一号古沉船桅座

图版9-13　一号古沉船船底结构

图版9-14　一号古沉船船底板与舱壁底骨钉接

图版9-15　一号古沉船大欄的接头（勾子同口）

图版9-16　一号古沉船尾部护腮

图版9-17　一号古沉船舱壁底骨照

图版9-18　一号古沉船舱壁与舷侧外板连接

图版10-1 一号古沉船主体

图版10-2　一号古沉船木料的宏观目测鉴别

图版10-3　一号古沉船云车轴（榆木）切面

图版10-4　一号古沉船纵桁（松木）

图版10-5　一号古沉船护腮（柳木）

图版10-6　一号古沉船船木样品

图版10-7　土样标本

图版10-8　微观鉴定

图版10-9　土样分析

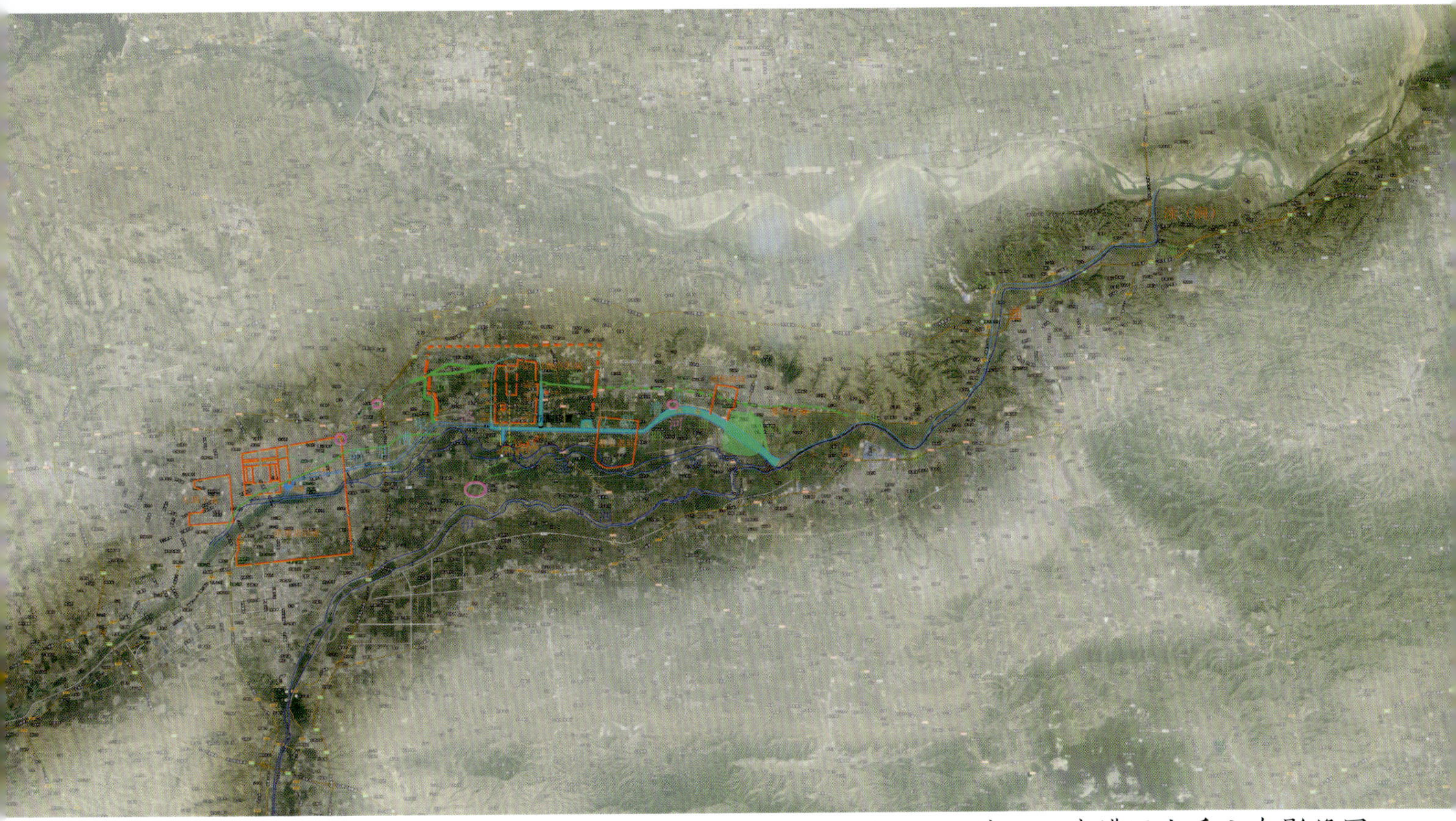

图版11-1　洛阳汉唐漕运水系分布影像图